Réflexe BTS MUC

Tout le cours en Fiches

- **MANAGEMENT ET GESTION DES UNITÉS COMMERCIALES**
- **GESTION DE LA RELATION COMMERCIALE**
- **DÉVELOPPEMENT DE L'UNITÉ COMMERCIALE**
- **INFORMATIQUE COMMERCIALE**

Sous la direction de Marie-Paule COLLET
Sonia ADJÉMIAN-JARRIN
Marceline BASILE
Chantal BONTOUX
Florence CIRILLO
Jean-Luc PAULET

Nathan

Édition : Angélique Brézillon / Sylvie Ogée
Coordination artistique : Thierry Méléard
Conception couverture : Dany Mourain / Thierry Méléard
Conception maquette intérieure : Thierry Méléard
Mise en pages : JPM SA
Fabrication : Lucile Davesnes-Germaine

ISBN : 978-2-09-161753-4

Sommaire

Management et gestion des unités commerciales (MGUC)

Fiche 1 L'organisation ... 9
Fiche 2 L'individu dans l'organisation ... 13
Fiche 3 Le management ... 15
Fiche 4 Les missions du manager ... 17
Fiche 5 Les outils du manager ... 19
Fiche 6 Le contexte réglementaire ... 23
Fiche 7 L'équipe commerciale ... 27
Fiche 8 La constitution et l'évolution de l'équipe commerciale ... 29
Fiche 9 La valorisation du potentiel de l'équipe commerciale ... 31
Fiche 10 La rémunération de l'équipe commerciale ... 35
Fiche 11 L'organisation du travail de l'équipe commerciale ... 39
Fiche 12 La construction d'un graphique d'ordonnancement ... 43
Fiche 13 L'animation de l'équipe commerciale ... 47
Fiche 14 Le management de projet ... 49
Fiche 15 Le cycle d'exploitation ... 51
Fiche 16 La facturation ... 53
Fiche 17 Les relations avec les banques ... 55
Fiche 18 Les stocks ... 57
Fiche 19 La trésorerie ... 61
Fiche 20 L'analyse de l'exploitation ... 63
Fiche 21 La notion d'investissement ... 69
Fiche 22 Les ressources internes de financement ... 71
Fiche 23 Les ressources externes de financement ... 77
Fiche 24 La rentabilité des investissements ... 81
Fiche 25 Charges fixes et variables et seuil de rentabilité ... 85
Fiche 26 Les coûts complets ... 87
Fiche 27 La fixation du prix ... 91

FICHE 28 La démarche budgétaire 93
FICHE 29 Les méthodes de prévision des ventes 95
FICHE 30 Les budgets 101
FICHE 31 Les tableaux de bord 105
FICHE 32 La gestion des risques 109
FICHE 33 L'épreuve E4 de MGUC 111
Lexique 113

Gestion de la relation commerciale (GRC)

FICHE 1 La relation commerciale 121
FICHE 2 Les unités commerciales physiques 125
FICHE 3 La vente à distance et les UC virtuelles 129
FICHE 4 La clientèle de l'unité commerciale 133
FICHE 5 Le comportement des clients de l'UC 137
FICHE 6 La concurrence 141
FICHE 7 Les partenaires institutionnels de l'UC 143
FICHE 8 La vente, la négociation et la relation de service 145
FICHE 9 L'argumentaire 149
FICHE 10 La gestion de l'offre 151
FICHE 11 Le prix et les conditions commerciales 155
FICHE 12 La mise en valeur de l'offre 159
FICHE 13 La communication locale 163
FICHE 14 La mercatique après-vente et la fidélisation 167
FICHE 15 L'organisation managériale et les ressources humaines 169
FICHE 16 L'agencement de l'unité commerciale 173
FICHE 17 Les achats et les approvisionnements 175
FICHE 18 La maintenance de l'unité commerciale 179
FICHE 19 Les performances commerciales 181
FICHE 20 Les performances financières 183
FICHE 21 L'épreuve E5 d'ACRC 185
Lexique 189

Développement de l'unité commerciale (DUC)

FICHE 1 La démarche mercatique 197
FICHE 2 Le système d'information mercatique (SIM) 201
FICHE 3 L'évolution de la mercatique 203
FICHE 4 L'approche mercatique des produits et services 205
FICHE 5 La marque, l'emballage, le conditionnement et la stylique 207
FICHE 6 Le marché 213
FICHE 7 La demande globale 215
FICHE 8 Les facteurs explicatifs du comportement des consommateurs 219
FICHE 9 La segmentation de la demande globale 223
FICHE 10 Le recueil des informations sur la demande 227
FICHE 11 L'offre sur le marché 231
FICHE 12 L'environnement 235
FICHE 13 La stratégie d'offre et de positionnement 237
FICHE 14 La stratégie de communication 241
FICHE 15 La stratégie d'achat et de logistique 245
FICHE 16 Les réseaux d'unités commerciales 249
FICHE 17 Les types de réseaux d'unités commerciales 251
FICHE 18 Les relations entre producteurs et distributeurs 255
FICHE 19 La stratégie de développement du réseau 259
FICHE 20 L'épreuve E6 de PDUC 263
FICHE 21 Se préparer à l'épreuve de PDUC 265
Lexique 267

Informatique commerciale

FICHE 1 L'information commerciale, une ressource stratégique .. 275
FICHE 2 Le système d'information commerciale (SIC).......... 279
FICHE 3 Les études quantitatives 283
Lexique 287

Management et gestion des unités commerciales

1

L'organisation

Comme tout salarié, le manager exerce ses missions dans le cadre d'une organisation qui se caractérise par ses objectifs, sa structure, ses règles et ses équipes.

1. Qu'est-ce qu'une organisation ?
1.1. La notion d'organisation
1.2. L'unité commerciale dans l'organisation
2. Les principaux modèles organisationnels
2.1. Les structures organisationnelles
2.2. Les théories de l'organisation

1. Qu'est-ce qu'une organisation ?

1.1. La notion d'organisation

L'organisation est un ensemble d'individus agissant de façon coordonnée pour atteindre des objectifs. Toute organisation repose sur trois composantes :

Des objectifs	Toute organisation sert un but et se fixe des objectifs précis pour l'atteindre. Exemple : Carrefour veut être le « commerçant préféré des Français » ; dans ce but, l'entreprise se fixe des objectifs de chiffre d'affaires, de part de marché, et d'image.
Une structure	Pour déterminer le comportement de ses membres, l'organisation établit des règles, des procédures, des systèmes et des liens hiérarchiques. Elle décrit les postes de travail, forme les individus, constitue des équipes, fait circuler l'information.
Des individus	Les individus prennent des décisions et accomplissent des tâches déterminées, afin d'atteindre le but fixé.

1.2. L'unité commerciale dans l'organisation

a. La notion d'unité

L'organisation peut être découpée en unités de production ou en unités de vente dispersées géographiquement. Chaque unité obéit aux mêmes principes d'organisation : objectifs, structure, postes de travail, procédures.

b. L'unité commerciale (UC)

L'UC est le lieu physique (magasin, agence…) ou virtuel (site marchand) permettant aux clients d'accéder à l'offre de produits ou de services.
Pour se rapprocher de ses clients, l'organisation peut multiplier les points de vente ; elle constitue alors un réseau d'unités commerciales, dont le management est confié à des managers de proximité qui agissent dans le cadre imposé par l'organisation.

EXEMPLE Camaieu compte plus de 500 magasins en France. Pour chaque boutique, la structure est identique.

2. Les principaux modèles organisationnels

2.1. Les structures organisationnelles

Les organisations de taille importante sont contraintes de découper les tâches et de mettre en place des mécanismes de coordination permettant une cohérence d'ensemble des activités. Plusieurs modèles d'organisation sont possibles, plus ou moins efficaces selon les caractéristiques de l'entreprise. Deux types de structure sont plus fréquemment adoptés par les unités commerciales.

a. La structure hiérarchico-fonctionnelle

Elle repose sur la spécialisation des fonctions (financière, commerciale, administrative, logistique, etc.). La coordination est réalisée par des lignes hiérarchiques : pour chaque fonction et pour chaque niveau hiérarchique, les managers fixent des objectifs, des moyens et des procédures pour les atteindre, qu'ils imposent à leurs subordonnés.

EXEMPLE Les fonctions du groupe Carrefour :

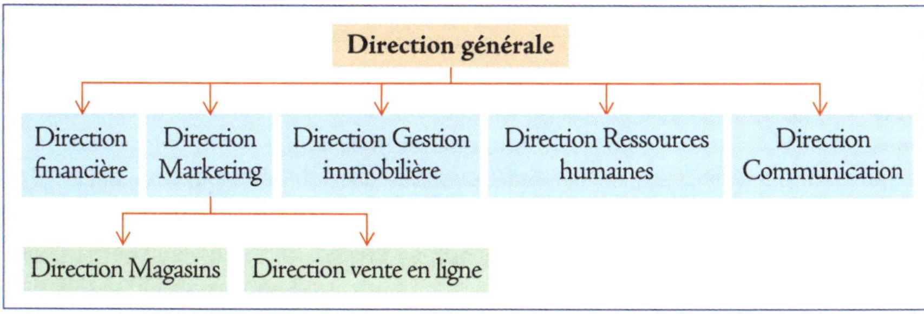

b. La structure divisionnelle

Lorsque l'activité se diversifie, par exemple dans différents produits ou dans différentes zones géographiques, l'entreprise peut avoir intérêt à se structurer en divisions, chaque division étant spécialisée dans un produit ou sur une zone géographique.

EXEMPLE Organigramme partiel d'un magasin Carrefour, structuré classiquement par type de produits vendus (avec fonction de gestion des caisses du magasin) :

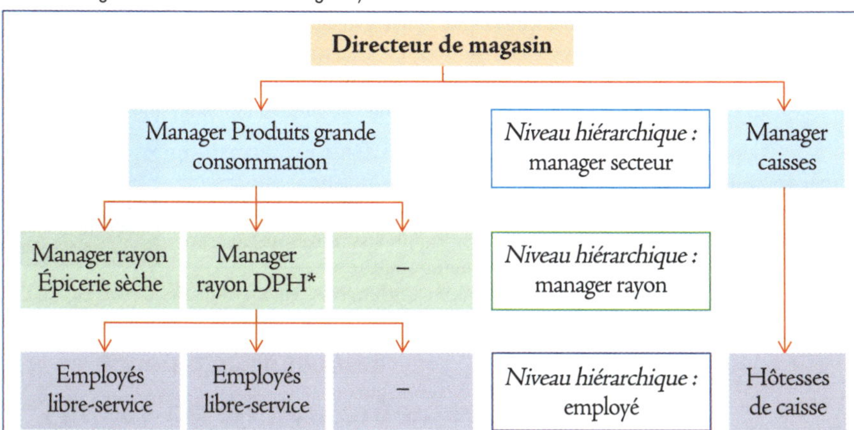

* DPH : droguerie, parfumerie, hygiène.

2.2. Les théories de l'organisation

De nombreux auteurs ont élaboré des théories pour déterminer l'organisation la plus efficace, la meilleure façon de diviser les tâches et les mécanismes de coordination permettant de rendre au mieux une cohérence d'ensemble aux activités de chacun.

a. L'école classique du management

Le principe de l'école classique consiste à diviser le travail de façon à augmenter la productivité ; ce type de management ne prend pas en considération l'intérêt de l'homme au travail.

Principaux apports	Type de management	Applications dans l'UC
– **F. Taylor** préconise un découpage des processus de production en tâches précises et simplifiées au maximum. Le personnel d'encadrement est seul responsable de la conception des procédures et des méthodes de travail. – **H. Fayol** démontre la nécessité de découper l'activité en fonctions spécialisées (production, vente, administration…). Il croit dans l'efficacité du commandement : le supérieur hiérarchique commande, le subordonné obéit.	– Management orienté vers le rendement – Formation minimale des salariés – Management fondé sur la chaîne de commandement et sur le contrôle – Motivation des individus par l'argent (salaires, primes)	– Standards de productivité : nombre de clients servis par heure, temps de déballage des colis… – Organigramme hiérarchique, fonctions spécialisées dans l'UC et dans le réseau – Définition précise des postes de travail et des procédures – Stimulation par les commissions sur les ventes

EXEMPLE La confection et le service d'un hamburger chez McDonald's répond à une procédure constituée d'une suite d'opérations simples mais obligatoires, conçue par la direction générale.

b. L'école des relations humaines

Au contraire de l'école classique, l'école des relations humaines s'appuie sur les différentes sources de motivation des individus au travail.

Principaux apports	Type de management	Applications dans l'UC
– Des chercheurs comme **E. Mayo** pensent qu'il est important de connaître le comportement de l'individu au travail, ses besoins, ses motivations et ses freins. – Pour des auteurs comme **F. Hertzberg**, le contenu de la tâche à accomplir est source de motivation.	– Les motivations autres que l'argent sont prises en compte pour stimuler le travail des individus. – Meilleure prise en compte des conditions de travail. – Responsabilisation des salariés à tous les niveaux de la hiérarchie.	– Motivation individuelle et collective par la reconnaissance, la participation à l'organisation du travail et à la prise de décision, la définition d'objectifs pour les individus et pour l'équipe. – Développement de la polyvalence des salariés : rotation sur différents postes, enrichissement des tâches.

EXEMPLE En 2008, Carrefour a initié la « polyactivité » : les employés libre-service viennent en caisse pour absorber les pics de fréquentation ; les hôtesses de caisse vont en rayon pendant les heures creuses.

c. Les théories de la contingence

Les théories de la contingence considèrent que l'organisation idéale est celle qui s'adapte aux conditions auxquelles elle est confrontée. Ces conditions (technologie, taille, âge environnement…) sont appelées « facteurs de contingence ».

Principaux apports	Type de management	Applications dans l'UC
Il n'existe aucun modèle organisationnel idéal. Selon **H. Mintzberg**, la structure de l'entreprise est le résultat de la façon dont elle divise le travail et des mécanismes de coordination qu'elle privilégie. Cette structure dépend de la taille de l'entreprise et de son activité, et elle évolue avec la croissance de l'entreprise et les changements de son environnement.	Management du changement privilégiant la polyvalence des équipes et l'adaptabilité des structures	Le manager conduit les changements d'organisation ; il veille à avoir des équipes polyvalentes, capables d'évoluer et de s'adapter.

EXEMPLE Pour certains de ses magasins, Carrefour fait évoluer son modèle organisationnel d'une structure divisionnelle par produits vers une structure fonctionnelle, mieux adaptée aux très grandes surfaces de vente. Plutôt que d'être organisés par rayons, les hypermarchés sont organisés par fonctions : remplissage des rayons (équipe de jour et équipe de nuit), préparation du remplissage (réception des marchandises et acheminement des marchandises dans les allées), contrôle des stocks et des prix.
Chaque fonction est représentée par une équipe, conduite chacune par un manager, eux-mêmes coiffés par un chef de secteur.

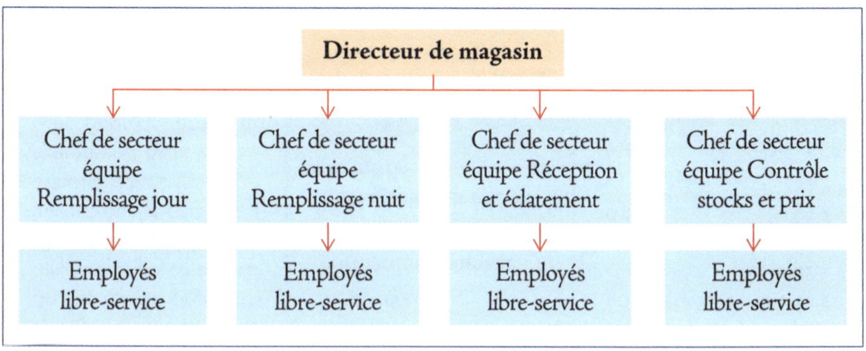

Mots-clés

ORGANISATION, STRUCTURE, MODÈLE ORGANISATIONNEL, UNITÉ COMMERCIALE

2 L'individu dans l'organisation

1. Comprendre l'individu au travail : les enjeux
2. L'individu au travail
2.1. Les ressources personnelles des individus
2.2. La satisfaction des besoins
3. L'individu dans le groupe
3.1. La notion de groupe
3.2. La dynamique des groupes
3.3. La culture d'entreprise

L'organisation doit comprendre le comportement de ses membres pour l'orienter vers l'atteinte de ses objectifs économiques, financiers et humains.

1. Comprendre l'individu au travail : les enjeux

Il est important de connaître les membres de l'équipe et de comprendre leurs relations :
– pour atteindre les objectifs fixés : pour cela, le manager a besoin de comprendre, d'anticiper et d'influencer le comportement individuel et collectif de ses collaborateurs ;
– pour être performant : la productivité du collaborateur et de l'équipe, l'absentéisme et le *turn-over* ou encore la qualité de service rendu à la clientèle dépendent du comportement professionnel de chacun.

2. L'individu au travail

2.1. Les ressources personnelles des individus

L'individu au travail est avant tout une personne, avec ses caractéristiques :

La personnalité : caractère, tempérament, qualités intellectuelles, qualités physiques

Les attitudes : prédispositions à l'égard du travail, des collègues, de l'entreprise

→ **Déterminent le comportement professionnel**

2.2. La satisfaction des besoins

Le comportement tient aussi à la recherche de la satisfaction des besoins : un besoin non satisfait crée une tension chez l'individu, et cette tension va le motiver pour agir.

Besoin → Tension → Motivation → Comportement

On distingue trois grandes familles de besoins : les besoins d'existence, les besoins de rapports sociaux et les besoins de développement personnel.

EXEMPLE Un salarié acceptera d'accomplir des heures supplémentaires, parce que c'est un revenu supplémentaire (besoin d'existence), parce que les autres ont accepté et qu'il ne veut pas se différencier (besoin social), ou parce que c'est l'occasion d'acquérir de nouvelles compétences (besoin de développement personnel).

Selon Herzberg, il existe des facteurs de satisfaction et d'insatisfaction au travail.

Facteurs d'insatisfaction	Facteurs de satisfaction
Ils correspondent aux besoins physiologiques : chauffage, pauses, hygiène et sécurité… Si ces besoins sont satisfaits, ils procurent une motivation éphémère. Sinon, ils provoquent une **forte démotivation.**	Ils correspondent aux besoins d'accomplissement : richesse des tâches, possibilités d'évolution… Si l'individu trouve dans son travail une satisfaction à ce type de besoin, cela lui procure une **forte motivation.**

3. L'individu dans le groupe

3.1. La notion de groupe

Lorsque des individus interagissent régulièrement ensemble dans l'organisation, ils forment un groupe, même s'il n'y a pas de structure formelle.

EXEMPLE Dans une unité commerciale, le responsable, l'équipe de vente, les personnels de l'entreprise de sécurité et de l'entreprise d'entretien forment un groupe.

3.2. La dynamique des groupes

Les individus agissent différemment selon qu'ils sont seuls ou bien au sein d'un groupe. Le groupe implique en effet des rôles et des normes de conduite qui imposent à chacun un certain comportement.

EXEMPLE Un vendeur plus expérimenté prend le rôle de chef d'équipe ; les membres de l'équipe l'acceptent et agissent selon ses consignes.

Le manager a pour tâche d'identifier les personnes de l'équipe qui seront à même de jouer ce rôle et les utilise pour renforcer la cohésion du groupe.

EXEMPLE D'excellents joueurs de football répartis dans divers clubs ne peuvent pas constituer une équipe performante, faute de cohésion.

3.3. La culture d'entreprise

Les individus qui composent l'organisation sont issus d'origines et de cultures différentes. Aussi l'organisation crée-t-elle sa propre culture pour harmoniser et consolider les relations entre ses membres. La culture d'entreprise est l'ensemble des valeurs, mythes, rites, partagés par la majorité des membres de l'entreprise. Elle peut être inscrite dans une charte.

EXEMPLE Exemple de composantes de la culture d'entreprise chez Auchan :
– mythe : la personnalité du fondateur, Gérard Mulliez, qui a créé Auchan en partant de rien ;
– valeurs : mettre le client au centre des actions, être simple et convivial, être économe, etc. ;
– rites : l'arbre de Noël, fête à laquelle participent les membres du personnel avec leur famille ;
– symbole : le rouge-gorge, choisi pour son caractère simple et sympathique.

Mots-clés

PERSONNALITÉ, ATTITUDE, COMPORTEMENT, BESOINS, MOTIVATIONS, FACTEURS DE SATISFACTION ET D'INSATISFACTION, CULTURE D'ENTREPRISE

3 Le management

La stratégie de l'organisation a besoin d'une mise en œuvre et d'une exécution efficace sur le terrain. C'est le rôle du manager.

1. Définition et enjeux
1.1. Management et *leadership*
1.2. Les enjeux
2. Les méthodes de management
2.1. Les styles de management
2.2. Le processus décisionnel

1. Définition et enjeux

1.1. Management et *leadership*

a. Le management

Selon P. Drucker, le management est l'activité visant à obtenir des hommes un résultat collectif en leur assignant un but commun, des valeurs communes, une organisation convenable et la formation nécessaire pour être performants et pouvoir s'adapter aux changements.

b. Les deux dimensions du management

– Dimension opérationnelle : le manager pilote son unité. Il organise le travail, commande, contrôle et enclenche les actions correctives, coordonne, prévoit.
– Dimension relationnelle : le manager motive, soutient, évalue et fait progresser son équipe, gère les conflits, pilote les changements et les projets.

c. Le *leadership*

Le *leadership* définit la capacité d'un individu, le leader, à mobiliser d'autres individus dans le but d'atteindre les objectifs fixés. Selon certaines théories, le leader possède des qualités particulières comme l'ambition, l'énergie, l'envie de diriger d'autres personnes, une capacité à se projeter dans l'avenir et une grande confiance en soi. Une caractéristique essentielle du leader est d'être choisi comme tel par le groupe qui le suit sans y être contraint. Le manager, qui administre, gère, commande et contrôle, doit aussi être leader et mobiliser les énergies dans le but de réaliser les objectifs.

1.2. Les enjeux

a. L'enjeu de la qualité

Le manager entraîne l'équipe dans une démarche de qualité et de perfectionnement continu, qui vise à améliorer en permanence le service rendu à la clientèle tout en diminuant les coûts autant que possible. Pour cela, il organise les tâches, contrôle le travail réalisé et entretient en permanence la mobilisation des salariés dans cette démarche. Les axes d'amélioration de la qualité sont :
– la prise en compte du besoin et des attentes des clients ;

EXEMPLE Le réseau Célio réalise des enquêtes de satisfaction menées par un client mystère, qui visent à évaluer la qualité de l'accueil, la disponibilité des vendeurs, la propreté du magasin, le temps d'attente en caisse, etc.

– la conformité aux procédures et aux spécifications du réseau.

EXEMPLE Les contrôleurs du réseau Célio mesurent la conformité de la présentation des produits, vérifient l'application des procédures de réception et de mise en rayon des marchandises qui ont été établies pour limiter au maximum les pertes de temps. Après l'enquête, le manager reçoit un compte-rendu indiquant les points forts et les points faibles. Il doit ensuite mettre en œuvre des solutions pour améliorer les résultats de l'UC.

b. L'enjeu de la performance

Un management réussi doit conduire à atteindre les objectifs fixés en organisant au mieux le travail des salariés et en mobilisant leurs efforts, tout en maîtrisant les coûts.

2. Les méthodes de management

2.1. Les styles de management

Différents styles sont possibles selon le type de situation, le degré d'autonomie du collaborateur et la dimension privilégiée : opérationnelle ou relationnelle.

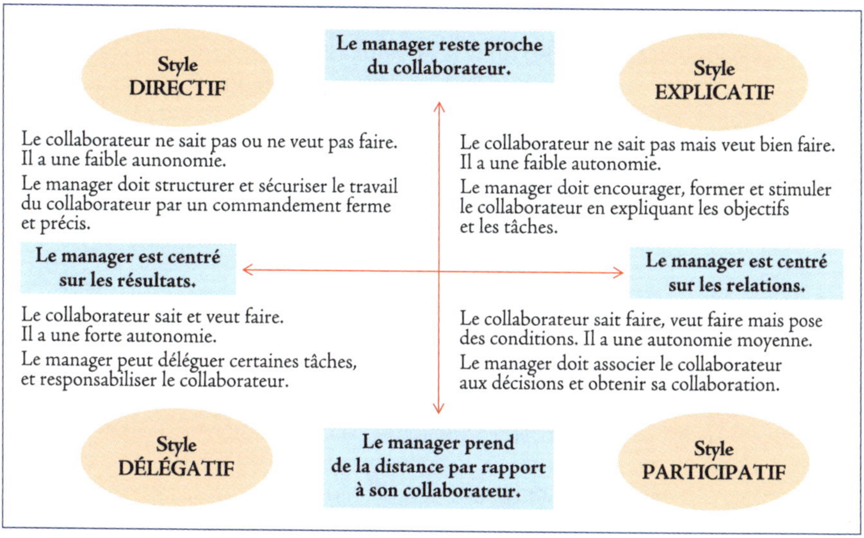

2.2. Le processus décisionnel

Le manager prend une décision chaque fois qu'il constate un problème, c'est-à-dire un écart entre la situation existante et la situation souhaitée. Pour le résoudre, il suit généralement les étapes suivantes :

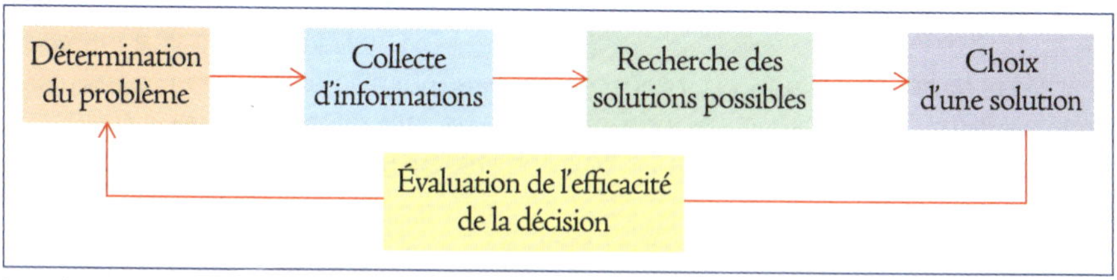

Les étapes peuvent être menées collectivement, mais le manager reste souvent seul responsable de la décision.

Mots-clés

MANAGEMENT, *LEADERSHIP*, STYLE DE MANAGEMENT, DÉCISION

4 Les missions du manager

1. Gérer l'unité commerciale
2. Déterminer la stratégie commerciale
2.1. Définir et appliquer les objectifs
2.2. Faire respecter les procédures standard
3. Organiser l'unité commerciale
3.1. Répartir et coordonner les tâches
3.2. Faire remonter l'information
3.2. Administrer et communiquer
4. Développer les compétences
5. L'autonomie du manager

Le manager assure le fonctionnement courant de l'UC. Il dirige les hommes, organise le travail, anticipe les besoins et développe l'activité.

1. Gérer l'unité commerciale

L'UC est un centre de profit : elle doit produire un bénéfice. Le manager a pour mission de développer les ventes (les produits) et de maîtriser les coûts (les charges).

Charges de l'UC	Produits de l'UC
Maîtriser les coûts : réduire la démarque, maîtriser la masse salariale, supprimer les dépenses inutiles.	Dynamiser les ventes, en optimisant la présentation de l'offre et l'efficacité des vendeurs.
Résultat = produits – charges	

2. Déterminer la stratégie commerciale

2.1. Définir et appliquer les objectifs

a. Management stratégique et management opérationnel

Au niveau stratégique, les dirigeants définissent les grandes orientations, par exemple les marchés à développer. Ils en déduisent les objectifs globaux et les moyens d'action adaptés pour les atteindre.

Au niveau opérationnel, les managers de l'entreprise appliquent les décisions stratégiques sur le terrain, avec leurs équipes.

b. La fixation des objectifs

Le manager recueille auprès de sa hiérarchie l'information concernant les objectifs stratégiques de l'entreprise, les objectifs fixés à son UC et les moyens alloués. Les objectifs peuvent être quantitatifs (chiffre d'affaires, marge, rotation des stocks, panier moyen…) ou qualitatifs (qualité de l'accueil, image…).

Le manager adapte les objectifs de l'UC aux membres de son équipe. Des objectifs sont ainsi fixés à chaque collaborateur selon ses compétences, les horaires, les tâches qui lui sont confiées, les produits et services qu'il a à vendre. Pour la cohésion de l'équipe, les objectifs seront répartis équitablement.

2.2. Faire respecter les procédures standard

La force des réseaux est de développer des procédures standard qui sont des modèles à déployer uniformément dans toutes les unités du groupe. Le manager veille à ce que les actions (étapes de vente, promotions…) respectent ces procédures.

EXEMPLE Une fois par semaine, l'enseigne Camaieu diffuse sur son intranet un document (« Le fil de la semaine ») qui reprend les procédures obligatoires à appliquer pour disposer les produits.

3. Organiser l'unité commerciale

3.1. Répartir et coordonner les tâches

Le manager maîtrise les tâches à accomplir, les compétences qu'elles requièrent et le temps nécessaire à leur réalisation. Il dispose d'une équipe dont il connaît le potentiel en termes de compétences et de volume horaire. Il établit en conséquence les horaires de ses collaborateurs et leur affecte les tâches de façon à équilibrer la charge de travail. Si besoin, il recrute du personnel supplémentaire.

3.2. Faire remonter l'information

Le système d'information commerciale, en particulier par le moyen des terminaux points de vente, est tel qu'une grande partie de l'information est transmise automatiquement à la tête du réseau. Le manager doit cependant la compléter par des informations qu'il collecte lui-même : en particulier, il est amené à produire des synthèses chiffrées et des rapports d'activité (*reporting*).

3.3. Administrer et communiquer

Le manager organise la transmission des informations permettant l'élaboration de la paye, prépare les plannings de congé et anticipe les besoins en personnel. Il diffuse les informations utiles à l'équipe et favorise la communication interne. Il établit des liens avec les partenaires locaux (banque, mairie…).

4. Développer les compétences

Le manager doit déceler, au-delà de la performance collective, les performances individuelles et le potentiel de chacun. Il est en effet le mieux placé pour évaluer les compétences sur le terrain. La reconnaissance juste des compétences de chacun est une source de motivation et de cohésion de l'équipe.

Après évaluation, le manager cherche à développer les compétences de chacun. Il peut ainsi déléguer certaines tâches ou proposer des formations, et construire avec le collaborateur un projet professionnel au sein-même de l'UC.

5. L'autonomie du manager

Le degré d'autonomie du manager dépend du degré de centralisation de l'entreprise et de la forme de commerce à laquelle appartient l'UC. Ainsi, le commerce intégré offre moins d'autonomie aux managers que le commerce associé.

Plusieurs champs d'autonomie sont possibles : gestion des moyens humains, matériels et financiers ; gestion et développement de l'activité commerciale (choix des promotions, gestion des commandes, décision d'implantation, etc.)…

Le manager peut formuler des propositions de développement de son unité.

EXEMPLE Un manager dont l'UC est située dans une zone très touristique pourra proposer de compléter l'assortiment existant avec des produits demandés par les touristes.

Mots-clés

MISSION, OBJECTIF, PROCÉDURE STANDARD, *REPORTING*

5

Les outils du manager

Pour accomplir ses missions, le manager dispose de divers outils destinés à traiter l'information, à faciliter la prise de décision et à organiser l'activité de l'UC.

1. Les outils de pilotage de l'UC
1.1. Les outils de pilotage opérationnel
1.2. Les outils de contrôle des standards
1.3. Les indicateurs sociaux
2. Les outils d'aide à la décision
2.1. Les outils de simulation
2.2. Les outils statistiques et probabilistes
3. Les outils d'organisation
3.1. Les outils de planification
3.2. Les outils de gestion du temps

1. Les outils de pilotage de l'UC

1.1. Les outils de pilotage opérationnel

a. Le tableau de bord

Le manager pilote, c'est-à-dire prend les décisions utiles afin de réduire les écarts entre les objectifs visés et les résultats effectivement obtenus.

EXEMPLE Un directeur d'agence bancaire constate un retard sur le résultat des ventes d'assurances de véhicules automobiles. Il demande donc aux conseillers commerciaux de proposer systématiquement ce produit lors des demandes de prêt pour l'achat d'un véhicule.

Il visualise ces écarts sur un tableau de bord, qui est un document synthétisant les indicateurs pertinents : chiffre d'affaires, marge, nombre de clients… Les mesures peuvent être présentées dans des tableaux ou des graphiques.

EXEMPLE

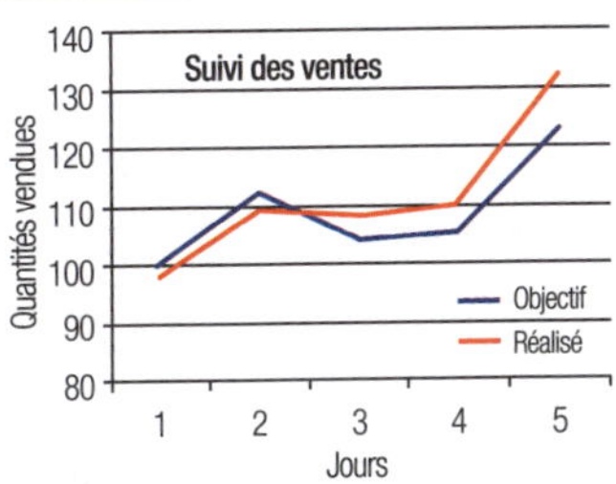

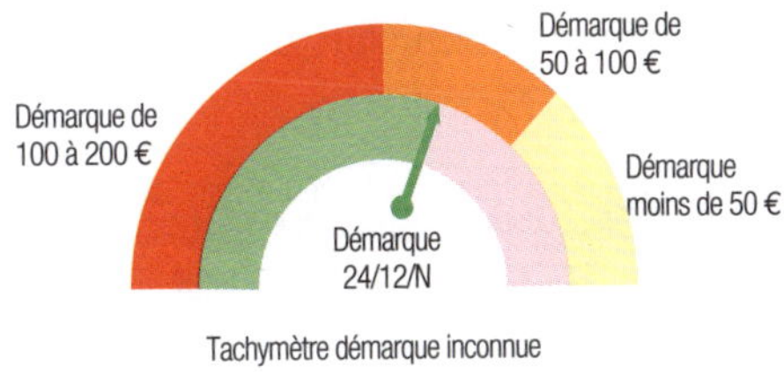

b. Le budget

Ce tableau permet de contrôler les résultats et les ressources consommées. Le budget mentionne les prévisions des ventes, mais aussi des achats (marchandises, autres achats nécessaires à l'activité…), les heures de travail des salariés, les investissements nécessaires…

EXEMPLE

Budget	Objectif en €	Réalisé en €	Écart en €	Écart en %
Ventes	100 000	120 000	+ 20 000	+ 20 %
Achats de marchandises	80 000	88 000	+ 8 000	+ 10 %
Heures vendeurs	500	600	+ 100	+ 20 %

Le chiffre d'affaires réalisé dépasse l'objectif de 20 % ; les achats et le nombre d'heures vendeurs sont aussi plus importants que prévu.

c. Le plan d'action

Cet outil est destiné au suivi régulier des actions mises en œuvre et des résultats obtenus. Le manager peut ainsi décider des actions correctives au fur et à mesure.

EXEMPLE Pour une action de fidélisation, un plan d'action par objectifs prévoit différentes étapes (formation des vendeurs, PLV, vente de cartes de fidélité…). À chaque étape correspondent un budget et une date d'exécution. Le résultat de l'action est ensuite mesuré et comparé à l'objectif.

Action	Étape	Qui ?	Budget	Date	Objectif	Résultat
Fidélisation	Formation	Vendeurs	200 €	10/02	2 vendeurs formés	2
	PLV	Vendeurs	80 €	10/02	Installation PLV	Fait
	Vente cartes	Vendeurs	40 €	10/03	400	280

Le résultat est en dessous de l'objectif : le manager décide donc de stimuler les vendeurs en renforçant la formation sur la réfutation des objections sur la carte de fidélité.

1.2. Les outils de contrôle des standards

a. Le système d'information commerciale

Le système d'information commerciale (SIC) permet au manager de contrôler à tout moment que l'activité et les performances de l'UC sont conformes à celles attendues. Le SIC présente des données complétant celles du tableau de bord, comme les performances des autres UC, l'historique des ventes, des informations détaillées sur les produits ou sur les fournisseurs…

b. Les fiches de contrôle

Le manager dispose de fiches de contrôle de l'application des procédures, sur lesquelles il peut valider les étapes, puis décider des actions à mener : recommencer la tâche, stimuler son personnel sur un point particulier…

c. Les grilles d'évaluation

Cet outil facilite la comparaison entre une situation idéale et une situation évaluée.

EXEMPLE Grille d'évaluation des profils des candidats à un poste de vendeur.

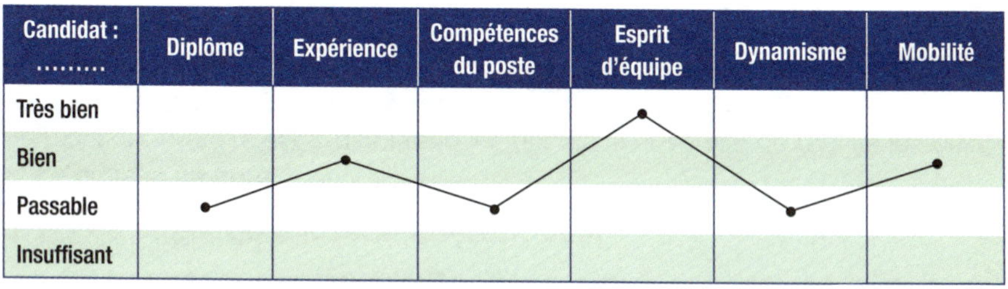

1.3. Les indicateurs sociaux

Ces chiffres mesurent la performance sociale de l'UC et fournissent des informations permettant d'améliorer le bien-être des équipes au travail. Ces indicateurs cherchent d'une part à mesurer la satisfaction du personnel (taux de rotation, taux d'absentéisme, nombre de journées d'arrêt maladie…) et d'autre part à évaluer dans quelle mesure l'entreprise assume ses responsabilités sociales (taux de fréquence des accidents du travail ; taux de salariés en contrat précaire : CDD, intérim, alternance ; taux de formation ; taux de femmes managers…).

2. Les outils d'aide à la décision

2.1. Les outils de simulation

Lorsque les éléments sont connus avec assez de précisions et de certitudes, il est possible de fonder la décision en simulant plusieurs hypothèses. Le tableur est un logiciel bien adapté à cette tâche.

EXEMPLE Tableau de simulation de l'impact d'une baisse de prix unitaire sur la marge globale :

	Situation actuelle	Simulation hypothèse 1	Simulation hypothèse 2
Prix (HT en euros)	55	50	45
Quantités vendues	1 200	1 600	2 600
Coût d'achat unitaire	35	35	35
Marge unitaire	20	15	10
Marge globale	24 000	24 000	26 000

La baisse du prix de 55 à 50 € permettrait seulement de conserver la marge globale ; un prix de 45 € permettrait d'augmenter la marge globale. C'est donc la décision à prendre.

2.2. Les outils statistiques et probabilistes

Le système d'information fournit des statistiques fondées sur l'observation du passé. Ces statistiques peuvent servir à établir la probabilité qu'a un événement de survenir. À chaque évènement est ensuite associé un résultat. Pour prendre sa décision, le manager calcule l'espérance de gain de chaque situation.

EXEMPLE Pour décider quelle quantité acheter pour un produit périssable (bourriche de 36 huîtres), on propose au chef de rayon soit un lot de 100 bourriches à 25 € l'unité, soit un lot de 120 bourriches à 22 € l'unité. Les bourriches sont vendues 50 €. Grâce aux statistiques, le chef de rayon sait que, durant cette période, il a 30 % de chances de vendre 80 bourriches, 50 % de chances de vendre 100 bourriches, et 20 % de chances de vendre 120 bourriches.

Hypothèse d'achat en quantité	Hypothèse de vente en quantité	Probabilité de réalisation	Marge réalisée en €	Pertes (invendus) en €	Gains en €	Espérance de gain en €
100	80	0,30 (1)	2 000 (2)	500 (4)	1 500 (5)	2 200 (6)
	100	0,50	2 500	0	2 500	
	120	0,20	2 500 (3)	0	2 500	
120	80	0,30	2 240	880	1 360	2 260
	100	0,50	2 800	440	2 360	
	120	0,20	3 360	0	3 360	

(1) Probabilité de réalisation = 0,30 signifie qu'il y a 30 % de chances de vendre 80 bourriches.
(2) Marge = (prix de vente unitaire – coût d'achat unitaire) × quantités vendues = (50 – 25) × 80 = 2 000 €.
(3) On a commandé seulement 100 bourriches, si la demande est de 120, il y aura un manque à gagner de 20 bourriches.
(4) Pertes = quantités non vendues × coût d'achat unitaire = 20 × 25 = 500.
(5) Gain = 2 000 – 500 = marge réalisée – pertes.
(6) Espérance de gain = (0,30 × 1 500) + (0,50 × 2 500) + (0,20 × 2 500) = 2 200.
Le chef de rayon doit donc commander 120 bourriches (espérance de gain la plus élevée).

3. Les outils d'organisation

Ces outils servent à la fois à la planification et au suivi des réalisations.

3.1. Les outils de planification

a. Les calendriers

Ils permettent de visualiser l'ensemble des événements de l'année, en tenant compte des particularités calendaires : fêtes et jours fériés, dimanches travaillés, opérations commerciales saisonnières, événements locaux, vacances scolaires.

b. Les plannings

Ce tableau à double entrée fait apparaître les différentes activités ou personnes ainsi que leur échelonnement dans le temps.

3.2. Les outils de gestion du temps

Le manager doit rester disponible et doit gérer son activité en cohérence avec celle de son équipe, de son UC et des contraintes imposées par sa hiérarchie.

a. L'agenda électronique

Cet outil de travail collaboratif permet de gérer les rendez-vous et de planifier les réunions en fonction des agendas des collaborateurs. Il permet de visualiser les tâches fixées dans le temps comme les rendez-vous et les réunions, ou les tâches non fixées dans le temps comme la préparation d'une réunion, en faisant figurer le délai de réalisation et les plages de temps disponibles.

b. La matrice d'Eisenhower

Cet outil de classification méthodique des priorités et d'appréciation des urgences permet de gérer et de réguler les activités.

Importance ↑

Tâches type B – Tâches non urgentes mais importantes – Peuvent attendre ou être déléguées	**Tâches type A** – Tâches importantes et urgentes – À exécuter soi-même immédiatement
Tâches type D – Tâches inutiles – À abandonner	**Tâches type C** – Tâches urgentes mais peu importantes – À exécuter ou à déléguer rapidement

Urgence →

Mots-clés

TABLEAU DE BORD, PILOTAGE, BUDGET, PLAN D'ACTION

6 Le contexte réglementaire

1. Les sources du droit du travail
1.1. Le Code du travail
1.2. Les conventions et accords collectifs
1.3. Le règlement intérieur
1.4. Le contrat de travail
2. Les règles à respecter par l'employeur
2.1. L'aménagement des conditions de travail
2.2. L'organisation du travail
2.3. Le recrutement
2.4. Le dialogue avec les représentants du personnel
3. Les règles à respecter par les salariés
3.1. Les obligations des salariés
3.2. Les sanctions applicables
4. Le licenciement

Dans l'exercice de ses missions, le manager engage sa responsabilité légale et morale, ainsi que celle de son entreprise. Il doit respecter les droits collectifs (droit de grève, liberté syndicale) et les droits individuels des salariés. Il doit également veiller à ce que ses collaborateurs exécutent correctement leurs obligations.

1. Les sources du droit du travail

Les sources du droit du travail sont nombreuses.

1.1. Le Code du travail

Le Code du travail recense l'ensemble des dispositions constituant la réglementation du travail (lois, règlements, décrets). Il fixe les droits et obligations des salariés et employeurs et régit l'ensemble de leurs relations, du début jusqu'à la fin du contrat de travail.

1.2. Les conventions et accords collectifs

Les conventions collectives sont des écrits conclus entre les employeurs ou une organisation patronale et un ou plusieurs syndicats représentatifs de salariés, en vue de régler les conditions d'emploi et de travail ainsi que les garanties sociales applicables aux salariés pour l'ensemble d'une catégorie professionnelle.

EXEMPLE L'enseigne Monoprix est rattachée à la convention collective des grands magasins et magasins populaires.

L'accord collectif a un champ d'application plus étroit que la convention collective : il concerne un point particulier des conditions d'emploi et de travail et des garanties sociales. Il peut s'appliquer à une région, à un département ou encore à un ou plusieurs secteurs d'activité.

Par principe, les règles contenues dans les conventions ou accords collectifs ne peuvent pas être moins favorables aux salariés que ce que prévoit la loi.

1.3. Le règlement intérieur

Il est obligatoire dans les entreprises de 20 salariés et plus. Il est élaboré au niveau du réseau et est applicable à toutes les unités commerciales.

Il fixe les règles générales et permanentes de discipline (respect de l'horaire de travail, conditions de circulation dans l'UC…) et indique la nature et l'échelle des sanctions disciplinaires (avertissement, mise à pied…). Une sanction ne peut être prononcée à l'encontre d'un salarié que si elle est prévue par le règlement.

Il prévoit aussi les règles en matière de santé et de sécurité applicables dans l'entreprise ou l'établissement.

1.4. Le contrat de travail

a. Définition

Le contrat de travail est la convention par laquelle une personne s'engage à effectuer un travail pour une autre, moyennant rémunération. Il est constitué de trois éléments : la prestation de travail, la rémunération et le lien de subordination juridique.

b. Les principaux types de contrats dans l'UC

Type de contrat	Caractéristiques
Le contrat à durée indéterminée (CDI)	Conclu sans limitation de durée. La structure permanente de l'UC (le manager et son équipe permanente) est composée de personnels en CDI.
Le contrat à durée déterminée (CDD)	Ne peut être conclu que dans les cas énumérés par la loi (remplacement d'un salarié absent, accroissement temporaire d'activité, mission…) et pour une durée limitée.
Le contrat temporaire ou contrat d'intérim	Le salarié temporaire est un salarié qu'une entreprise de travail temporaire embauche pour le mettre à la disposition d'une entreprise utilisatrice, pour le temps de la mission.
Le contrat Jeunes (apprentissage, professionnalisation)	Le jeune alterne des périodes en entreprise et des périodes en organisme de formation.

2. Les règles à respecter par l'employeur

Le manager doit respecter l'ensemble des règles du travail.

2.1. L'aménagement des conditions de travail

Les salariés doivent travailler dans des conditions préservant leur santé et leur sécurité physique et morale.

a. L'hygiène et la sécurité

Les postes de travail doivent être sécurisés et les personnels doivent être formés aux tâches comportant des risques (manutention de marchandises…).

b. Les contraintes physiques

La station debout étant source de troubles de santé, certaines conventions collectives prévoient une mise à disposition de sièges debout-assis sur les surfaces de vente, ou encore des pauses dans un local aménagé.

c. Les contraintes psychologiques

La prise en charge de nombreux clients crée du stress. Le manager doit donc veiller au maintien d'un bon état psychique de ses vendeurs.

2.2. L'organisation du travail

Le droit du travail, complété par les conventions collectives, encadre précisément les contraintes temporelles du travail dans l'UC. Le manager organise aux mieux les plannings en fonction des contraintes légales, des contraintes de son organisation et des vœux des membres de l'équipe.

a. La durée légale du travail

Elle est de 35 heures hebdomadaires ; au-delà, le salarié est payé en heures supplémentaires. Sauf dérogation, les durées maximales sont fixées à 10 heures par jour, 48 heures par semaine, et 44 heures en moyenne sur une période de 12 semaines consécutives. Les salariés doivent bénéficier d'un repos quotidien de 11 heures consécutives au minimum entre deux journées de travail, et d'un repos hebdomadaire de 24 heures consécutives. L'employeur doit accorder au moins 20 minutes de pause si le temps de travail quotidien atteint 6 heures.

b. Les heures supplémentaires

Elles sont effectuées à la demande de l'employeur, au-delà des 35 heures hebdomadaires ou des 1 607 heures annuelles prévues par la loi. Elles donnent droit à une majoration de salaire qui peut être remplacée, totalement ou partiellement, par un repos compensateur. Un maximum d'heures supplémentaires annuelles est généralement fixé par les accords collectifs, de même que le taux de majoration de salaire. À défaut d'accord collectif, le taux légal se répartit comme suit : une majoration de 25 % du salaire brut est appliquée de la 36e à la 43e heure incluse (soit les 8 premières heures) ; au-delà de la 43e heure, la majoration passe à 50 % du salaire.

c. Le travail de nuit

Il est compris entre 21 h et 6 h. Dans la plupart des enseignes, des accords collectifs ont été conclus et fixent des compensations pour le salarié : repos compensateur ou majoration de rémunération (généralement 15 à 20 % du salaire).

d. Le travail dominical et les jours fériés

Le travail le dimanche est par principe interdit par la loi, mais il existe des dérogations, totales ou partielles, pour certains commerces. Le calendrier compte 11 jours fériés, mais, au regard du Code du travail, seul le 1er Mai est chômé (non travaillé). Pour les salariés qui travaillent le 1er Mai, le salaire est majoré de 100 %. Pour les autres jours fériés et les dimanches, les compensations dépendent des accords collectifs.

e. Les congés payés

Tout salarié a droit à des congés payés, dès lors qu'il a travaillé chez le même employeur pendant un temps équivalent à un minimum de 10 jours de travail effectif. Chaque mois de travail ouvre droit à un congé de 2,5 jours ouvrables.

2.3. Le recrutement

La sélection des candidats et les entretiens de recrutement doivent respecter des règles, en particulier de non-discrimination. Tous les candidats doivent être sélectionnés sur des critères objectifs, liés aux exigences du poste à pourvoir.

Une fois son choix effectué, le manager doit collecter les informations nécessaires aux formalités d'embauche et les transmettre au service du personnel pour l'élaboration du contrat de travail, puis la déclaration unique d'embauche (DUE) à l'URSSAF, l'inscription sur le registre du personnel, et la visite médicale.

2.4. Le dialogue avec les représentants du personnel

Les institutions représentatives du personnel veillent à la bonne application des droits des salariés et ont pour mission de résoudre les conflits individuels ou collectifs entre les salariés et l'employeur.

- Les délégués du personnel sont obligatoires dans les entreprises de plus de 10 salariés ; ils sont élus pour 2 ans. Leur mission principale consiste à présenter à l'employeur les réclamations (individuelles ou collectives) des salariés.
- Le comité d'entreprise est obligatoire dans les entreprises de plus de 50 salariés ; ses membres sont des salariés élus pour 2 ans et il est présidé par l'employeur. Le CE est investi d'une double mission, économique et sociale : il est responsable de la gestion de toutes les activités sociales et culturelles établies dans l'entreprise (retraite complémentaire, cantine, activités sportives…) ; il a un rôle d'information économique auprès des salariés (sur la santé de l'entreprise, sa stratégie…).
- Le Comité d'hygiène, de sécurité et des conditions de travail (CHSCT), obligatoire dans les entreprises de plus de 50 salariés, est également constitué de salariés élus et du chef d'entreprise. Il veille sur les conditions matérielles de travail et sur les questions relatives à la sécurité.
- Les délégués syndicaux sont désignés par les syndicats représentatifs dans les entreprises de plus de 50 salariés. Ils présentent des revendications à l'employeur et participent aux négociations des conventions et accords collectifs.

Le manager doit favoriser le dialogue avec les représentants du personnel dans le souci d'améliorer les conditions de travail et de préserver un bon climat social.

3. Les règles à respecter par les salariés

Le manager dispose d'un pouvoir disciplinaire qu'il doit utiliser à bon escient pour faire régner l'ordre, la tranquillité et l'équité dans son unité commerciale.

3.1. Les obligations des salariés

Le manager doit faire respecter les termes du contrat de travail : le salarié doit être ponctuel, assidu, et doit respecter les plannings. Il doit justifier ses absences et doit appliquer les consignes de travail ainsi que les procédures prévues.

Le salarié a une obligation de loyauté et de discrétion : il doit être honnête, ne doit pas commettre de vol ni de malversation, ni transmettre d'informations confidentielles. Il ne doit pas porter atteinte aux intérêts de l'entreprise.

3.2. Les sanctions applicables

Tout manquement volontaire du salarié à ses obligations peut donner lieu à une sanction disciplinaire pouvant aller jusqu'au licenciement. Des sanctions graduelles sont prévues par le règlement intérieur : avertissement, blâme, mise à pied, rétrogradation, licenciement. Quelle que soit la sanction, l'employeur devra respecter une procédure disciplinaire stricte.

4. Le licenciement

L'employeur qui envisage de licencier un salarié doit suivre une procédure de licenciement, allant de la convocation du salarié à un entretien préalable à l'envoi de la lettre de licenciement. Il doit également justifier d'un motif de licenciement réel et sérieux.

Mots-clés

CONVENTION COLLECTIVE, ACCORD COLLECTIF, CONTRAT DE TRAVAIL, SANCTION DISCIPLINAIRE, LICENCIEMENT

7

L'équipe commerciale

1. Définition et rôle de l'équipe commerciale
1.1. Définition
1.2. Le rôle de l'équipe dans la structure
1.3. Les principaux métiers de l'équipe commerciale
2. L'organisation de l'équipe commerciale
2.1. La spécialisation
2.2. La flexibilité
2.3. L'évolution de l'équipe dans le temps

Dans chaque UC, le manager dirige une équipe qui accueille la clientèle et la prend en charge.

1. Définition et rôle de l'équipe commerciale

1.1. Définition

L'équipe commerciale est constituée des personnes qui interviennent directement dans le processus de vente. Elle est responsable de l'écoulement des produits approvisionnés par le réseau, donc de la production de chiffre d'affaires et de marge. Son rôle est donc primordial pour l'entreprise.

1.2. Le rôle de l'équipe dans la structure

L'équipe intervient lors de la réception des marchandises, pour leur mise en stock et lors du réapprovisionnement des rayons. Elle peut aussi passer des commandes si le réassort n'est pas automatique ou pour satisfaire des demandes particulières.
L'équipe propose également les produits aux clients. Elle assure l'accueil et la prise en charge des clients et s'occupe aussi des encaissements. L'équipe travaille en lien avec l'amont et l'aval de l'activité de l'UC.

Lien avec l'amont de l'activité de l'UC	Lien avec l'aval de l'activité de l'UC
– Mettre en avant l'offre de produits/services conçus par les services mercatiques – Appliquer les opérations commerciales – Travailler en lien avec la logistique d'approvisionnement (réceptionnaires, etc.) – Utiliser les informations du SIC	– Proposer les services après-vente, les outils de fidélisation – Renforcer la connaissance du client – Établir des liens personnalisés avec la clientèle

1.3. Les principaux métiers de l'équipe commerciale

a. Dans la grande distribution

L'équipe est encadrée par des managers (ou chefs de rayon/secteur/département). En magasin, le manager est appelé « responsable » ou « responsable-adjoint ». Les membres de l'équipe occupent différents postes :

Poste	Méthode de vente	Type de produit
Employé libre-service (ELS)	– Libre-service – Libre-service assisté	Produits de grande consommation (PGC)
Vendeur conseil	– Vente assistée – Vente traditionnelle	– Équipement de la personne, de la maison – Produits techniques, services

▶▶▶

Poste	Méthode de vente	Type de produit
Ouvrier professionnel	Vente traditionnelle	Alimentaire : boucherie, fromagerie, poissonnerie, traiteur
Caissier(-ère)	Procède aux encaissements, mais peut aussi vendre des produits (sacs) ou des services (carte du magasin). Dernier contact du client avec l'UC.	

b. Dans la banque, l'assurance, les services

Le manager est appelé « responsable » ou « directeur d'agence ». Les équipes sont composées de conseillers.

Poste	Méthode de vente	Type de produit/service	Type de client
Conseiller Accueil	Accueil et vente traditionnelle	Services standard	Particuliers se présentant à l'agence
Conseiller clientèle Particuliers	– Négociation – Prospection	Services personnalisés simples	Gère un portefeuille de clients particuliers
Conseiller clientèle Professionnels	– Négociation – Prospection	Services personnalisés complexes	Gère un portefeuille d'entreprises

2. L'organisation de l'équipe commerciale

2.1. La spécialisation

L'équipe peut être divisée : on parle de spécialisation des vendeurs.

Spécialisation par zone	Spécialisation par produit	Spécialisation par clients
Les vendeurs sont affectés à une zone de vente (un vendeur chargé de l'entrée de la boutique).	Les vendeurs sont spécialisés selon les produits (chez Décathlon, les vendeurs sont spécialisés par sport).	Les vendeurs sont spécialisés par type de clients (conseiller bancaire pour professionnels).

2.2. La flexibilité

Elle peut s'obtenir par divers moyens :
- la polyvalence du personnel sur les tâches (mise en rayon, vente, encaissement), sur les produits et sur les clients (particuliers, professionnels…) ;
- la flexibilité horaire : horaires décalés, de nuit, travail les dimanches et jours fériés ;
- la mobilité sur un ensemble d'UC géographiquement proches ;
- la capacité d'adaptation : produits ou procédures nouveaux, nouveau SIC…

2.3. L'évolution de l'équipe dans le temps

L'équipe a besoin de stabilité : avec le temps, les membres de l'équipe commerciale gagnent en expérience et en cohésion. L'équipe est également amenée à se renouveler (départs et embauches). La personne qui part doit transmettre ses savoirs ; les nouveaux arrivants apportent des idées et des savoir-faire nouveaux.

Mots-clés

SPÉCIALISATION, POLYVALENCE, FLEXIBILITÉ

8 La constitution et l'évolution de l'équipe commerciale

1. Le diagnostic des besoins
1.1. La démarche de diagnostic des besoins en personnel
1.2. Le diagnostic quantitatif et qualitatif
2. Le processus de recrutement
2.1. Les enjeux et les coûts du recrutement
2.2. Les étapes du recrutement

Le manager recrute son équipe et est amené à la faire évoluer.

1. Le diagnostic des besoins

1.1. La démarche de diagnostic des besoins en personnel

Il s'agit de déterminer combien de collaborateurs devront être recrutés – diagnostic quantitatif – et quelles devront être leurs compétences – diagnostic qualitatif.

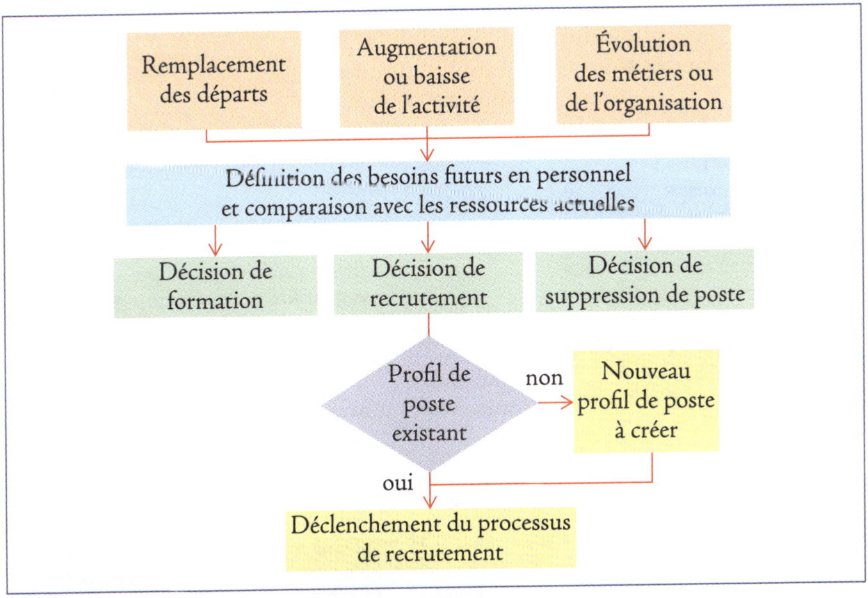

1.2. Le diagnostic quantitatif et qualitatif

a. Le calcul de la taille de l'équipe

Le nombre d'équipiers dépend de plusieurs facteurs comme l'amplitude horaire de l'UC, les flux de clients, le temps de prise en charge moyen d'un client, les objectifs de l'UC, mais aussi des surcroîts d'activité ponctuels (soldes, haute saison).

b. Les profils de poste

Le profil comporte divers aspects : la formation et les diplômes, les compétences techniques, les compétences relationnelles, les capacités physiques et les savoir-être.

2. Le processus de recrutement

2.1. Les enjeux et les coûts du recrutement

Le recrutement est une décision qui engage l'entreprise à long terme : il faut savoir repérer chez le futur collaborateur ses talents actuels, qui correspondent au profil recherché, mais surtout son potentiel d'évolution dans l'entreprise.
Un recrutement coûte cher : prix des annonces, temps passé à la sélection, coûts liés à l'intégration… Il est donc important qu'il soit réussi.

2.2. Les étapes du recrutement

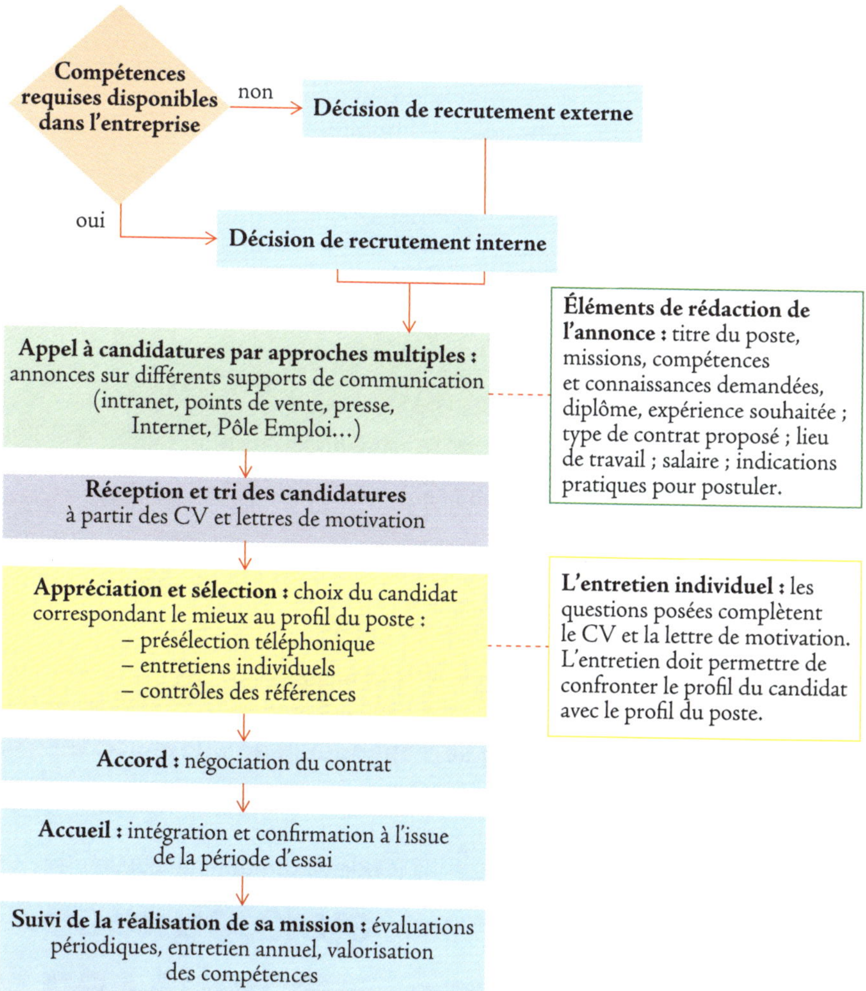

Mots-clés

TAILLE DE L'ÉQUIPE, PROCESSUS DE RECRUTEMENT, PROFIL DE POSTE

9 La valorisation du potentiel de l'équipe commerciale

1. L'évaluation du potentiel de l'équipe
1.1. Principe de l'évaluation
1.2. Les techniques d'évaluation
2. La formation professionnelle
2.1. Les différents types de formations
2.2. Le plan de formation
3. La motivation et la stimulation
3.1. Formation et motivation
3.2. Les techniques de stimulation non financières

L'entreprise doit maintenir et développer les compétences, qui sont sources de performance, au sein de ses équipes. Les salariés ont eux-mêmes intérêt à développer leurs savoir-faire pour se perfectionner et favoriser leur évolution professionnelle. Ces possibilités sont aussi une source de motivation.

1. L'évaluation du potentiel de l'équipe

1.1. Principe de l'évaluation

a. Les compétences dans le poste occupé

Il s'agit d'observer et de juger comment le collaborateur met en œuvre les compétences de son profil de poste. En cas d'écart entre les exigences et le niveau atteint par le salarié, des actions sont envisagées.

b. L'évolution du salarié vers un nouveau poste

Qu'il s'agisse de promotion, d'adaptation ou de reconversion, le salarié pourra se voir proposer un poste nécessitant d'autres compétences. On estimera alors sa capacité à évoluer à partir de ses compétences actuelles.

EXEMPLE Un vendeur qui évolue vers un poste de responsable adjoint.

1.2. Les techniques d'évaluation

Il existe différentes techniques, qui n'ont pas le même objectif.

Méthode	Descriptif	Objectif
Observation et suivi / conseil	À intervalles réguliers (tous les 2 mois par exemple), le manager observe le comportement des membres de l'équipe sur certains critères comme l'écoute client, la capacité à rester de bonne humeur, la rapidité d'exécution des tâches, etc.	Assurer un suivi régulier du comportement des collaborateurs.
Entretien d'évaluation périodique	Généralement annuel, il se pratique en face à face avec le manager et individuellement. La durée est d'environ 30 minutes à 1 heure. Des grilles d'évaluation (complétées par le manager) et d'autoévaluation (complétées par le collaborateur) faisant état des observations et résultats chiffrés sont utilisées. Un travail préparatoire de chacun des protagonistes est donc indispensable.	• Analyse des compétences du salarié et des résultats atteints par rapport aux objectifs sur la période précédente. • Détermination des besoins en formation et des possibilités d'évolution.

►►►

Méthode	Descriptif	Objectif
Évaluation « 360 »	Moins fréquente, elle est réalisée par les supérieurs hiérarchiques, les collègues, voire les clients ou les fournisseurs, par le biais d'un questionnaire.	Aborder des compétences plus variées, comme les compétences relationnelles, les qualités de communication, l'adhésion aux valeurs de l'entreprise.

Le manager doit veiller à être objectif lors de son évaluation, en utilisant des éléments concrets, sans se laisser influencer par ses sentiments vis-à-vis de la personne évaluée. Le manager félicite et prend en compte les progrès constatés. L'entretien permet ensuite de fixer les objectifs pour la prochaine période. L'évaluation doit faire l'objet d'un suivi pour observer la progression du salarié.

2. La formation professionnelle

2.1. Les différents types de formations

a. Définition

La formation professionnelle consiste à enseigner à un employé les connaissances et les compétences nécessaires à l'exécution de ses fonctions courantes. Tout employeur a l'obligation légale de participer au financement de la formation professionnelle.

b. Objectifs de la formation

La formation vise à :

- assurer l'adaptation des salariés à leur poste de travail et veiller au maintien de leur capacité à occuper ce poste ;
- former et faciliter l'intégration des nouveaux salariés ;
- assurer l'adaptation aux changements technologiques ;
- favoriser la polyvalence et le développement de compétences utiles à l'atteinte des objectifs de l'UC.

c. Le Droit individuel à la formation (DIF)

Les salariés bénéficient d'un droit individuel à la formation, qui leur permet de se constituer un crédit d'heures de formation de 20 heures par an, cumulable sur 6 ans dans la limite de 120 heures. La demande de DIF est initiée par le salarié, mais la plupart des grandes entreprises proposent un catalogue de formations qui satisfont à la fois les intérêts du salarié et ceux de l'entreprise.

d. La Validation des acquis de l'expérience (VAE)

La VAE permet d'obtenir tout ou partie d'une certification (diplôme, titre ou certificat de qualification professionnelle) par une reconnaissance officielle de l'expérience professionnelle et/ou bénévole. C'est un moyen pour l'entreprise de faire valider par un diplôme les compétences acquises par ses salariés.

EXEMPLE Le groupe Carrefour a proposé à ses chefs de rayon titulaires d'un diplôme de niveau bac ou plus d'utiliser leur DIF pour préparer une VAE leur permettant de valider un BTS MUC.

e. Les stages de formation

- Les stages interentreprises : un organisme de formation propose à une date fixée à l'avance un stage en formation professionnelle continue sur un thème préétabli.

Les entreprises inscrivent leurs salariés à ce stage. Des salariés de plusieurs entreprises assistent ainsi au même stage. Ils présentent l'avantage d'être moins coûteux que les stages intra-entreprises, surtout si le nombre de personnes à former est faible.

- Les stages intra-entreprises : un organisme de formation organise une formation professionnelle continue spécifique à une entreprise, à sa demande et élaborée avec sa participation. Les participants appartiennent tous à la même entreprise. Ces formations présentent des avantages : ils permettent de résoudre des problèmes partagés par un groupe de personne, de renforcer la cohésion des salariés d'une même entreprise, de partager les expériences de différentes UC, d'introduire de nouvelles méthodes de fonctionnement.
- La formation à distance : le salarié se forme depuis son UC. La formation à distance peut utiliser divers médias comme le téléphone (pour l'apprentissage des langues) ou l'intranet (connaissance des produits, phase de la vente).

EXEMPLE Les nouveaux vendeurs de Célio peuvent se former sur les produits et les techniques de vente de l'enseigne sur l'intranet du réseau. Ils s'entraînent à répondre à des questionnaires en ligne ; lorsqu'ils sont prêts, ils peuvent valider leur formation, toujours en ligne.

2.2. Le plan de formation

a. Définition

Le plan de formation est un projet d'actions de formation retenues par le manager de l'UC pour les membres de son équipe pour l'année à venir. Il est établi d'une part en fonction des objectifs de l'UC, d'autre part en fonction des besoins en formation du personnel.

EXEMPLE Plan de formation pour une agence d'assurances :

<table>
<tr><td colspan="2">UC : agence de Nice
Responsable :
Kathy Molina</td><td colspan="3">Objectif 1 : valoriser le potentiel commercial des secrétaires</td><td colspan="4">Objectif 2 : développer le taux d'équipement des clients mono-contrats ; développer la clientèle étrangère</td></tr>
<tr><th colspan="2">Public concerné</th><th colspan="3">Description de la formation</th><th colspan="3">Coût de la formation</th><th rowspan="2">Priorité</th></tr>
<tr><th>Nom</th><th>Catégorie</th><th>Intitulé stage</th><th>Durée</th><th>Modalités</th><th>Pédagogiques</th><th>Frais annexes</th><th>Salaires</th></tr>
<tr><td colspan="9">Besoins collectifs</td></tr>
<tr><td>Bent</td><td rowspan="2">Secrétaires</td><td rowspan="2">Prise RDV</td><td rowspan="2">2 jours</td><td rowspan="2">Interne (siège)</td><td rowspan="2">2 × 600</td><td rowspan="2">2 × 300</td><td>2 600</td><td>1</td></tr>
<tr><td>Durand</td><td>2 850</td><td>1</td></tr>
<tr><td colspan="9">Besoins individuels</td></tr>
<tr><td>Ethé</td><td>Conseiller</td><td>Conclure</td><td>8 h</td><td>Interne (intranet)</td><td>400</td><td>0</td><td>350</td><td>1</td></tr>
<tr><td>Schmitt</td><td>Conseiller</td><td>Italien pro</td><td>40 h</td><td>Interne (téléphone)</td><td>600</td><td>0</td><td>1 500</td><td>2</td></tr>
<tr><td colspan="3">Total : 4 personnes (sur 8)</td><td colspan="2">Total coût</td><td>2 200</td><td>600</td><td>7 300</td><td></td></tr>
</table>

b. Évaluation des actions de formation

À la fin de l'année, le manager établit un bilan du plan de formation :

- bilan qualitatif : il s'agit de vérifier si la formation a permis d'atteindre les objectifs assignés ou si les problèmes identifiés ont été résolus ;

– bilan quantitatif : il s'agit de chiffrer le nombre d'heures de formation, le coût des actions et le nombre de personnes ayant bénéficié d'une formation.

EX. SUITE Après la formation reçue par les conseillers sur le thème de la conclusion de la vente, le manager mesurera le taux de transformation des entretiens de vente en contrats.

3. La motivation et la stimulation

3.1. Formation et motivation

Le manager doit développer la formation des membres de son équipe, car c'est une source de motivation pour le salarié. Elle lui permet d'être plus compétent et plus polyvalent. Le manager pourra confier à son collaborateur des tâches plus variées et plus intéressantes, avec davantage de responsabilités, et le faire évoluer vers un statut plus valorisant.
La formation conduit aussi à donner au salarié davantage de sécurité (l'insécurité est un facteur de démotivation très puissant) : en s'adaptant aux évolutions de son métier, il est davantage susceptible de rester dans la structure ou d'être employé dans une autre entreprise.

3.2. Les techniques de stimulation non financières

D'autres formes de stimulation existent, fondées sur des récompenses non monétaires.

a. Les stimulations matérielles (non financières)

- Les avantages en nature comme les cadeaux ou les voyages peuvent récompenser la participation à une action commerciale ayant nécessité des efforts particuliers. Pour relancer une équipe, le réseau ou l'UC peut aussi organiser un challenge avec des récompenses plus ou moins importantes selon le classement des vendeurs.
- L'aménagement de conditions de travail favorables (avoir sa place de parking, proposer des horaires de travail plus souples) est aussi source de stimulation.
- L'organisation d'activités collectives (randonnée, restaurant…) permet de souder l'équipe.

b. Les stimulations non matérielles

Les stimulations verbales positives, les encouragements et félicitations, sont très appréciées des collaborateurs, car elles marquent la reconnaissance de leurs mérites. Les stimulations verbales négatives, réprimandes, reproches, lorsqu'elles sont justifiées, sont bien acceptées car elles montrent au salarié l'intérêt que porte le manager à son travail et sont l'occasion de critiques constructives. Elles sont aussi une source d'équité dans le groupe.
L'entreprise peut aussi recourir aux récompenses honorifiques (classements, trophées).

Mots-clés

ÉVALUATION, FORMATION, MOTIVATION, STIMULATION

10 La rémunération de l'équipe commerciale

1. La rémunération
1.1. Les composantes de la rémunération
1.2. Le calcul de la rémunération
1.3. Le salaire, un coût pour l'entreprise
1.4. Le bulletin de paie
2. Les différentes méthodes de stimulation financière
2.1. La sécurité du salaire fixe
2.2. La stimulation par la partie variable

La rémunération est la contrepartie financière du travail fourni par le salarié. C'est donc un coût pour l'entreprise, mais aussi un moyen de fidéliser et de stimuler les collaborateurs.

1. La rémunération

1.1. Les composantes de la rémunération

a. La rémunération globale

La rémunération globale comprend une partie fixe –le salaire de base– et éventuellement une partie variable, qui peut être composée des éléments suivants :

Commissions	Pourcentage du CA réalisé, soumis aux cotisations sociales, versé pour récompenser l'atteinte d'un objectif de chiffre d'affaires.
Primes	Sommes d'argent versées ponctuellement au salarié pour récompenser l'atteinte d'objectifs qualitatifs ou quantitatifs ; elles sont soumises aux cotisations sociales.
Indemnités	Sommes d'argent versées par l'employeur pour rembourser le salarié de frais supportés à l'occasion d'un déplacement (transport, prime de panier…) ; elle n'est ni imposable, ni soumise à cotisations.
Gratifications	Sommes versées pour récompenser le travail accompli ou à l'occasion d'événements familiaux (mariage, naissance). En principe, elles échappent au calcul des cotisations.
Avantages en nature	Ils sont octroyés à titre individuel ou collectif : voiture de société, téléphone personnel, chèques restaurant…

b. L'épargne salariale

La participation est obligatoire dans les entreprises de plus de 50 salariés. Elle donne le droit aux salariés de bénéficier, de façon différée, d'une partie des bénéfices de l'entreprise. Cette somme est bloquée en principe pendant 5 ans (sauf en cas de changement de situation personnelle : mariage, naissance…).

L'intéressement est facultatif. Son montant dépend des performances de l'entreprise. Le mode de calcul est défini par un accord dans l'entreprise. Il peut être directement perçu ou bien être bloqué pendant 5 ans, sur le PEE par exemple.

Le Plan d'épargne entreprise (PEE) est un dispositif facultatif qui permet au salarié d'augmenter ses revenus par la constitution, avec l'aide de l'entreprise, d'un portefeuille de valeurs mobilières. Les salariés déterminent volontairement le montant des versements et leur périodicité. Ils peuvent verser sur le PEE les sommes qu'ils reçoivent au titre de l'intéressement et/ou de la participation.

c. Les avantages sociaux

D'autres compléments collectifs peuvent être octroyés : complément de retraite, prévoyance, médaille du travail, mutuelle, assurance automobile… Ils sont prévus dans la convention collective ou sont mis en place à l'initiative de l'employeur.

1.2. Le calcul de la rémunération

a. Le calcul de la rémunération globale (ou salaire brut)

Le calcul de la paie nécessite que l'UC communique certaines informations au service des paies. Le temps de travail effectif peut être communiqué par le manager ou par un système de pointage. Le calcul des commissions et primes est souvent réalisé à travers la comptabilisation des ventes en caisse. La paie comprend donc :

– une part fixe, qui se calcule ainsi : part fixe = nombre d'heures de travail × taux horaire. Au-delà de 35 heures, les heures supplémentaires sont majorées de 25 % pour les 8 premières heures (soit de la 36e à la 43e heure incluse), et de 50 % pour les heures suivantes (à partir de la 44e heure) ;

EXEMPLE Dans le bulletin de salaire présenté page suivante :
Fixe heures normales (1) = 151,67 × 9,00 = 1 365,03 €
Fixe heures majorées à 25 % (2) = 8 × 11,25 = 90,00 €
Fixe heures majorées à 50 % (3) = 2 × 13,50 = 27,00 €
Total part fixe = 1 365,03 + 90 + 27 = 1 482,03 €.

– et une part variable, qui se calcule ainsi : part variable = commissions + primes.

L'addition des deux forme la rémunération globale :

rémunération globale = part fixe + part variable

EX. SUITE Prime d'équipe (4) = 200 €.
Commissions (5) = 250 €
Part variable = 200 + 250 = 450 €
Rémunération globale (6) = 1 482,03 + 450 = 1 932,03 (salaire brut).

b. Le calcul des cotisations sociales

Au titre de la solidarité nationale (retraite, assurance maladie, chomâge…), des cotisations sociales sont perçues sur toutes les rémunérations versées aux salariés. Elles peuvent être à la charge de l'employeur (charges patronales) et/ou du salarié (charges salariales).

Le calcul est effectué comme suit : charges sociales = assiette × taux. L'assiette est le montant choisi comme base de calcul, le plus souvent le salaire brut.

EX. SUITE (7) = 1 932,03 × 12,8 / 100 = 247,30 €.
Total des charges patronales (8) = 871,61 €
Total des charges salariales (9) = 444,11 €.

c. Le calcul du salaire net

Le calcul est effectué comme suit : salaire net = salaire brut – charges salariales.

EX. SUITE Salaire net = 1 932,03 – 444,11 = 1 487,92 € (10).

1.3. Le salaire, un coût pour l'entreprise

Pour l'entreprise, le coût global du salarié équivaut à : salaire brut + charges patronales.

EX. SUITE Coût pour l'entreprise = salaire brut + cotisations sociales patronales = 1 932,03 + 871,61 = 2 803,64 € (salaire charges incluses).

Le coût du salaire horaire fixe est un coût fixe pour l'entreprise. Le coût des commissions est un coût variable, fonction du CA réalisé.

1.4. Le bulletin de paie

L'employeur doit établir un bulletin de paie destiné au salarié.

EX. SUITE

Employeur	Période	Salariée
Employeur : Celino Adresse : xxxxxxxxxxxxxxxxxxxx N° SIRET : 468297177/00016 Convention collective : SYNTEC	Du : 01/01/N Au : 31/01/N	Mlle Samantha XXX Adresse : xxxxxxxxxxxxxxxxxxxxxxxxxxxxxx N° SS : 2 xxxxxxxxxxxxxx xx Emploi : Vendeuse Classification : Niveau IV - 140

Cotisations de Sécurité sociale versées à URSSAF sous le n° 23V		Base horaire	Intitulé	Taux horaire	Montant
Plafond SS	2 946,00	151,67	H. normales	9,00	1 365,03 (1)
SMIC horaire en N :	9,00	8	H. suppl. à 25 %	11,25	90,00 (2)
Prime d'équipe	200,00 (4)	2	H. suppl. à 50 %	13,50	27,00 (3)
Commissions	250,00 (5)		**Total du salaire brut :**		**1 932,03** (6)

Bases	Cotisations patronales		Intitulés	Cotisations salariales	
	Montant	**Taux %**		**Taux en %**	**Retenues**
1 874,07			CSG non déductible	2,40	44,98
1 874,07			CRDS	0,50	9,37
1 874,07			CSG déductible	5,10	95,58
1 932,03	247,30 (7)	12,80	Sécurité sociale maladie	0,75	14,50
1 932,03	5,80	0,30	Contribution solidarité		
1 932,03	30,91	1,60	Vieillesse déplafonnée	0,10	1,93
1 932,03	160,36	8,30	Vieillesse plafonnée	6,65	128,48
1 932,03	104,33	5,40	Allocations familiales		
1 932,03	21,25	1,10	Taux Accident travail		
1 932,03	77,28	4,00	Chômage Pôle Emploi	2,40	46,37
1 932,03	1,93	0,10	AGS (FNGS)		
1 932,03	86,94	4,50	Retraite ARRCO 60/40	3,00	57,98
1 932,03	23,18	1,20	AGFF Tranche 1	0,80	15,46
1 932,03	1,93	0,10	FNAL Tranche A		
1 932,03	7,73	0,40	FNAL (+ de 20 salariés)		
1 932,03	19,32	1,00	Versement de transport		
14,30	1,14	8,00	Taxe s/Prévoyance		
2 946,00	14,73	0,50	Cotisations de retraite suppl.	0,50	14,73
2 946,00	14,73	0,50	Cotisations prévoyance suppl.	0,50	14,73
1 932,03	8,69	0,45	Participation		
1 932,03	9,66	0,50	Taxe dév. de l'apprentissage		
1 932,03	3,48	0,18	Contribution / apprentissage		
1 932,03	30,91	1,60	Participation formation		
Total charges patronales	**871,61** (8)		**Total retenues salariales** (9)		**444,11**
Conservez ce bulletin de paie. Payé le : 02/02/N			**Net imposable** **NET A PAYER** (10)		**1 532,90** **1 487,92**

2. Les différentes méthodes de stimulation financière

Les systèmes de rémunération comportent divers éléments :
– une partie fixe, qui rassure et fidélise les vendeurs ;
– une partie variable liée aux performances collectives (de l'équipe, de l'entreprise) ;
– une autre partie variable qui récompense les efforts individuels.

La rémunération globale doit être perçue comme équitable par rapport aux autres salariés de l'entreprise et par rapport au marché. Le calcul de cette rémunération ne doit pas être trop complexe, pour rester compréhensible et donc motivant.

2.1. La sécurité du salaire fixe

L'insécurité liée au salaire peut être un puissant facteur de démotivation. Assurer une rémunération fixe confortable donne un esprit plus serein aux vendeurs. Il évite la compétition exagérée entre vendeurs, qui pourrait être nuisible à la qualité du service client. De plus, au sein de l'UC, les vendeurs peuvent être amenés à effectuer des tâches autres que la vente, tâches qui risqueraient d'être négligées.

REMARQUE

Le salaire fixe peut être déterminé en dessous du Smic. Toutefois, si les commissions sont insuffisantes pour atteindre le salaire minimum, l'employeur devra réajuster le salaire pour atteindre le niveau du Smic.

2.2. La stimulation par la partie variable

Il s'agit de stimuler les efforts des vendeurs avec une récompense financière.

a. La commission sur les ventes

Elle est calculée d'après un pourcentage de la marge ou du chiffre d'affaires et se déclenche dès le premier euro encaissé. Elle est adaptée surtout à la vente. La commission est souvent calculée à partir de tranches pour orienter les vendeurs sur une tranche de CA ou de marge correspondant aux objectifs de l'entreprise.

EXEMPLE Commission pour un CA de 25 000 € HT selon un système de tranches :

Tranche de CA HT	Taux de commission	Commission
0 à 15 000 €	8 %	15 000 × 0,08 = 1 200
15 000 à 20 000 €	12 %	5 000 × 0,12 = 600
Plus de 30 000 €	5 %	5 000 × 0 05 = 250
	Total	2 050

b. La prime

La prime (ou bonus) est fondée sur des objectifs quantitatifs cibles (montant de CA) ou sur des objectifs qualitatifs (taux de satisfaction). Une prime d'un montant déterminé est attribuée si les objectifs sont atteints.

Mots-clés

SALAIRE BRUT, SALAIRE NET, PART FIXE, PART VARIABLE, CHARGES SOCIALES SALARIALES, CHARGES SOCIALES PATRONALES, RÉMUNERATION

11

L'organisation du travail de l'équipe commerciale

1. Les missions de l'équipe commerciale
1.1. Missions et tâches
1.2. Les modes de délégation
2. La répartition des tâches
2.1. Le tableau de répartition des tâches
2.2. La coordination de l'action
3. La planification des tâches
3.1. Les plannings
3.2. L'ordonnancement des tâches

Parmi ses principales missions, le manager organise le travail de l'équipe de façon à optimiser les ressources humaines et matérielles disponibles.

1. Les missions de l'équipe commerciale

1.1. Missions et tâches

a. La définition des missions

Les missions sont les charges qui sont confiées au collaborateur, telles que définies dans le profil de poste.

EXEMPLE Le vendeur en UC a pour principales missions :
– d'assurer la relation client ;
– d'assurer la disponibilité des produits et des services et les mettre en valeur.

b. La définition des tâches

Pour réaliser leurs missions, les membres de l'équipe doivent effectuer des activités, des travaux : ce sont leurs tâches.

EX. SUITE

Missions du vendeur	Tâches à effectuer
– Accueillir et prendre en charge le client – Vendre – Assurer un rôle après-vente : assistance, dépannage – Conseiller et informer les clients et prospects – Fidéliser la clientèle	– Écouter les clients, communiquer avec eux, répondre à leurs questions – Se former aux nouveaux produits et services, construire les plans de découverte des besoins, développer les argumentaires de vente – Finaliser la vente : contrat, encaissement – S'informer : objectifs, promotions, nouveautés
– Rendre l'offre disponible – Mettre l'offre en valeur	– Réceptionner les marchandises et les mettre en rayon – Aménager les vitrines, installer les publicités sur le lieu de vente (PLV) – Étiqueter, ranger, appliquer les règles de marchandisage – Vérifier le niveau des stocks, passer les commandes

Chaque tâche comporte une suite d'opérations à effectuer.

EXEMPLE La tâche de réapprovisionnement du rayon, qui rend la marchandise disponible pour le client et la met en valeur, implique les opérations suivantes :
– contrôle des colis (qualité et quantité), validation de la réception des marchandises ;
– défilmage, mise en place des antivols, contrôle qualité des produits et étiquetage ;
– installation des produits dans la surface de vente ;
– évacuation des déchets (cartons, films plastique).

À ces tâches quotidiennes s'ajoutent des tâches périodiques : inventaire, soldes…

1.2. Les modes de délégation

a. La délégation des tâches

Elle consiste à confier certaines tâches à des personnes relevant d'un poste moins qualifié. Cela permet de déléguer des tâches à faible valeur ajoutée à un opérateur moins spécialisé, donc moins coûteux, et de décharger le manager.

EXEMPLE Le directeur de l'UC peut demander à l'un de ses conseillers de le représenter lors des réunions de certaines instances locales.

b. La délégation de responsabilité

Le manager peut donner à l'un de ses collaborateurs la capacité de prendre directement certaines décisions, dans le cadre de la réalisation d'un objectif qu'il lui confie.

EXEMPLE Le directeur de l'UC demande à l'un de ses conseillers de développer la clientèle des professions libérales.

c. Quelques principes de la délégation réussie

- Le manager doit choisir un collaborateur capable d'accomplir la tâche, puis déléguer à cette personne l'autorité pour l'accomplir.
- Le manager doit fournir des informations complètes sur la nature de la tâche déléguée : objectifs, délai imparti...
- Le manager doit déléguer aussi bien les tâches intéressantes, gratifiantes et qui permettent une évolution, que les tâches pénibles. Si seules les tâches indésirables sont déléguées, la motivation est difficile.
- La délégation doit être progressive : partir de missions simples vers des missions plus complexes.
- Le reste de l'équipe doit être informé que tel individu a la responsabilité et l'autorité pour mener à bien la mission.
- Le subordonné doit pouvoir diriger et décider de la façon de traiter le travail.
- Un suivi du déroulement de la mission doit être organisé entre le manager et le délégataire : point en privé, aide si nécessaire pour les premières missions.

2. La répartition des tâches

2.1. Le tableau de répartition des tâches

a. Définition et objectifs

Le tableau de répartition des tâches (TRT) permet de répartir de façon précise les tâches à effectuer entre les différents membres de l'équipe. Il donne au manager un outil de prévision et de contrôle de la charge de travail de l'équipe.

Cette répartition peut être comparée avec des normes du réseau. Le manager peut rééquilibrer les tâches entre les personnes, décider d'affecter plus d'heures pour l'exécution de certaines tâches, au détriment de celles qu'il jugerait moins prioritaires.

b. L'analyse des tâches

On cherche à évaluer, par enquête auprès des personnes qui exécutent les tâches, combien de temps est consacré à chaque tâche.

EXEMPLE Fiche d'analyse de tâches courantes :

Prénom, Nom :.............	**Poste :** Vendeur
Tâche	**Durée** (sur 1 semaine)
Réception des marchandises (en réserve)	6 h
Marchandisage, accueil et vente (en surface)	12 h
Caisse	15 h
Administration : commandes, stocks	2 h
Total	35 h

Dans cette UC où la vente est en libre-service assisté, le manager a regroupé les tâches de marchandisage avec celles de l'accueil et de la vente, car elles se déroulent simultanément lorsque les vendeurs sont affectés sur la zone de vente.

b. La construction du TRT

Le manager compile ensuite les différentes fiches d'analyse des tâches des membres de son équipe et peut ainsi construire le TRT :

EX. SUITE

Tâche	Durée (en heures sur 1 semaine)				Total
	Vendeur 1	Vendeur 2	Vendeur 3	Vendeur 4	
Réception des marchandises	6	6	4	6	22
Marchandisage, vente	12	10	7	12	41
Caisse	15	15	9	15	54
Administration	2	4	0	2	8
Total	35	35	20	35	125

2.2. La coordination de l'action

Dans une UC, les tâches sont réparties selon les compétences et les horaires de chacun. Ce découpage nécessaire entre les individus implique l'application de mécanismes de coordination pour que l'ensemble reste cohérent.

Mécanisme	Définition	Exemple
Ajustement mutuel	Coordination du travail par simple communication informelle.	Les vendeurs échangent verbalement sur les arguments efficaces pour un produit.
Supervision directe	Coordination du travail par une seule personne qui donne leurs instructions à plusieurs autres qui travaillent en interrelation.	Le manager donne les mêmes instructions aux membres de son équipe qui travaillent dans des tranches horaires décalées.
Standardisation	Processus d'uniformisation des règles de fonctionnement, des méthodes de travail et des résultats à obtenir.	Une procédure standard de réalisation de la vitrine garantit que chaque salarié procèdera de la même façon et que tous les magasins auront une vitrine identique.

3. La planification des tâches

3.1. Les plannings

Planifier consiste à organiser les actions à réaliser dans le temps. Pour répartir les horaires de travail de l'équipe, le manager élabore des plannings de présence.

EXEMPLE

	Lundi		Mardi		Mercredi		Jeudi		Vendredi		Samedi		Total
	M	A	M	A	M	A	M	A	M	A	M	A	
Vendeur 1	3	3	0	0	3	3	3	5	3	3	4	5	35
Vendeur 2	3	3	5	3	3	3	3	3	0	0	4	5	35
Vendeur 3	0	0	0	0	5	4	0	0	0	2	5	4	20
Vendeur 4	2	3	3	5	0	0	3	3	5	3	4	4	35
Total	8	9	8	8	11	10	9	11	8	8	17	18	125

Le planning peut aussi préciser les horaires exacts (ex. : le lundi matin de 10 h à 13 h pour le vendeur V1).

Le manager construit le planning de présence en respectant certaines contraintes :
- l'amplitude horaire : un minimum de personnels doit être présent dans l'UC pour prendre en charge la clientèle de l'ouverture à la fermeture ;
- le temps disponible : le nombre d'heures hebdomadaire prévu au contrat de travail sert de base aux calculs, même si des heures supplémentaires sont envisageables ;
- le jour de congé hebdomadaire (autre que le dimanche) pour les UC ouvertes le samedi ;
- les personnes absentes (congé, formation…) ;
- le contexte réglementaire (repos hebdomadaire, temps de travail quotidien, etc.) ;
- les variations des flux de clientèle selon les jours et heures ;
- d'autres contraintes particulières : sécurité, prise en charge des livraisons, etc.

3.2. L'ordonnancement des tâches

Lors de la conduite de projets complexes (ex. : agrandissement de l'UC), le manager peut recourir à des techniques d'ordonnancement des tâches. Il s'agit de déterminer l'ordre dans lequel les tâches doivent être exécutées.

Le projet est décomposé en tâches élémentaires. Pour chacune, le manager précise les dates de début et de fin, ainsi que la marge de manœuvre dont il dispose. Il détermine ensuite les tâches critiques (pas de marge de sécurité). Les contraintes liant éventuellement les tâches entre elles sont étudiées :
- une tâche ne peut pas être commencée avant qu'une autre soit terminée ;
- deux tâches utilisent la même ressource : il faudra donc faire un choix ;
- un délai d'attente est nécessaire (ex. : délai de livraison).

Le contrôle de l'enchaînement des tâches est ainsi simplifié lors de l'exécution du projet.

Mots-clés

MISSION, TÂCHE, DÉLÉGATION, PLANIFICATION

12

La construction d'un graphique d'ordonnancement

1. Planifier les tâches
1.1. Les tâches et groupes de tâches
1.2. L'ordonnancement des tâches
1.3. Le rétroplanning
2. Le diagramme de Gantt
2.1. Définition
2.2. La construction du diagramme de Gantt
3. Le graphe PERT
3.1. Définition
3.2. La construction du graphe PERT

La représentation graphique des tâches facilite la visualisation d'ensemble ; elle permet de calculer les délais et de suivre l'avancement des projets.

1. Planifier les tâches

1.1. Les tâches et groupes de tâches

Une tâche est un travail précis qui doit être effectué dans un temps limité par une date de début et/ou de fin, et dont la réalisation nécessite une durée et consomme un moyen selon une certaine intensité.

EXEMPLE La préparation de panneaux et de meubles pour une promotion nécessite une journée de travail pour une personne de l'atelier Décoration de l'UC.

Une action commerciale ou un projet est constitué de plusieurs groupes de tâches, eux-mêmes constitués de tâches, qui s'enchaînent pour former une activité complète.

EXEMPLE La réalisation d'une animation promotionnelle avec un podium pour Noël comprend les trois groupes de tâches suivants :

Groupe de tâches n° 1 : les marchandises	Groupe de tâches n° 2 : le podium	Groupe de tâches n° 3 : l'équipe
– Choix des produits en promotion – Passation des commandes auprès de la centrale – Organisation des réserves pour la réception des marchandises – Attente des livraisons, réception et contrôle des marchandises	– Préparation des éléments du podium – Préparation du balisage et de la signalétique – Montage du podium – Implantation des produits sur le podium	– 1er briefing de l'équipe sur l'organisation générale de l'animation et ses objectifs – 2e briefing de l'équipe : consignes de marchandisage et outils d'aide à la vente.

1.2. L'ordonnancement des tâches

L'ordonnancement consiste à organiser la réalisation des tâches dans le temps, compte tenu des délais, des contraintes d'enchaînement ou d'antériorité, et des contraintes portant sur la disponibilité des ressources requises.
Si une tâche B doit être précédée d'une tâche A, la tâche B a comme contrainte d'antériorité A.

EX. SUITE Le tableau ci-dessous présente la liste des tâches après prise en compte des contraintes :

Tâche	Description	Durée (en jours)*	Antériorité	Ressources
A	Décision de l'action d'animation	1	Aucune	Managers et salle de réunion
B	Choix des produits	1	A	Managers secteurs
C	Passation des commandes	1	B	Managers rayons
D	Organisation des réserves	2	C	ELS et réceptionnaires
E	Attente livraisons, réception et contrôle des marchandises reçues	5	C, D	ELS et réceptionnaires
F	Préparation des éléments du podium	2	A	Atelier Décoration
G	Réalisation du balisage, de la signalétique	1	B,J	Vendeurs
H	Montage du podium	2	F	Atelier et vendeurs
I	Implantation des produits dans le podium	1	E, G, H	ELS + vendeurs
J	1er briefing de l'équipe	1	B	ELS + vendeurs
K	2e briefing de l'équipe	1	I	ELS + vendeurs

* Toutes les durées inférieures ou égales à 1 jour sont comptées pour une durée de 1 jour.

1.3. Le rétroplanning

C'est un planning inversé, conçu en partant de la date de fin du projet et en remontant dans le temps pour positionner les différentes tâches. Cette méthode est souvent utilisée en UC, car la date de fin de projet est généralement impérative.

EX. SUITE La date de début d'une animation pour Noël se situera obligatoirement quelques jours avant le 25 décembre.

2. Le diagramme de Gantt

2.1. Définition

Ce graphique visualise l'ordonnancement des tâches et permet de calculer la durée totale du projet. Il facilite l'organisation, le suivi et la communication du projet.

2.2. La construction du diagramme de Gantt

1. Tracer un tableau dans lequel les lignes correspondent aux tâches et les colonnes aux semaines.
2. La ou les première(s) tâche(s) sont celles qui n'ont pas d'antécédent (aucune contrainte d'antériorité).
3. On trace un rectangle ou un trait qui a pour début la première colonne du tableau (1er jour) et d'une longueur égale à la durée de la tâche (3 jours = 3 colonnes).
4. On trace toutes les tâches du premier groupe de tâches, en commençant par celle qui a pour étape précédente la première tâche.
On procède de façon identique pour toutes les tâches.

EX. SUITE

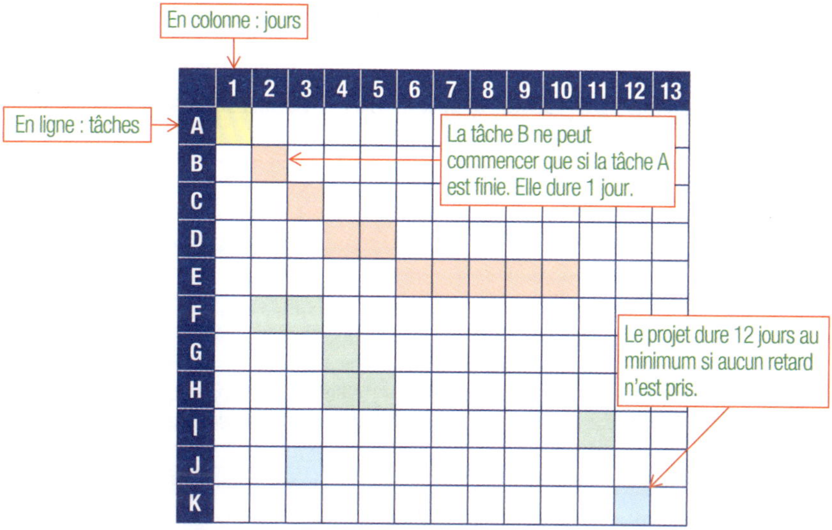

Prévision de la date de début : si le podium doit être prêt le 10 décembre, il faut commencer la première tâche 12 jours ouvrables avant, soit le 29 novembre.

3. Le graphe PERT

3.1. Définition

Le graphe PERT (*Project Evaluation and Review Technique*) est mieux adapté aux projets complexes que le diagramme de Gantt. Il facilite l'optimisation de l'organisation et permet d'identifier les tâches critiques, c'est-à-dire celles dont le retard aurait des répercussions sur l'ensemble du projet.

3.2. La construction du graphe PERT

Le graphe se construit en suivant le tableau des tâches ou retroplanning.

1. On trace un cercle représentant le début du projet (étape n° 0) ; le cercle est divisé en 3 parties. Du cercle part une flèche horizontale correspondant à la tâche ; on indique sa durée à côté.

EX. SUITE

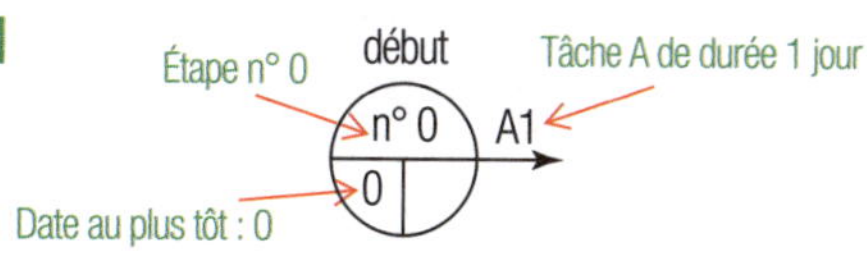

2. On trace la tâche suivante de la même façon : un cercle divisé en 3 parties, puis la lettre de repère de la tâche et sa durée. Dans la case du haut, on numérote l'étape (l'étape n°1 succède à l'étape n° 0).

EX. SUITE

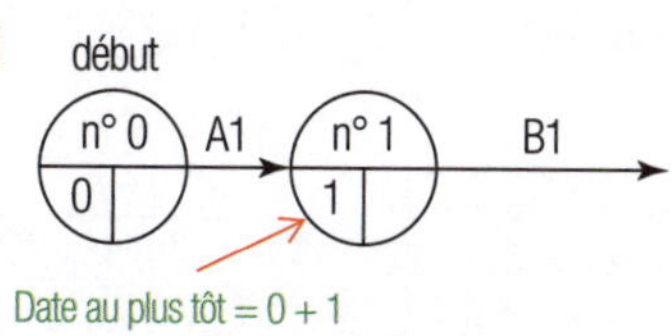

Dans la case en bas à gauche, on calcule la date à laquelle commence la tâche (date au plus tôt par rapport à la tâche précédente + durée de la tâche).

3. On trace ainsi toutes les tâches. Lorsque plusieurs tâches partent de la même tâche, on oriente les flèches vers le haut ou vers le bas.

4. Pour représenter une contrainte d'enchaînement entre deux étapes, il peut être nécessaire de tracer une tâche fictive en pointillés. Sa durée est nulle.

EX. SUITE

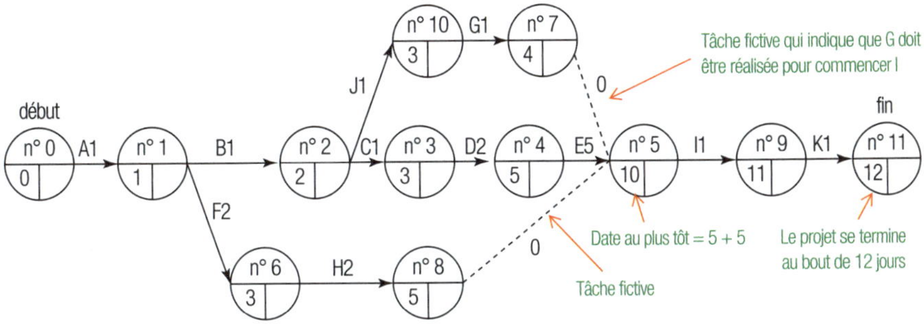

5. On peut alors calculer les dates au plus tard en partant de la fin du projet et les inscrire dans les cases en bas à droite. La date au plus tard de la fin du projet est égale à la date au plus tôt. Puis on calcule ainsi :

date au plus tard = date au plus tard de la tâche précédente – durée de la tâche.

Si plusieurs flèches proviennent d'une même étape, on obtient plusieurs dates et on conserve la plus petite.

EX. SUITE

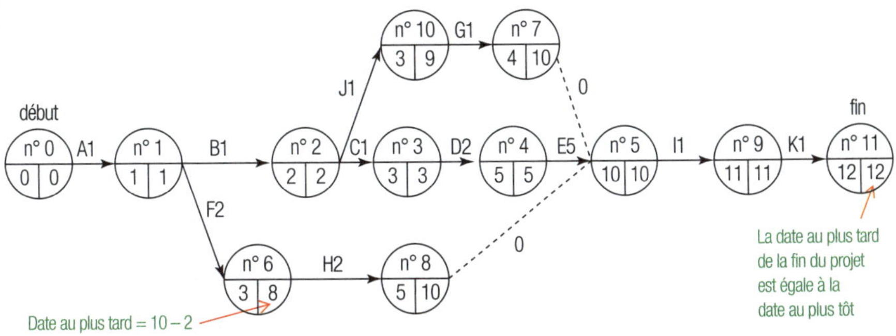

La durée totale du projet est de 12 jours. Le chemin critique passe par les tâches critiques : A, B, C, D, E, I, K. Les tâches non critiques ont une marge de manœuvre égale à la différence entre la date au plus tard et la date au plus tôt. La tâche H a une marge de manœuvre de : 10 – 5 = 5 jours.

Mots-clés

TÂCHE, CONTRAINTE D'ANTÉRIORITÉ, RÉTROPLANNING, DIAGRAMME DE GANTT, GRAPHE PERT, TÂCHE CRITIQUE, CHEMIN CRITIQUE

13 L'animation de l'équipe commerciale

1. La création et le maintien d'un esprit d'équipe
1.1. Le principe
1.2. Les techniques
2. L'animation par les réunions
2.1. Les différents types de réunions
2.2. Les règles d'une animation réussie

L'animation de l'équipe vise à créer et à entretenir l'esprit d'équipe au sein de l'UC.

1. La création et le maintien d'un esprit d'équipe

1.1. Le principe

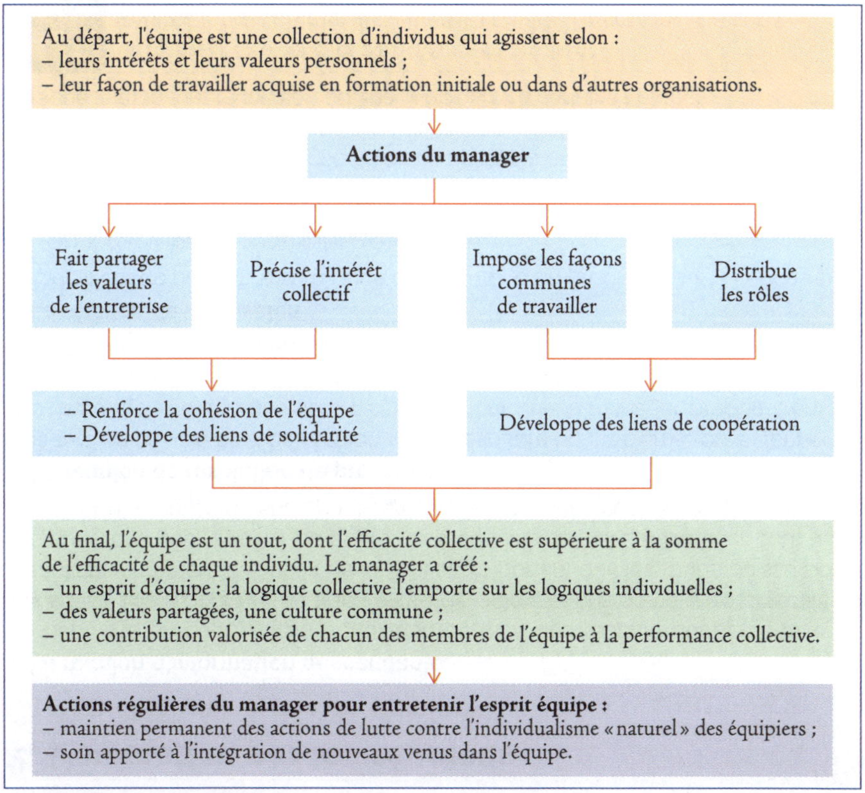

1.2. Les techniques

a. Complémentarité et distribution des rôles

Le manager apprend à connaître ses collaborateurs à travers leur comportement. Il en déduit des profils et des complémentarités de compétences et d'affinités. Dans la mesure du possible, il confie à chacun un rôle permettant d'apporter la meilleure contribution à la réalisation des objectifs de l'UC.

b. Le rôle de la communication interpersonnelle

Le manager, par une communication transparente, claire et enthousiaste, doit faire adhérer ses collaborateurs aux valeurs et aux objectifs communs. Il doit régler rapidement les conflits, faire respecter les règles communes, soutenir et relancer l'équipe si elle est en difficulté.

c. Le coaching ou accompagnement individualisé

L'accompagnement apporte une aide personnalisée à un collaborateur, par divers moyens : une démonstration, une situation d'entraînement, ou le dialogue.

2. L'animation par les réunions

2.1. Les différents types de réunions

a. La réunion d'information descendante

Ce peut être un court briefing quotidien ou bien une réunion hebdomadaire ou mensuelle. Elle a pour but de transmettre des informations comme les objectifs ou les actions commerciales de la période. Il est important que le groupe puisse poser des questions pour éclaircir ou approfondir certains points. Le manager peut aussi recueillir l'information détenue par le groupe (information ascendante).

b. La réunion de résolution de problème

Plus rare en UC, ce type de réunion vise à résoudre un problème, ou à donner un avis, ou à prendre une décision. Il est important que le manager précise bien aux membres de l'équipe s'il s'agit d'une simple consultation ou s'ils ont un pouvoir de décision sur le point en question.

c. La réunion de discussion

L'objectif est de permettre au groupe de discuter d'un problème qui le concerne.

EXEMPLE Une réunion pour préparer le planning des congés annuels.

2.2. Les règles d'une animation réussie

La conduite de réunion est l'ensemble des actions à entreprendre pour organiser et mener la réunion dans de bonnes conditions, et permettant de la faire suivre d'effets. Lorsque le manager réunit son équipe, il doit suivre certaines étapes.

Avant la réunion	Le manager convoque les participants en précisant l'objectif de la réunion, la durée, le lieu et l'ordre du jour qu'il a établis. Il prépare des supports de communication et anticipe les questions et les réactions.
Pendant la réunion	Le manager vérifie la présence des participants et rappelle l'ordre du jour. Il peut désigner un rapporteur chargé de prendre des notes. Tout en suivant l'ordre du jour, le manager informe, anime les échanges, conclut et décide. Il veille à clarifier les interventions, à ce que chacun puisse s'exprimer.
Après la réunion	Le manager (ou le rapporteur) rédige le compte-rendu, qui est ensuite diffusé et vient alimenter le SIC. Le manager suit la réalisation des actions.

Mots-clés

COHÉSION, ESPRIT D'ÉQUIPE, CONDUITE DE RÉUNION

14 Le management de projet

1. La démarche de projet
1.1. Définition et exemple
1.2. La démarche de gestion de projet
2. Le management de projet
2.1. Piloter la réalisation du projet
2.2. Animer l'équipe
3. L'évaluation du projet
3.1. Objectif et rythme des évaluations
3.2. Les critères d'évaluation de la conduite du projet

Le responsable d'UC est amené à conduire des projets commerciaux ou managériaux. Il mobilise à cette occasion des savoir-faire de management courant (management de l'équipe et gestion opérationnelle), auxquels s'ajoutent des compétences spécifiques au management de projet.

1. La démarche de projet

1.1. Définition et exemple

On appelle « projet » un ensemble finalisé d'activités destiné à répondre à un besoin défini, dans des limites de délais et de budget. Un projet est innovant, unique et limité dans le temps.

EXEMPLE Projet de réimplantation des rayons, agrandissement du point de vente, création d'un nouveau rayon ou d'un nouveau service, stimulation de l'équipe commerciale…

Les enjeux d'un projet peuvent être importants : il engage des investissements et du temps dans l'espoir d'une rentabilité.

1.2. La démarche de gestion de projet

a. Découper en sous-ensembles

Un projet doit être décomposé en sous-projets, plus faciles à maîtriser. Ce découpage est essentiel à la conduite du projet et à sa planification.

EXEMPLE Un projet d'implantation d'une nouvelle gamme de produits peut se découper en trois sous-projets : l'étude de la demande et de la concurrence, la recherche des fournisseurs, la réimplantation en magasin.

La conduite du projet est confiée au manager de l'UC. Il suit un cahier des charges et rend compte au commanditaire du projet (sa hiérarchie). Chaque sous-projet délivre ses résultats, appelés des « livrables ».

EXEMPLE Le livrable du sous-projet « Recherche de fournisseurs » sera un tableau comparatif des offres de fournisseurs.

Lorsque le livrable est fourni, le sous-projet est achevé.

En général, le manager utilise sa propre équipe commerciale pour réaliser le projet, ce qui entraîne un travail supplémentaire, mais est aussi une source de motivation et de cohésion pour l'équipe.

b. Caractériser les différentes tâches ou activités

Tâche	Ressource(s)	Objectif	Livrable	Durée
Travail à réaliser et charge de travail correspondante	Personne(s) en charge des différentes tâches et moyens alloués	Résultats attendus, mesurables par des indicateurs	Présentation des résultats	Durée de la tâche : dates de début et de fin

c. Ordonner les tâches et visualiser leur enchaînement

Le planning permet de visualiser les dates de réalisation des activités et d'identifier les jalons (événements clés du projet) pour atteindre les objectifs du projet. On peut utiliser des logiciels spécialisés pour construire un diagramme de Gantt (*cf.* fiche 12). Le diagramme PERT est utilisé pour des projets complexes : il permet de calculer le délai minimal de réalisation et d'identifier les tâches critiques (*cf.* fiche 12).

2. Le management de projet

2.1. Piloter la réalisation du projet

Piloter un projet nécessite de :
- négocier pour disposer des ressources prévues à temps : le personnel et les moyens matériels doivent être disponibles et les budgets doivent être débloqués ;
- s'adapter et communiquer : en cas de difficulté ou de retard, le manager doit informer les acteurs du projet, proposer des solutions, réajuster son planning ;
- suivre l'avancement du projet, respecter les délais et la maîtrise des coûts (respect du budget).

2.2. Animer l'équipe

Le manager doit aussi animer son équipe :
- en instaurant un esprit d'équipe pour le projet ;
- en adoptant un management coopératif : l'utilisation des TIC permet de travailler en réseau et facilite la coordination et la coopération entre les acteurs ;
- en accompagnant le changement que peut entraîner le projet : expliquer les conséquences, valoriser les aspects positifs à moyen et long terme, faire adhérer.

3. L'évaluation du projet

3.1. Objectif et rythme des évaluations

Le manager procède régulièrement à des évaluations intermédiaires portant sur la réalisation des tâches, la réalisation effective des livrables et les résultats obtenus. Le projet fait aussi l'objet d'une évaluation finale, qui consiste à savoir si les objectifs ont été atteints et s'il a permis l'acquisition de savoir-faire réutilisables.

3.2. Les critères d'évaluation de la conduite du projet

Divers critères sont à prendre en compte :
- la pertinence : les objectifs globaux du projet sont-ils cohérents avec la stratégie de l'entreprise ?
- la cohérence : les moyens prévus permettent-ils l'exécution des activités prévues ?
- l'efficacité : les activités prévues ont-elles été réalisées ? Le projet a-t-il atteint ses objectifs ?
- l'efficience : aurait-on pu atteindre les résultats en utilisant moins de moyens ?
- la viabilité : les objectifs atteints par le projet sont-ils durables, reproductibles ?

Mots-clés

PROJET, TÂCHE, LIVRABLE, MANAGEMENT DE PROJET

15 Le cycle d'exploitation

1. Les différents types de flux économiques
1.1. La notion de flux
1.2. Les opérations dans l'UC
2. Le cycle d'exploitation
2.1. Les étapes du cycle d'exploitation
2.2. La durée du cycle d'exploitation
3. Le besoin en fonds de roulement d'exploitation (BFRE)
3.1. Signification du BFRE
3.2. Les conséquences financières

Les opérations menées entre l'unité commerciale et ses partenaires se traduisent par des flux. Certains de ces flux concernent l'exploitation et sont reproductibles : ils font naître un besoin en fonds de roulement d'exploitation.

1. Les différents types de flux économiques

1.1. La notion de flux

Dans toute entreprise, on trouve deux types de flux :
- les flux réels, qui sont liés à des transferts de biens ou services ;
- les flux monétaires, qui sont souvent la contrepartie monétaire de flux réels.

1.2. Les opérations dans l'UC

Il existe trois grands types d'opérations :
- les opérations d'exploitation (OE), qui sont relatives à l'activité courante ;
- les opérations d'investissement (OI), qui visent à acquérir des biens durables nécessaires au bon fonctionnement de l'UC ;
- les opérations de financement (OF), pour trouver des ressources financières.

EXEMPLE

Opération	Flux réel	Flux monétaire
Achat de marchandises (OE)	Réception de la marchandise	Paiement au fournisseur
Acquisition d'un local (OI)	Installation dans le local	Paiement au vendeur
Emprunt bancaire (OF)	–	Perception de la somme empruntée

2. Le cycle d'exploitation

2.1. Les étapes du cycle d'exploitation

Le cycle d'exploitation regroupe l'ensemble des opérations répétitives liées à l'exploitation normale de l'UC, c'est-à-dire les opérations allant de l'achat à la vente.

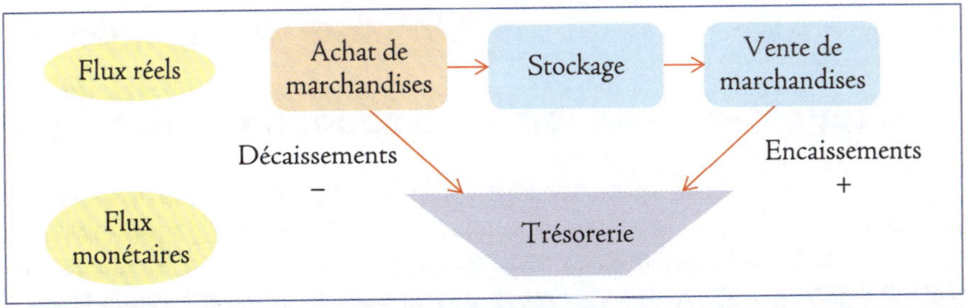

2.2. La durée du cycle d'exploitation

C'est le temps qui s'écoule entre l'achat de marchandises (ou fournitures) et l'encaissement de la vente de biens ou de services. Cette durée varie selon :
– l'activité de l'UC : certaines UC n'ont ni crédit client ni stock (sociétés de service) ;
– la durée de chacune des trois phases (achat, stockage, vente).

3. Le besoin en fonds de roulement d'exploitation (BFRE)

3.1. Signification du BFRE

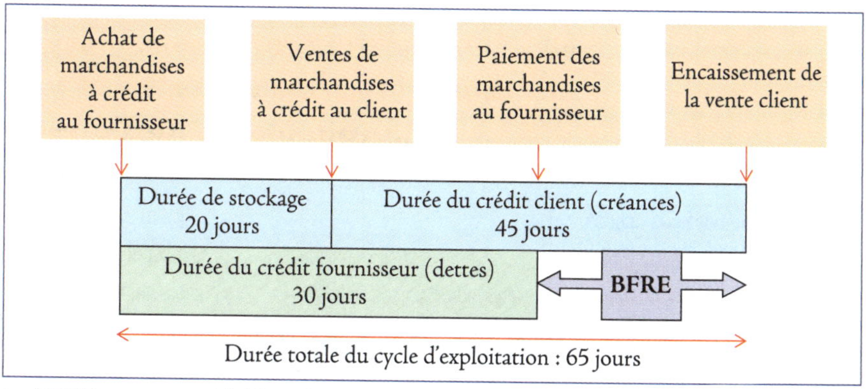

Le BFRE correspond ici à un besoin de financement de 35 jours dans la mesure où l'UC doit payer son fournisseur (au bout de 30 jours) avant même qu'elle n'ait pu encaisser l'argent de la vente des marchandises (qui intervient au bout de 65 jours).

3.2. Les conséquences financières

Selon les UC, la durée du cycle d'exploitation peut être très différente et se traduire par un besoin ou un excédent de financement.

	Cas 1	Cas 2 (GMS)
+ Durée stockage **+ Durée crédit client** **– Durée crédit fournisseur**	20 jours 45 jours 30 jours	15 jours 0 jours 60 jours
= BFRE	20 j + 45 j – 30 j = 35 jours	15 j + 0 j – 45 j = – 45 jours
Conséquences financières	Besoin de financement reproductible qui devra être financé.	Excédent de financement. L'activité normale génère une ressource stable.

Mots-clés

FLUX RÉEL, FLUX MONÉTAIRE, BESOIN EN FONDS DE ROULEMENT D'EXPLOITATION (BFRE), BESOIN EN FONDS DE ROULEMENT (BFR)

16 La facturation

Pour l'achat ou la vente de biens ou de services, l'établissement d'une facture est obligatoire entre professionnels.

1. La facturation
1.1. Intérêt de la facture
1.2. Présentation de la facture de doit
1.3. La facture d'avoir
2. La détermination du net à payer
2.1. Les réductions sur facture
2.2. La taxe sur la valeur ajoutée (TVA)

1. La facturation

1.1. Intérêt de la facture

C'est un document légal qui atteste des conditions de vente (prix, délai de livraison, parties en présence…) permettant de réclamer au client le montant dû.
Établie par le vendeur en double exemplaire, elle comporte divers éléments obligatoires et sert de base à l'enregistrement comptable.
Les factures doivent être conservées pendant une durée de 10 ans.

1.2. Présentation de la facture de doit

En-tête facture

SARL Kawa
15 rue du Café
38000 Grenoble (1)
Tél. : 04 78 503 513
Siren : 40521 166325 88
BNP 57805 K

Date : 13/03/N
Facture de doit n° 310 (2)

(3)
Bar du Raimu
Corniche Escartefigue
83 000 Toulon

Livraison : Sernam 1 colis

Corps facture

Réf.	Désignations	Qtés	PU HT	Total
JMB	Jamaïque - Arabica	20	13,00 €	260,00 €
MEM	Mexique - Robusta	50	10,00 €	500,00 €

Pied facture

		Total brut	**760,00 €**
Taux remise	5 %	**Remise**	**38,00 €**
		Net HT	**722,00 €**
Taux de TVA	19,6 %	**TVA**	**141,51 €**
Date paiement : 28/03/N		**Net à payer**	**863,51 €**

1. Identification du vendeur (avec son n° Siren).
2. Identification de la facture.
3. Coordonnées du client.

1.3. La facture d'avoir

Émis également par le vendeur, l'avoir enregistre une diminution de la créance client ; cette facture obéit aux mêmes normes que la facture de doit.
La loi n'autorisant pas l'effacement d'une facture enregistrée en comptabilité, tout ajustement visant à réduire une créance client doit faire l'objet d'une facture d'avoir.

EXEMPLE Retour de marchandise, réduction supplémentaire hors facture, rectification d'erreur…

2. La détermination du net à payer

2.1. Les réductions sur facture

a. Les réductions commerciales : rabais, remise, ristourne (RRR)

Rabais	Réduction exceptionnelle pour défectuosité du produit.
Remise	Réduction courante destinée à tenir compte de l'importance des quantités vendues ou de la qualité du client.
Ristourne	Réduction accordée sur l'ensemble du CA de l'année écoulée.

b. Les réductions financières

Un escompte de règlement est une réduction supplémentaire qui peut être accordée au client s'il procède au règlement comptant ou anticipé de sa facture.

Remarque

Toutes ces réductions sont calculées en cascade.

2.2. La taxe sur la valeur ajoutée (TVA)

a. Généralités

Il s'agit d'un impôt indirect collecté par l'UC sur le montant des ventes HT net de réductions. Trois taux de TVA sont appliqués en France :

- le taux normal de 19,6 % ;
- le taux réduit de 5,5 % (produits alimentaires de base, livres…) ;
- le taux super-réduit de 2,1 % pour la presse et les médicaments remboursés par la Sécurité sociale.

b. TVA déductible et TVA collectée

Lors d'une vente, l'UC encaisse le paiement TTC du client et doit reverser la TVA collectée à cette occasion. En contrepartie, l'UC peut déduire la TVA relative aux achats qu'elle effectue (biens et services, immobilisations).

c. TVA à décaisser

Elle correspond au montant de TVA à reverser au Trésor public.

TVA à décaisser = TVA collectée – TVA déductible

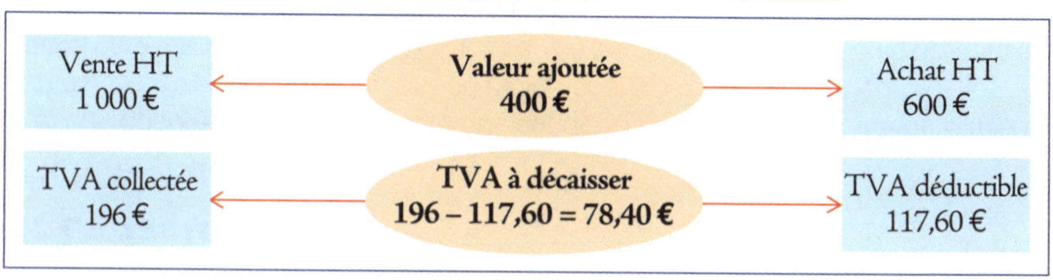

Lorsque la TVA à décaisser est négative, l'UC reporte ce crédit sur le mois suivant.

Mots-clés

FACTURE, FACTURE D'AVOIR, RABAIS-REMISE-RISTOURNE (RRR), ESCOMPTE, TVA

17 Les relations avec les banques

1. Les mouvements de fonds
1.1. Les dépôts et retraits d'espèces
1.2. Les remises à l'encaissement
2. Les paiements électroniques
2.1. La monnaie électronique
2.2. Les terminaux de point de vente (TPV) ou terminaux de paiement électronique (TPE)
3. Les concours bancaires à court terme
3.1. L'escompte d'effet de commerce
3.2. L'affacturage
3.3. Le crédit à court terme

Les banques proposent des moyens efficaces d'encaissement et de paiement. Elles proposent également des solutions en cas d'insuffisance de trésorerie.

1. Les mouvements de fonds

1.1. Les dépôts et retraits d'espèces

Toute UC doit retirer des espèces pour régler certaines menues dépenses, mais aussi pour disposer d'un fonds de caisse destiné à rendre la monnaie. Légalement, elle ne peut pas refuser les paiements inférieurs à 3 000 €. Se pose alors un problème de sécurité pour l'UC tant que les sommes ne sont pas déposées en banque.

1.2. Les remises à l'encaissement

a. Les chèques

Le chèque est un document écrit, valable 1 an et 8 jours. C'est un moyen par lequel le client (ou tireur, celui qui signe le chèque) donne l'ordre au tiré (généralement une banque) de payer le montant indiqué au bénéficiaire sur présentation du chèque et sans délai.

b. Les effets de commerce

Ces effets ne concernent que les relations en B to B. On distingue :
- le billet à ordre : document par lequel le client (le souscripteur) s'engage à payer le vendeur professionnel à une date prévue ;
- la lettre de change : document par lequel le vendeur (le tireur) donne l'ordre au client (le tiré) de payer une certaine somme à un bénéficiaire (qui peut être le tireur) à une date donnée ;
- la lettre de change-relevé (LCR) : il s'agit d'une lettre de change dématérialisée et dont l'enregistrement informatique apporte sécurité et accélération des transactions, d'où son développement important au détriment des deux effets précédents.

Les effets de commerce peuvent être :
- remis à l'encaissement : le bénéficiaire remet l'effet à sa banque à la date d'échéance ;
- remis à l'escompte plusieurs jours avant la date d'échéance, ce qui permet de se procurer des liquidités immédiatement auprès des banques ;
- endossés, en les transmettant à un autre bénéficiaire pour éteindre une dette.

2. Les paiements électroniques

2.1. La monnaie électronique

C'est une valeur monétaire de nature électronique et stockée sur un support (carte à puce prépayée, fonction intégrée à un téléphone portable…) ou sur un compte

Internet (ex. : PayPal). Les unités de monnaie électronique sont transférées directement du porte-monnaie électronique du client à la caisse du commerçant, à condition que celui-ci possède les équipements nécessaires.

EXEMPLE Moneo est un système de porte-monnaie électronique utilisé en France. Matérialisé sur une carte bancaire ou sur une carte dédiée (ex. : carte étudiant), il permet de régler les petites transactions (distributeur, automate, boulangerie, parcmètre, etc.) sans intervention de la banque et sans utilisation de code secret.

2.2. Les terminaux de point de vente (TPV) ou terminaux de paiement électronique (TPE)

Ils permettent aux points de vente d'accepter les paiements par carte bancaire. Le TPV interroge un serveur bancaire qui autorise (ou non) le paiement, avant de créditer le compte de l'unité commerciale. C'est donc un moyen d'encaissement très sûr mais qui implique un coût (matériel spécifique, commissions sur les encaissements à verser à la banque).

3. Les concours bancaires à court terme

Ils peuvent être utiles si l'UC se retrouve confrontée à des difficultés de trésorerie.

3.1. L'escompte d'effet de commerce

Par ce moyen, l'UC n'a pas besoin d'attendre la date d'échéance de l'effet de commerce pour se procurer des liquidités. Le banquier fera l'avance des fonds entre la date de remise à l'escompte de l'effet et sa date d'échéance. En contrepartie, il lui fera supporter des agios comportant une large part d'intérêts.

3.2. L'affacturage

L'affacturage est un contrat par lequel une société (le factor) se propose de recouvrer les créances des clients d'une entreprise : le factor avance le montant des créances à cette entreprise moyennant une commission intégrant le prix du service rendu et les intérêts pour l'avance de fonds.

3.3. Le crédit à court terme

- Le découvert bancaire : compte tenu de son coût élevé, il doit rester destiné à financer un besoin très exceptionnel de trésorerie. Le compte bancaire de l'UC devient débiteur.
- L'avance sur facture (ou cession Dailly) : il s'agit d'un crédit accordé en contrepartie d'une cession de factures à un établissement financier, qui rachète la créance à l'UC et en devient propriétaire.
- Le crédit de trésorerie et la facilité de caisse : ces crédits sont utilisés pour tenir compte du caractère saisonnier de l'activité ou de besoins périodiques et temporaires de trésorerie (paiement des salaires en fin de mois par exemple). Ces crédits font l'objet d'accords spécifiques avec la banque et peuvent être accordés sur une durée plus longue et/ou représenter un coût moindre qu'un simple découvert.

Mots-clés

CHÈQUE, EFFET DE COMMERCE, TERMINAL DE POINT DE VENTE (TPV), MONNAIE ÉLECTRONIQUE, AFFACTURAGE, CESSION DAILLY, REMISE À L'ESCOMPTE

18 Les stocks

Les stocks sont un élément clé de la compétitivité de l'UC : il faut en avoir suffisamment pour satisfaire la demande, et ne pas en avoir trop pour limiter le coût financier.

1. La tenue des stocks
1.1. Nécessité du stock
1.2. La gestion administrative des stocks
1.3. Le choix des produits à gérer (ou gestion par exception)
2. La gestion économique des stocks
2.1. Les objectifs
2.2. Les niveaux de stock
2.3. Les coûts liés aux stocks

1. La tenue des stocks

1.1. Nécessité du stock

Le stock est l'ensemble des fournitures ou marchandises destiné à alimenter la demande au fur et à mesure des besoins des clients.

Le stock est nécessaire pour diverses raisons :
- le rythme des achats de l'UC et des ventes aux clients est différent ;
- il est parfois avantageux d'acheter plutôt à certains moments ou par quantités économiques ;
- il est impossible d'acheter en dessous de certaines quantités ou de s'approvisionner au cas par cas.

Une bonne gestion des stocks est un facteur de compétitivité.

Dans une UC, les stocks concernent essentiellement les marchandises qui seront revendues en l'état et les autres approvisionnements (consommables, emballages).

1.2. La gestion administrative des stocks

a. La réception des marchandises

Le magasinier réceptionne la marchandise et vérifie la quantité et la qualité livrée. En cas d'anomalie, il consigne les réserves par écrit en présence du livreur. Dès réception de la facture du fournisseur, il faut rapprocher le bon de livraison et la facture pour vérifier la conformité de la livraison.

b. La valorisation des entrées en stock

La valeur des produits entrés en stock diffère selon que l'entreprise les achète à l'extérieur ou les fabrique elle-même.

Produits achetés à l'extérieur	Produits fabriqués
Valorisation des entrées au coût d'achat : montant des achats nets de RRR + frais accessoires (port, douanes, assurance…)	**Valorisation des sorties au coût de production :** coût d'achat des matières consommées + charges de production

c. La fiche de stock et la valorisation des sorties

La fiche de stock permet de connaître à tout moment le nombre d'articles disponibles ainsi que leur valeur. Trois méthodes de valorisation sont autorisées en comptabilité :
- la méthode du coût moyen unitaire pondéré en fin de période ;
- la méthode du coût moyen unitaire pondéré après chaque entrée ;
- la méthode du premier entré – premier sorti.

EXEMPLE

01/01/N : Stock initial de 100 gonfleurs à 150 € pièce
05/01/N : Entrée n° A523 de 500 gonfleurs pour 80 000 €
09/01/N : Sortie S32 de 200 gonfleurs
12/01/N : Entrée n° A524 de 600 gonfleurs pour 97 200 €
28/01/N : Sortie S33 de 800 gonfleurs.

Janvier N **Fiche de stock valorisée au CMUP de fin de période**

Date	Libellé	Entrées			Sorties			Stock		
		Qté	PU	Montant	Qté	PU	Montant	Qté	PU	Montant
1	SI	100	150	15 000				100	150	15 000
5	A523	500	160	80 000				600		
9	S32				200	160,16	32 033,33	400		
12	A524	600	162	97 200				1 000		
28	S33				800	160,16	128 133,33	**200**	**160,16**	**32 033,33**
TOTAUX		**1 200**	**160**	**192 200**						

Selon cette méthode, CMUP fin de période = 192 200 / 1 200 = 160,16 € (montant connu en fin de période).

Janvier N **Fiche de stock valorisée au CMUP après chaque entrée**

Date	Libellé	Entrées			Sorties			Stock		
		Qté	PU	Montant	Qté	PU	Montant	Qté	PU	Montant
1	SI	100	150	15 000				100	150,00	15 000,00
5	A523	500	160	80 000				600	158,33*	95 000,00
9	S32				200	158,33	31 666,67	400	158,33	63 333,33
12	A524	600	162	97 200				1 000	160,53	160 533,33
28	S33				800	160,33	128 426,66	**200**	**160,53**	**32 106,66**

* 95 000 / 600 = 158,33.

Le CMUP est calculé après chaque nouvelle entrée et permet de valoriser la sortie suivante.

Janvier N **Fiche de stock valorisée au PEPS (premier entré – premier sorti)**

Date	Libellé	Entrées			Sorties			Stock		
		Qté	PU	Montant	Qté	PU	Montant	Qté	PU	Montant
1	SI	100	150	15 000				100	150,00	15 000,00
5	A523	500	160	80 000				100 500 600	150 160	15 000 80 000 95 000
9	S32				100 100 200	150 160	15 000 16 000 31 000	400	160	64 000
12	A524	600	162	97 200				400 600 1 000	160 162	64 000 97 200 161 200
28	S33				400 400 800	160 162	64 000 64 800 128 800	**200**	**162**	**32 400**

Avec cette méthode, les articles en stock sortent dans l'ordre dans lequel ils sont entrés. Il est donc indispensable de faire apparaître les lots d'articles.

Ces systèmes de valorisation supposent une tenue du stock au jour le jour : c'est la technique de l'inventaire permanent. Toutefois, il faut procéder périodiquement à un inventaire physique des stocks de façon à mettre à jour l'inventaire permanent théorique avec le stock réel. En effet, des écarts peuvent apparaître, dus à :
- la démarque connue : détérioration d'articles en stock non encore enregistrés;
- la démarque inconnue : vol de marchandises, erreurs administratives...

1.3. Le choix des produits à gérer (ou gestion par exception)

Tous les articles stockés n'ont pas la même importance : il faut porter une plus grande attention aux produits les plus coûteux, les plus stratégiques ou les plus rentables.

a. La méthode des 20/80 (ou de loi de Pareto)

Selon cette méthode, on considère que 20 % des produits référencés en magasin représentent 80 % de la valeur du stock : on opérera donc une gestion très fine de ces articles. Les autres produits feront l'objet d'une gestion plus approximative.

b. La méthode ABC

La même méthode est appliquée, mais le stock est divisé en trois catégories A, B, C (*cf.* fiche 10 de GRC).

2. La gestion économique des stocks

2.1. Les objectifs

Le gestionnaire des stocks doit organiser l'approvisionnement en respectant deux objectifs antinomiques :
- avoir suffisamment de stock pour satisfaire la demande : les clients veulent le produit tout de suite;
- ne pas avoir trop de stock pour minimiser les frais de gestion et éviter les invendus (les cycles de vie des produits diminuent et les produits se démodent vite).

2.2. Les niveaux de stock

a. Le stock minimum

C'est le stock permettant de faire face au délai de réapprovisionnement (délai entre la date de commande et la date de livraison).

EXEMPLE La consommation d'un article est de 600 unités par mois et le délai de livraison de 10 jours. Le stock minimum sera de 600 × 10 / 30 = 200 articles.

b. Le stock de sécurité

Malgré le stock minimum, une UC peut se retrouver en rupture de stock en cas de :
- non-respect des délais de livraison par le fournisseur;
- livraison défectueuse;
- hausse soudaine de la consommation.

Pour toutes ses raisons, les unités commerciales doivent constituer un stock de sécurité.

c. Le stock d'alerte

Il représente le stock à partir duquel il faut passer une commande :

stock d'alerte = stock minimum + stock de sécurité.

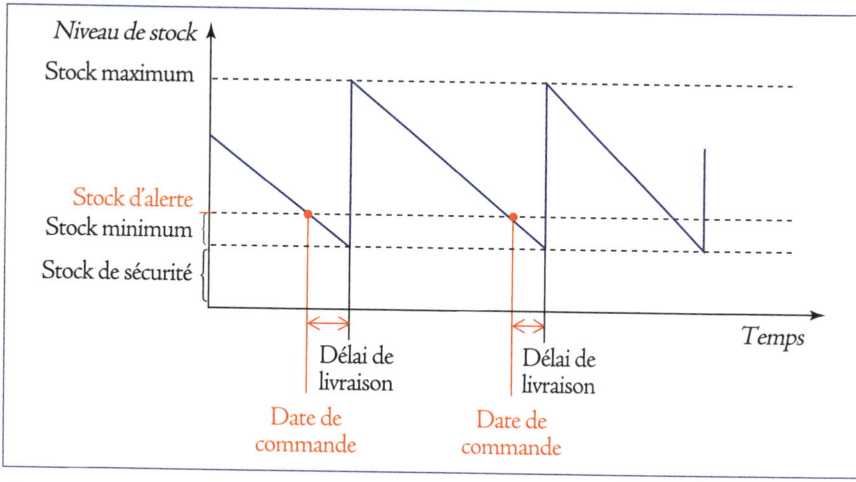

d. Le stock actif

Il s'agit du stock qui tourne, à savoir le stock réel moins le stock de sécurité qui n'est pas destiné normalement à être commercialisé.

e. Le stock initial et le stock final

Il s'agit respectivement du stock en début de période et du stock en fin de période.

2.3. Les coûts liés aux stocks

a. Le coût de possession

Il s'agit du coût d'entretien du stock (local, exploitation du local) et du coût financier (coût de l'argent immobilisé dans les stocks). Pour réduire ce coût, l'idéal est d'avoir le moins d'articles en stock possible.

b. Le coût de lancement (ou coût de passation) d'une commande

C'est le coût supporté par l'entreprise chaque fois que l'UC engage un processus d'achat : il comprend les coûts administratifs (service achat + service comptable) et les coûts liés à la réception de la commande (frais de contrôle technique). Pour réduire ce coût, il faudrait commander moins souvent mais en plus grandes quantités, donc augmenter le stock.

c. Modèle de Wilson

Ce modèle détermine le nombre optimal de commandes (N) permettant de réduire le coût total de stockage (coût de possession et coût de lancement) :

$$N = \sqrt{\frac{CT}{2P}}$$

C : consommation en valeur sur l'année
T : taux de possession en %
P : coût de passation d'une commande.

On peut en déduire la quantité économique à commander (Q) : $Q = \frac{\text{quantité annuelle}}{N}$

Mots-clés

STOCK MINIMUM, STOCK DE SÉCURITÉ, STOCK D'ALERTE, COÛT DE STOCKAGE, DÉMARQUE CONNUE, DÉMARQUE INCONNUE, COÛT MOYEN UNITAIRE PONDÉRÉ (CMUP), PREMIER ENTRÉ – PREMIER SORTI (PEPS)

19 La trésorerie

1. Définition et composantes
1.1. Définition
1.2. Composantes de la trésorerie
2. Les variables d'ajustement du BFR
2.1. BFRE et BFRHE
2.2. Les actions sur les composantes principales du BFRE
2.3. La détermination des durées de crédit

Élément clé de la gestion de l'UC, la trésorerie doit être suffisante afin d'éviter tout risque d'insolvabilité. Pour le manageur opérationnel, il est indispensable de connaître ses composantes, et tout particulièrement le BFRE.

1. Définition et composantes

1.1. Définition

La trésorerie est l'argent immédiatement disponible en caisse ou en banque. On peut la calculer en totalisant le solde de la caisse et celui des comptes bancaires.

1.2. Composantes de la trésorerie

Trois types de mouvements ont une incidence sur la trésorerie de l'entreprise :

- les opérations d'exploitation, qui sont liées au cycle d'exploitation : les encaissements (paiements des clients) augmentent la trésorerie, les décaissements (règlements des achats de l'entreprise ou charges d'exploitation) la diminuent ;
- les opérations de financement, qui sont des opérations purement financières : elles alimentent la trésorerie par les apports en capital et les emprunts auprès des banques (encaissements). Des sorties de trésorerie sont constatées lorsque l'entreprise rembourse les emprunts et paie les intérêts (décaissements) ;
- les opérations d'investissement : elles occasionnent une sortie de trésorerie lors du paiement des équipements (décaissements).

2. Les variables d'ajustement du BFR

2.1. BFRE et BFRHE

Le besoin en fonds de roulement (BFR) se définit ainsi :

BFR = stocks + créances (exploitation et hors exploitation) – dettes (exploitation et hors exploitation)

Les créances et dettes hors exploitation sont essentiellement imputables aux opérations d'investissement et de financement, sur lesquelles le manageur opérationnel de l'UC intervient peu, voire pas du tout. Il est indispensable de décomposer le BFR en deux éléments :

BFR →
- **BRFE** (besoin en fonds de roulement d'exploitation)
- **BRFHE** (besoin en fonds de roulement hors exploitation)

Le BFRE est le besoin de financement permettant de financer l'activité normale de l'UC. Par ses décisions courantes, le manageur opérationnel peut agir sur le BFRE, et avoir une influence directe et quasi immédiate sur la trésorerie.

Le BFRHE correspond à des opérations plus exceptionnelles.

2.2. Les actions sur les composantes principales du BFRE

a. L'action sur les stocks

D'un point de vue strictement financier, l'idéal serait de ne détenir aucun stock. Comme c'est impossible, le manager doit mettre en œuvre tous les moyens pour optimiser la gestion des stocks. Un programme ou planning d'approvisionnement rigoureux (et informatisé) est indispensable pour connaître le niveau du stock, les dates de commandes et le nombre de produits à commander.

EXEMPLE Un produit est livré une fois en début de trimestre et est conditionné en palettes de 150 unités. Il est nécessaire de disposer d'un stock de sécurité de 50 produits.

	Janv.	Févr.	Mars	Avril	Mai	Juin
Stock initial	80	680	380	180	580	330
Ventes prévues	300	300	200	200	250	250
Besoin	770			570		
Nbre palettes (150 unités)	5,133			3,800		
Quantité livrée	900			600		
Stock après livraison	980	680	380	780	580	330
Stock final	680	380	180	580	330	80

De janvier à mars, les ventes à satisfaire sont de : 300 + 300 + 200 = 800. Stock utilisable = stock initial (80) – stock de sécurité (50) = 30, soit un besoin de 770 (800 – 30) produits.
Il faudra 770 / 150 = 5,133 soit 6 palettes. 150 unités × 6 palettes = 900 produits à commander.

b. L'action sur les créances clients

Il faut veiller à réduire la durée de crédit accordé (escomptes, avances…), tout en étant plus efficient au niveau du recouvrement (relance clients, règlements rapides : CB…).

c. L'action sur les dettes fournisseurs

Il faut chercher à négocier des délais plus longs avec les fournisseurs.

2.3. La détermination des durées de crédit

La durée des trois composantes principales (en jours) peut être déterminée par des ratios utilisant des informations issues des documents comptables :

Désignation	Ratios	Source
Durée de stockage	$\frac{\text{Stock moyen HT}}{\text{Coût d'achat marchandises achetées HT}} \times 360$ jours	← Bilan (actif) ← CR (Charges)
Durée du crédit client	$\frac{\text{Créances clients TTC}}{\text{Chiffre d'affaires TTC}} \times 360$ jours	← Bilan (actif) ← CR (Produits)
Durée du crédit fournisseur	$\frac{\text{Dettes fournisseurs TTC}}{\text{Coût d'achat marchandises achetées HT}} \times 360$ jours	← Bilan (actif) ← CR (Charges)

Mots-clés

BESOIN EN FONDS DE ROULEMENT (BFR), BFRE, BFRHE, PLANNING D'APPROVISIONNEMENT

1. Les charges et produits de l'UC
1.1. Les charges
1.2. Les produits
2. Le compte de résultat
3. Les soldes intermédiaires de gestion (SIG)
3.1. La marge commerciale
3.2. La production de l'exercice
3.3. La valeur ajoutée (VA)
3.4. L'excédent brut d'exploitation (EBE)
3.5. Le résultat d'exploitation
3.6. Le résultat courant avant impôt
3.7. Le résultat exceptionnel
3.8. Le résultat net comptable
4. Les ratios de l'analyse
4.1. Les ratios d'exploitation
4.2. Les ratios de rentabilité
4.3. Les ratios de profitabilité
4.4. Autres ratios pertinents

20 L'analyse de l'exploitation

L'analyse de l'exploitation de l'UC passe par la compréhension des charges et produits du compte de résultat. Cette analyse peut être approfondie avec le tableau des soldes intermédiaires de gestion (SIG) et l'analyse des ratios.

1. Les charges et produits de l'UC

1.1. Les charges

a. La nature des charges commerciales

Les charges de l'UC sont essentiellement liées à :
- l'offre faite aux clients : achats de marchandises, fournitures… ;
- la mise en place de l'offre : loyers, frais de personnel, impôts…

b. Les charges d'exploitation

Elles concernent l'activité courante de l'UC. On y trouve notamment :
- le coût d'achat hors taxes des marchandises ou fournitures vendues, prenant en compte les stocks comme suit :

Stock initial (SI) 200 €	Stock final (SF) 50 €
Achats 1 549 k€	**Coût d'achat des marchandises vendues** 1 699 k€

Variation de stock
150 €
(SI – SF)

- les consommations en provenance de tiers : loyers, assurances, téléphone, électricité, frais de communication publicitaire… ;
- les impôts et taxes : impôts locaux, taxes diverses (sauf la TVA, qui n'est supportée par l'UC mais par le consommateur final), impôt sur les bénéfices ;
- les charges de personnel, comprenant les salaires bruts et les cotisations patronales ;
- les dotations aux amortissements : charges représentant la perte de valeur des actifs immobilisés sur l'exercice.

c. Les charges financières

Elles sont liées au financement de l'activité de l'UC et comprennent essentiellement les intérêts financiers dus aux banques lorsque l'UC emprunte.

d. Les charges exceptionnelles

Ce sont des charges à caractère non reproductible.

EXEMPLE Amende, pénalités diverses, défaillance exceptionnelle d'un client important…

1.2. Les produits

Ils comprennent :

– les produits d'exploitation, constitués essentiellement du chiffre d'affaires HT net des rabais, remises et ristournes ;

– les produits financiers (liquidités placées par l'UC) ;

– les produits exceptionnels relevant d'opérations inhabituelles.

2. Le compte de résultat

Établi chaque année, le compte de résultat reflète l'activité économique de l'UC.

EXEMPLE

CHARGES (HT)	Totaux	PRODUITS (HT)	Totaux
CHARGES D'EXPLOITATION		**PRODUITS D'EXPLOITATION**	
Coût d'achat marchandises vendues :		**Ventes de marchandises**	3630
– Achats de marchandises	1 549	**Production vendue :**	
– Variation des stocks de marchandises	150	– Ventes	392
Consommations en prov. de tiers		– Prestations de services	138
– Achats stockés d'approv. :		**Montant net du chiffre d'affaires**	4160
– autres approvisionnements	470	**Production stockée**	
– Achats non stockés	95	– Produits	45
– Services extérieurs :		**Production immobilisée**	47
– personnel extérieur	80	**Subventions d'exploitation**	30
– loyers en crédit-bail	56	**Reprise sur provisions & amortissements**	0
Impôts, taxes et versements assimilés	95	**Autres produits**	18
Charges de personnel		**Total exploitation**	4300
– Salaires et traitements	690	**PRODUITS FINANCIERS**	
– Charges sociales	355	**De participations**	3
Dotations aux amortis. et aux prov.		**D'autres créances immobilisées.**	1
– Sur immob. : dotations aux amortis.	85	**Autres intérêts et produits assimilés**	9
– Sur actif circul. : dot. aux provisions	63	**Reprises s/ provisions**	3
Autres charges	12		
Total exploitation	3 700	**PRODUITS EXCEPTIONNELS**	
CHARGES FINANCIÈRES		**Sur opérations de gestion**	8
Dotations aux amort. et provisions	2	**Sur opérations en capital :**	56
Intérêts et charges assimilées	43	**Reprises s/ provisions**	
CHARGES EXCEPTIONNELLES			
Sur opérations de gestion	23		
Sur opérations en capital :	90		
PARTICIPATION DES SALARIÉS	40		
IMPÔT SUR LES BÉNÉFICES	230		
Solde créditeur = BÉNÉFICE	**252**	**Solde débiteur = PERTE**	
TOTAL GÉNÉRAL	**4 380**	**TOTAL GÉNÉRAL**	**4 380**

Visuellement, on peut décomposer le compte de résultat en trois niveaux.

Charges d'exploitation 3 700 k€	Produits d'exploitation 4 300 k€	**Résultat d'exploitation** + 600 k€
Charges financières 45 k€	Produits financiers 16 k€	**Résultat financier** – 29 k€
Charges exceptionnelles 45 k€	Produits exceptionnels 64 k€	**Résultat exceptionnel** – 49 k€

La suite permet de comprendre la formation du résultat net :

Résultat d'exploitation
(+ 600 k€)

– Résultat financier
(29 k€)

= Résultat courant avant impôt
(600 – 29 = 571 k€)

– Résultat exceptionnel
(49 k€)

– Impôt sur les bénéfices
(230 k€)

– Participation des salariés
(40 €)

= Résultat net comptable
571 – 49 – 230 – 40
= 252 k€ (BÉNÉFICE)

3. Les soldes intermédiaires de gestion (SIG)

Si le compte de résultat apporte une information pertinente, le manager peut l'enrichir en introduisant des niveaux supplémentaires d'analyse : c'est l'objet des soldes intermédiaires de gestion.

3.1. La marge commerciale

Elle indique l'aptitude de l'UC à apporter un supplément de valeur aux achats qu'elle effectue. Elle garantit sa prospérité.

Ventes de marchandises 3 630 k€	Coût d'achat des marchandises vendues 1 699 k€
	Marge commerciale 1 931 k€

Pour développer sa marge, l'UC doit augmenter ses ventes (en quantités et/ou en valeur unitaire) et/ou réduire ses achats (en quantités et/ou en valeur unitaire).

3.2. La production de l'exercice

Elle concerne la production des UC prestataires de services : la production peut être vendue (il s'agit du chiffre d'affaires), stockée (non encore vendue) ou immobilisée (si l'entreprise crée des produits pour elle-même).

Production vendue 530 k€	**Production de l'exercice** 622 k€
Production stockée 45 k€	
Production immobilisée 47 k€	

3.3. La valeur ajoutée (VA)

Elle représente la richesse créée par l'UC.

Marge commerciale 1 931 k€	Consommation en provenance de tiers 701 k€
Production 622 k€	**Valeur ajoutée** 1 852 k€

3.4. L'excédent brut d'exploitation (EBE)

Il correspond à la valeur ajoutée après déduction des frais de personnel et des impôts. C'est un véritable résultat économique indépendant de la politique d'investissement (car calculé avant les dotations aux amortissements) et de la politique financière choisie (car calculé avant les éléments financiers). S'il est durablement négatif, on peut en conclure que l'activité n'est pas rentable sur le plan économique, car la richesse créée ne permet pas de payer les charges minimales (personnel et impôts).

Valeur ajoutée 1 852 k€	Charges de personnel 1 045 k€
	Impôt 95 k€
Subventions reçues 30 k€	**EBE** 742 k€

3.5. Le résultat d'exploitation

Il mesure la performance de l'UC dans l'exercice de son activité normale, à savoir sa capacité à vendre et à gérer ses approvisionnements et la mise à disposition de l'offre, indépendamment de la politique financière.

EBE 742 k€	Dotations amortiss. et prov. 148 k€
	Autres charges 12 k€
Autres produits 18 k€	**Résultat d'exploitation** 600 k€

On retrouve bien le résultat d'exploitation de 600 k€ mentionné précédemment. Les SIG décomposent donc le résultat d'exploitation en 5 étapes.

3.6. Le résultat courant avant impôt

Il correspond au résultat d'exploitation, auquel on a intégré le résultat financier.

Résultat d'exploitation 600 k€	Charges financières 45 k€
Produits financiers 16 k€	**Résultat courant** 571 k€

3.7. Le résultat exceptionnel

Il regroupe les produits et les charges qui ne concernent ni l'activité normale, ni l'activité financière de l'UC. Comme indiqué précédemment, par différence entre produits et charges exceptionnels, celui est ici de 64 – 113 = – 49 k€. En tant que tel, il est difficile à analyser et peu significatif.

3.8. Le résultat net comptable

C'est le résultat revenant aux associés (total des résultats précédents déduction faite de la participation des salariés et de l'impôt sur les bénéfices).

Résultat courant 571 k€	Imôt sur les bénéfices 230 k€
	Participation 40 k€
Résultat exceptionnel – 49 k€	**Résultat net comptable** 252 k€

4. Les ratios de l'analyse

Pour aller plus loin dans l'analyse du compte de résultat et des SIG, le recours à quelques ratios est incontournable. Ce sont des rapports entre deux grandeurs. Leur détermination n'a d'intérêt que s'ils servent de comparaison :
– dans le temps : pour suivre l'évolution sur plusieurs périodes;
– dans l'espace : pour permettre des comparaisons avec d'autres UC.

4.1. Les ratios d'exploitation

Ces ratios sont particulièrement précieux pour le manager car ils prennent en compte les éléments clés de performance de l'UC.

Évolution du chiffre d'affaires (CA)	Évolution de la valeur ajoutée (VA)	Part du personnel dans la VA
$\frac{(CA_N - CA_{N-1})}{CA_{N-1}}$	$\frac{(VA_N - VA_{N-1})}{VA_{N-1}}$	$\frac{\text{Frais de personnel}}{VA}$

4.2. Les ratios de rentabilité

Ces ratios indiquent la part d'un solde par rapport aux capitaux investis par les associés.

Rentabilité commerciale	Rentabilité économique	Rentabilité financière
$\frac{\text{Marge commerciale}}{\text{Capitaux Propres}}$	$\frac{\text{EBE}}{\text{Capitaux Propres}}$	$\frac{\text{Résultat}}{\text{Capitaux Propres}}$

4.3. Les ratios de profitabilité

Ces ratios indiquent la part d'un solde par rapport aux ventes.

Taux de marque	Profitabilité économique	Profitabilité financière
$\frac{\text{Marge commerciale}}{\text{Chiffre d'affaires}}$	$\frac{\text{EBE}}{\text{Chiffre d'affaires}}$	$\frac{\text{Résultat}}{\text{Chiffre d'affaires}}$

4.4. Autres ratios pertinents

La liste des ratios n'est pas limitative et tout rapport judicieux peut être concevable. Les ratios doivent permettre avant tout un pilotage efficace de l'UC. À titre d'exemple, on pourrait s'intéresser à :

– la répartition de la valeur ajoutée entre les différents intervenants :

	Acteur économique	Ratio possible
Répartition de la valeur ajoutée entre :	Salariés	$\frac{\text{Charges de personnel + Participation}}{\text{VA}}$
	Banques	$\frac{\text{Frais financiers}}{\text{VA}}$
	Apporteurs de capitaux	$\frac{\text{Résultat net}}{\text{VA}}$
	État	$\frac{\text{Impôts et taxes + Impôt sur les bénéfices}}{\text{VA}}$

– l'analyse du rendement :

	Élément	Ratio possible
Répartition du rendement entre :	Personnel et CA	$\frac{\text{Chiffre d'affaires}}{\text{Nombre de vendeurs}}$
	Personnel et marge	$\frac{\text{Marge commerciale}}{\text{Nombre de vendeurs}}$
	Surface de vente	$\frac{\text{Chiffre d'affaires}}{\text{Surface de vente en m}^2}$

Mots-clés

COMPTE DE RÉSULTAT, MARGE COMMERCIALE, VALEUR AJOUTÉE, EXCÉDENT BRUT D'EXPLOITATION (EBE), SOLDE INTERMÉDIAIRE DE GESTION (SIG), RÉSULTAT D'EXPLOITATION, RÉSULTAT COURANT, RÉSULTAT NET, RATIO

21 La notion d'investissement

1. Les différents types d'investissements
1.1. Les investissements matériels
1.2. Les investissements immatériels
1.3. Les investissements financiers
2. Les objectifs de l'investissement
3. Les facteurs influençant la décision d'investissement
3.1. Les taux d'intérêts
3.2. L'adaptation à la demande
3.3. Les opportunités à saisir
3.4. La recherche du profit
4. La dépréciation des investissements

Selon l'importance de l'UC, le manager peut se voir confier la responsabilité des investissements.

1. Les différents types d'investissements

1.1. Les investissements matériels

Il s'agit de biens durables nécessaires au bon fonctionnement de l'UC.

EXEMPLE Local commercial, véhicules, parc informatique, outillage…

1.2. Les investissements immatériels

Ce sont des biens non matériels mais indispensables sur le plan commercial :
– investissements commerciaux : publicité, marque, enseigne… ;
– investissements en recherche et développement : création d'une marque ;
– investissements humains : recrutement par des cabinets spécialisés.

1.3. Les investissements financiers

Ce sont des sommes d'argent bloquées durablement :
– sous forme de droits de créance : prêt consenti à un partenaire ;
– sous forme de titres financiers : participation dans le capital d'un partenaire…

2. Les objectifs de l'investissement

	Investissement de renouvellement (ou de maintien)	Investissement de capacité (ou d'expansion)	Investissement de modernisation
Objectif	Permet de conserver la capacité de vente de l'UC	Permet d'accroître la capacité de vente de l'UC	Permet d'améliorer la productivité de l'UC
Exemple	Remplacement de caisses	Acquisition de caisses supplémentaires	Acquisition de scannettes

3. Les facteurs influençant la décision d'investissement

3.1. Les taux d'intérêts

Très souvent, les UC sont contraintes d'emprunter pour financer leurs investissements. Plus les taux sont bas, plus les intérêts à payer (coût supporté par l'UC) sont faibles, et donc plus forte est la raison d'investir.

3.2. L'adaptation à la demande

Un manager doit investir lorsque :
- il prévoit une augmentation durable de la demande ;
- les capacités de production ou de distribution sont saturées.

3.3. Les opportunités à saisir

- Évolution technologique : pour conserver sa compétitivité, l'UC doit s'adapter aux mutations technologiques (ex. : acquisition d'un logiciel de GRC).
- Évolution juridique : l'UC doit respecter les obligations légales et réglementaires (ex. : acquisition d'une vitrine réfrigérée respectant de nouvelles normes).
- Subventions, aides fiscales : elles accélèrent la décision (ex. : subvention accordée pour un « investissement vert » dans un véhicule électrique).

3.4. La recherche du profit

Tous les économistes s'accordent pour dire que l'objectif d'un investissement est le profit attendu. Autrement dit, les gains futurs espérés liés à l'investissement doivent permettent de couvrir plus que la dépense initiale de l'investissement.

4. La dépréciation des investissements

L'amortissement est une technique comptable qui consiste à étaler le coût d'un investissement sur sa durée probable d'utilisation, en constatant chaque année une charge (la dotation) représentant la dépréciation annuelle du bien.
Cette dotation est déductible des bénéfices et permet donc une économie d'impôt. Elle ne donne lieu à aucun paiement et reste à disposition de l'entreprise : elle est à ce titre une source de financement.
Elle permet de déterminer la valeur comptable nette (VCN) du bien, valeur qui correspond à son coût d'achat, déduction faite du total des amortissements pratiqués.

EXEMPLE Soit un bien acquis 20 000 € HT le 15/08/N, mis en service le 01/10/N et amorti sur 4 ans en linéaire. La valeur résiduelle est égale à 0. Le plan d'amortissement sera le suivant :

Année	Base amortissable	Dotation aux amortissements	Amort. cumulés	Valeur comptable nette (VCN)
N	20 000	20 000 × 25 % × 90/360 = 1 250	1 250	20 000 – 1 250 = 18 750
N+1	20 000	20 000 × 25 % = 5 000	6 250	20 000 – 6 250 = 13 750
N+2	20 000	20 000 × 25 % = 5 000	11 250	8 750
N+3	20 000	20 000 × 25 % = 5 000	16 250	3 750
N+4	20 000	20 000 × 25 % × 270/360 = 3 750	20 000	0

Le début de l'amortissement se fait à la date de mise en service : soit 90 / 360 jours la première année.
Base amortissable = coût d'acquisition – valeur résiduelle.
Calcul de la dotation : base amortissable × taux × nombre de jours / 360.
Taux en % = 100 % / durée d'utilisation, soit ici 100 % / 4 = 25 %.

Mots-clés

INVESTISSEMENT, AMORTISSEMENT, VALEUR COMPTABLE NETTE (VCN)

22 Les ressources internes de financement

1. Le bilan comptable
2. Le bilan fonctionnel
2.1. L'analyse fonctionnelle du bilan
2.2. Les regroupements à effectuer
2.3. L'obtention du bilan fonctionnel
2.4. Intérêt du bilan fonctionnel
2.5. Les ratios de l'analyse fonctionnelle
2.6. Le financement des investissements

Avant de se lancer dans la recherche de financement d'un projet, le manager doit se demander si son UC est capable de le financer en interne : pour le savoir, il doit connaître la structure financière de son unité, donc analyser le bilan fourni par le comptable.

1. Le bilan comptable

Il représente la photographie du patrimoine d'une entreprise à un instant donné. Réalisé par le comptable une fois par an, il permet notamment de déterminer le résultat (bénéfice ou perte) par confrontation entre l'actif et le passif.

Actif (ce que l'entreprise possède)	Passif (ce que l'entreprise doit)
– Actif immobilisé – Immobilisations incorporelles – Immobilisations corporelles – Immobilisations financières **– Actif circulant** – Stocks – Créances – Disponibilités	**– Capitaux propres** Capital, réserves, résultat **– Provisions pour risques et charges** **– Dettes** – Dettes financières – Dettes d'exploitation – Dettes diverses

Les éléments à l'actif apparaissent :
- sous un montant brut (dans la colonne « Brut »), qui correspond à la valeur d'acquisition de cet actif ;
- sous un montant net (colonne « Net »), qui correspond à la valeur de l'actif lors de l'inventaire comptable, à savoir le montant brut diminué du total des amortissements (cas où la dépréciation est irréversible, notamment pour les immobilisations) ou des provisions (dépréciation réversible sur les stocks et les créances).

EXEMPLE Au cours d'un exercice, il est possible de provisionner une créance client de 1 000 € pour prendre en compte le risque de non-paiement du client, puis ramener ce montant à 200 € l'année suivante si la situation financière du client s'est améliorée.

Globalement, les éléments de l'actif sont classés en fonction de leur liquidité croissante (par liquidité, il faut entendre l'aptitude d'un actif à être transformé en argent liquide). Les créances sont plus liquides que les stocks, qui eux-mêmes sont plus liquides que les immobilisations.

Les éléments du passif sont classés par exigibilité décroissante (l'exigibilité d'une dette étant son aptitude à être réclamée par ses créanciers).

Le total net de l'actif doit correspondre au total du passif : la différence constitue le résultat, qui apparaît dans les capitaux propres (en positif en cas de bénéfices et en négatif en cas de pertes).

EXEMPLE Exemple de bilan comptable : prenons le cas de la SARL Wambe, spécialisée dans la vente et la fabrication d'instruments de musique en cuivre :

ACTIF	Brut	Amort. et prov.	Net	PASSIF	Net
ACTIF IMMOBILISÉ				**CAPITAUX PROPRES**	
Immobilisations incorporelles				Capital social	500
Frais d'établissement	10	5	5	Réserves	
Concessions, brevets	20	0	20	– Réserve légale	20
Fonds commercial				– Réserve statutaire	10
Immobilisations corporelles				– Autres réserves	5
Terrains	310	0	310	Résultat de l'exercice (perte)	– 25
Constructions	500	425	75		
Install. techniques	150	100	50	**Total I**	**510**
Autres	50	30	20	**PROVISIONS POUR RISQUES ET CHARGES**	
Immobilisations financières					
Titres immobilisés	20	0	20	Provisions pour risques	15
Prêts	50		50	**Total II**	**15**
Total I	**1 110**	**560**	**550**	**DETTES**	
ACTIF CIRCULANT				**Dettes financières :**	
Stocks et en-cours :				Emprunt auprès d'établissements de crédit (2)	600
Matières premières	90	20	70		
Produits finis	100	0	100	**Avances et acomptes reçus**	0
Marchandises	172	30	142	**Dettes d'exploitation :**	
Avances et acomptes versés	0		0	Dettes Fournisseurs	530
Créances d'exploitation :				Dettes fiscales et sociales	15
Créances clients	648	8	640	Autres	0
Autres	40	0	40	**Dettes diverses** (1) :	
Créances diverses (1) :				Dettes sur immobilisations.	60
Valeurs mob. de placement	55	0	55	Dettes fiscales (IS)	40
Disponibilités	173		173	Autres	0
Total II	**1 278**	**58**	**1 220**	**Total III**	**1 245**
TOTAL GÉNÉRAL	**2 388**	**618**	**1 770**	**TOTAL GÉNÉRAL**	**1 770**

(1) Hors exploitation.
(2) Dont concours bancaires courants : 10

2. Le bilan fonctionnel

2.1. L'analyse fonctionnelle du bilan

Contrairement au bilan comptable, qui se place dans une optique patrimoniale, le bilan fonctionnel raisonne dans une optique économique de continuation de l'activité. Trois grandes fonctions peuvent être dégagées :
– une fonction d'investissement et de financement ;
– une fonction cyclique ou circulante ;
– une fonction de gestion de trésorerie.

Bilan fonctionnel		Fonction résultante
Actif	Passif	
Emplois stables	Financements stables	Fonction d'investissement / Financement
Actif circulant : – exploitation – hors exploitation	Passif circulant : – exploitation – hors exploitation	Fonction cyclique
Trésorerie active	Trésorerie passive	Fonction de gestion de trésorerie

2.2. Les regroupements à effectuer

Le bilan comptable ne permet pas d'obtenir directement le bilan fonctionnel ; certains regroupements sont à effectuer au préalable.

EX. SUITE

Emplois stables (ou actif stable) – Total de l'actif immobilisé brut	1 110 1 110	**Financements stables** (ou passif stable) – Ressources propres (capital, réserves, résultat) – Provisions pour risques et charges – Amortissements et provisions d'actif – Dettes financières stables (hors CBC)	510 15 618 600 –10 1 733
Actif circulant (ou cyclique) – Stocks et créances (en valeur brute) • Exploitation : 90 + 100 + 172 + 648 + 40 • Hors exploitation : 55	1 050 55 1 105	**Passif circulant** (ou cyclique) – Dettes autres que financières • Exploitation : 530 + 15 • Hors exploitation : 60 + 40	545 100 645
Trésorerie active – Disponibilités	173	**Trésorerie passive** – Concours bancaires courants (CBC)	10

<table>
<tr><th colspan="2">Justification des retraitements nécessaires</th></tr>
<tr><th>Au niveau de l'actif</th><th>Au niveau du passif</th></tr>
<tr><td rowspan="2">Les amortissements et les provisions ne figureront plus en négatif de l'actif mais en positif au niveau du passif dans le financement stable : amortissements et provisions constituent une réserve (qui augmente chaque année du montant de la dotation), qui doit en fin de compte servir à racheter une immobilisation. Tout comme les réserves, amortissements et provisions figureront donc dans le financement stable.
De ce fait, les éléments figurants à l'actif du bilan fonctionnel seront repris pour leur valeur brute.</td><td>Les dettes financières (diminuées des concours bancaires courants) figurent au niveau du financement stable : il s'agit le plus souvent d'emprunts contractés par l'entreprise à long ou moyen termes et qui, par conséquent, restent à sa disposition pendant un temps assez long, d'où le caractère de stabilité sur une année.</td></tr>
<tr><td>Les provisions pour risques et charges : au même titre que les provisions de l'actif, elles sont intégrées au niveau du financement stable compte tenu de leur caractère de réserve.</td></tr>
<tr><td rowspan="2">Une subdivision de l'actif circulant peut être envisagée pour distinguer l'actif circulant d'exploitation de l'actif circulant hors exploitation.
Concernent l'exploitation :
– les stocks et en-cours ;
– les créances clients ;
– les autres créances d'exploitation.
Le reste concerne la partie hors exploitation (ne relevant pas de l'activité normale de l'UC) :
– valeurs mobilières de placement (actions et obligations achetées par l'entreprise dans une perspective de placement) ;
– créances diverses…</td><td>Une subdivision du passif circulant peut être envisagée de façon à distinguer le passif circulant d'exploitation du passif circulant hors exploitation.
Concernent notamment l'exploitation :
– les dettes fournisseurs ;
– les dettes envers le personnel et les organismes sociaux ;
– les dettes fiscales, notamment la TVA (sauf l'impôt sur les sociétés).</td></tr>
<tr><td>Les concours bancaires courants (CBC) sont des crédits renouvelables mis à la disposition des entreprises pour des durées relativement courtes (ex. : découvert bancaire, facilité de caisse…). Ils figurent donc au niveau de la trésorerie passive.</td></tr>
</table>

2.3. L'obtention du bilan fonctionnel

EX. SUITE

ACTIF	Montant	PASSIF	Montant
Emplois stables	1 110	Financements stables	1 733
Actif circulant – d'exploitation : 1050 – hors exploitation : 55	1 105	Passif circulant – d'exploitation : 545 – hors exploitation : 100	645
Trésorerie active	173	Trésorerie passive	10
TOTAL	2 388	TOTAL	2 388

2.4. Intérêt du bilan fonctionnel

L'intérêt majeur du bilan fonctionnel est de mettre en évidence certains équilibres fondamentaux issus des trois concepts suivants :
- le fonds de roulement net global (FRNG) ;
- le besoin en fonds de roulement (BFR), qui peut être décomposé en BFR d'exploitation et hors exploitation (BFRE et BFRHE) ;
- la trésorerie nette.

ACTIF	PASSIF
Emplois stables 1 110	Financements stables 1 733
FRNG = + 623	
Actif circulant 1 105	Passif circulant 645
	BFR = (BFRE + BFRHE) **460** = 505 – 45
Trésorerie active 173	Trésorerie passive 10
	Trésorerie nette + 163

FRNG = BFR + trésorerie nette, d'où Trésorerie nette = FRNG – BFR
(623 = 460 + 163) (163 = 623 – 460).

FRNG	C'est l'excédent des ressources stables sur les emplois stables : il représente donc la partie du financement stable disponible pour financer l'exploitation.
BFR	– Le BFR d'exploitation (BFRE) correspond au besoin de financement généré par le cycle d'exploitation. Il s'obtient ainsi : stocks + créances d'exploitation – dettes d'exploitation. Dans la mesure où ce besoin se renouvelle sans cesse compte tenu des multiples opérations d'achat et de vente, le BFRE est stable. Par conséquent, on peut le considérer comme un investissement dont il faudrait assurer le financement : il doit donc être entièrement financé par le FRNG. – Le BFR hors exploitation (BFRHE) s'obtient ainsi : créances diverses HE – dettes diverses HE. Il n'a pas le même caractère de stabilité ; le financement par le FRNG n'est pas indispensable.
Trésorerie nette	Elle résulte de la différence entre le FRNG et le BFR. Elle sera positive si le FRNG est supérieur au BFR. Dans le cas contraire, elle sera négative et l'entreprise sera obligée d'emprunter.

2.5. Les ratios de l'analyse fonctionnelle

Les ratios prennent tout leur intérêt lors des comparaisons dans le temps ou par rapport à d'autres entreprises situées dans le même secteur d'activité.

Ratio	Calcul	Valeur et commentaire
Financement des immobilisations	$\frac{\text{Financement stable}}{\text{Emplois stables}}$	Si le ratio est supérieur à 1, cela signifie que le FRNG est positif, donc que les emplois stables sont intégralement financés par des financements stables. L'équilibre financier est alors respecté. EX. SUITE 1 733 / 1 110 = 1,56.
Structure de l'actif	$\frac{\text{Emplois stables}}{\text{Total Actif}}$	Plus ce ratio est proche de 1, plus cela indique qu'il s'agit d'une entreprise de production bien dotée en immobilisations. EX. SUITE 1 110 / 2 388 = 0,46.
Indépendance financière	$\frac{\text{Capitaux propres}}{\text{Dettes financières}}$	Ce ratio mesure le rapport de force entre les associés et les banquiers dans la participation à la gestion de l'entreprise. EX. SUITE 510 / 600 = 0,85.
Rentabilité des capitaux propres	$\frac{\text{Résultat}}{\text{Capitaux propres}}$	Ce taux de rentabilité est à comparer à la rentabilité que pourraient offrir d'autres modes de placement (livret d'épargne…). EX. SUITE −25 / 510 = −4,9 %

2.6. Le financement des investissements

Pour financer au mieux un investissement, toute UC doit respecter les équilibres financiers (FRNG positif et suffisant pour financer le BFRE notamment).
Si elle ne fait pas appel à des sources de financement extérieures, la seule ressource interne dont dispose elle est sa capacité à générer elle-même un surplus de liquidités : ce surplus provient du résultat net qu'elle conserve pour elle-même, ainsi que des dotations aux amortissements et aux provisions qui constituent une sorte de réserve d'argent permettant de réinvestir. Ce sont les éléments de la capacité d'autofinancement de l'UC.

Mots-clés

BILAN COMPTABLE, BILAN FONCTIONNEL, FONDS DE ROULEMENT NET GLOBAL (FRNG), BESOIN EN FONDS DE ROULEMENT (BFR), TRÉSORERIE NETTE

23 Les ressources externes de financement

1. Les différents outils de financement externe
1.1. L'augmentation de capital
1.2. L'emprunt
1.3. La location financière (ou location longue durée : LDD)
1.4. Le crédit-bail (ou location avec option d'achat : LOA)
2. Les différentes modalités de remboursement
2.1. Le remboursement *in fine*
2.2. Le remboursement par amortissement constant
2.3. Le remboursement par annuité constante

Assez restreint en pratique, le financement interne sert essentiellement à financer le remplacement des investissements existants ; il est donc indispensable de se tourner vers des sources externes, notamment en cas de croissance externe de l'entreprise.

1. Les différents outils de financement externe

1.1. L'augmentation de capital

Elle peut se faire par :
- incorporation de réserves (les réserves sont transformées en actions) ;
- apport en nature (émission de nouvelles actions en contrepartie d'actifs mis à la disposition de l'entreprise) ;

EXEMPLE Un associé apporte un local commercial.

- apport en numéraire (émission de nouvelles actions en contrepartie de liquidités mises à la disposition de l'entreprise).

De ces trois modalités, seule l'augmentation de capital par apport en numéraire est source de financement, car elle seule permet à l'entreprise de disposer de fonds supplémentaires.

1.2. L'emprunt

L'entreprise s'adresse aux banques pour trouver les ressources stables dont elle a besoin pour financer totalement ou partiellement ses investissements.

1.3. La location financière (ou location longue durée : LLD)

Il s'agit d'une location simple (sans option d'achat au terme du contrat de location) conclu entre un bailleur qui achète le bien et une entreprise qui loue ce bien.

1.4. Le crédit-bail (ou location avec option d'achat : LOA)

Le crédit-bail est un contrat de location d'une durée déterminée assorti d'une promesse de vente. Ce contrat est passé entre une banque (ou une société spécialisée), nommée le « crédit-bailleur », qui est le propriétaire du bien, et une entreprise industrielle ou commerciale, qui est le locataire.

En fin de contrat, cette dernière peut :
- soit renoncer à la location ;
- soit renouveler le contrat ;
- soit racheter le bien au prix fixé dans le contrat (en levant l'option d'achat).

Comparaison des différents outils de financement :

		Capitaux propres	Emprunt	Location (LLD)	Crédit-bail (LOA)
Généralités	Aspect juridique	Pleine propriété du bien qui figure au bilan	Pleine propriété du bien qui figure au bilan	Simple location : le bien appartient au bailleur	Location (mais mêmes droits d'usage qu'un propriétaire) + rachat possible au terme du contrat
	Contrepartie	Dividendes à verser	Intérêts à verser	Loyers à verser	Redevances à verser
Avantages	Fiscal	TVA récupérable sur le bien	– TVA récupérable sur le bien – Intérêts déductibles du bénéfice imposable	– TVA récupérable sur les loyers – Loyers déductibles du bénéfice imposable	– TVA récupérable sur les redevances – Redevances déductibles du bénéfice imposable
	Financier	– Renforce la solvabilité vis-à-vis des tiers – Conserve la capacité d'emprunt – Pas de remboursement des fonds mis à disposition	Pas de mise de fonds à prévoir si financement à 100 %	– Neutre : seule la dépense de loyer est à payer – Pas de mise de fonds à prévoir	– Neutre : seule la redevance est à payer – Pas de mise de fonds à prévoir
	Gestion			Bien en bon état et récent.	Bien en bon état et récent.
Limites	Coût	Faussement gratuit : il faut penser à rémunérer les actionnaires	Intérêts à payer (connus à l'avance en cas de taux fixes)	Élevé : outre la rémunération du bailleur, services associés parfois coûteux	Assez élevé : il faut rémunérer le crédit bailleur
	Prérequis	Modification des statuts de l'entreprise	Suppose une capacité d'endettement suffisante	Suppose que le marché de la location existe pour certains biens	Suppose que le marché du crédit-bail existe pour certains biens
	Risques	Dilution des capitaux si nouveaux actionnaires	Réduit l'autonomie financière		

2. Les différentes modalités de remboursement

VOCABULAIRE

- *Amortissement : part de remboursement de l'emprunt. La somme des amortissements doit être égale au capital emprunté.*
- *Intérêts : coût de l'emprunt.*
- *Annuité : paiement effectif annuel (ou mensualité si paiement mensuel).*
  Annuité = intérêts + amortissement.

2.1. Le remboursement *in fine*

Le capital est remboursé en totalité à la fin de la période de prêt.

EXEMPLE

Élément	Valeur	Variable
Capital emprunté (valeur actuelle)	300 000 €	V_0
Taux annuel	10 % = 10 / 100 = 0,10	T
Durée	5 ans	n

Année	Capital en début de période	Intérêts	Amortissement	Annuité	Capital en fin de période
1	300 000	30 000	0	30 000	300 000
2	300 000	30 000	0	30 000	300 000
3	300 000	30 000	0	30 000	300 000
4	300 000	30 000	0	30 000	300 000
5	300 000	30 000	300 000	330 000	0
Total		**150 000**	**300 000**	**450 000**	

2.2. Le remboursement par amortissement constant

Le capital est remboursé par périodes en fractions égales.

EX. *SUITE*

Année	Capital en début de période	Intérêts	Amortissement	Annuité	Capital en fin de période
1	300 000	30 000 (1)	60 000 (2)	90 000 (3)	240 000 (4)
2	240 000	24 000	60 000	84 000	180 000
3	180 000	18 000	60 000	78 000	120 000
4	120 000	12 000	60 000	72 000	60 000
5	60 000	6 000	60 000	66 000	0
Total		**90 000**	**300 000**	**390 000**	

1. Intérêts = capital en début de période × taux = 300 000 × 10 % = 30 000.
2. Amortissement constant = capital emprunté / durée = V_0 / n = 300 000 / 5 = 60 000.
3. Annuité = amortissement + intérêts.
4. Capital en fin période = capital début période – amortissement constant.

2.3. Le remboursement par annuité constante

Le montant à payer au titre de chaque période est identique (constant) ; c'est la modalité de remboursement la plus courante.

Calcul de l'annuité constante :

$$\text{Annuité} = V_0 \times \frac{T}{1-(1+T)^{-n}}$$

EX. SUITE

Année	Capital en début de période	Intérêts	Amortissement	Annuité	Capital en fin de période
1	300 000	30 000 (1)	49 139 (3)	79 139 (2)	250 861 (4)
2	250 861	25 086	54 053	79 139	196 808
3	196 808	19 681	59 458	79 139	137 349
4	137 349	13 735	65 404	79 139	71 945
5	71 945	7 194	71 945	79 139	0
Total		**95 696**	**300 000**	**395 696**	

1. Intérêt = capital début de période × taux = 300 000 × 10 % = 30 000.
2. Annuité = 300 000 × [0,10 / (1 – $(1,10)^{-5}$)] = 79 139 (constante sur 5 ans).
3. Donc : amortissement = annuité – intérêt = 79 139 – 30 000 = 49 139.
4. Capital en fin période = capital en début période – amortissement.

Remarque

Les remboursements ne sont pas obligatoirement annuels : ils peuvent être mensuels, trimestriels… Seuls le taux et le nombre de périodes changent : ceux-ci doivent être obligatoirement cohérents (taux mensuel et durée exprimée en mois, taux semestriel et durée exprimée en nombre de semestres…) :

Élément	Mensualité	Trimestrialité
Capital	V_0 = 300 000 €	V_0 = 300 000 €
Taux proportionnel	Tm = T / 12 soit 0,833 3 %	Tt = 10 % / 4 soit 2,5 %
Nombre de périodes	n × 12 soit 60 mois	n × 4 soit 20 trimestres

Mots-clés

ANNUITÉ, AMORTISSEMENT D'EMPRUNT, CRÉDIT-BAIL, LOCATION LONGUE DURÉE

24 La rentabilité des investissements

1. La prise en compte du temps
1.1. La problématique temporelle en matière d'investissement
1.2. La capitalisation
1.3. L'actualisation
2. Les critères de choix d'investissement
2.1. La valeur actuelle nette (VAN)
2.2. Le taux de rentabilité interne (TRI)
2.3. Le délai de récupération du capital (DRC)
2.4. L'indice de profitabilité (IP)
3. La détermination des flux de trésorerie
3.1. Détermination de la CAF à partir de l'EBE
3.2. Détermination de la CAF à partir du résultat

Selon le mode de fonctionnement de l'UC, le manager dispose d'une plus ou moins grande autonomie en matière de choix d'investissements. Dans le cas où il gère l'intégralité de son centre de profit, il doit être capable de choisir l'investissement qui sera le plus rentable.

1. La prise en compte du temps

1.1. La problématique temporelle en matière d'investissement

EXEMPLE Soit un projet d'investissement susceptible de générer les flux de liquidités suivants :

Dépense initiale 1er janvier N	Gain au 31/12/N	Gain au 31/12/N+1	Gain au 31/12/N+2	Gain au 31/12/N+3
– 2000	+ 500	+ 600	+ 900	+ 300

Le projet semble rentable car le total des gains (500 + 600 + 900 + 300 = 2300) est supérieur au total des dépenses (– 2000).

La valeur monétaire de l'euro en N n'est pas comparable dans le temps, car 1 € en année N n'a pas la même valeur en N + X années. Il convient donc d'actualiser les sommes pour intégrer le coût du temps par le biais d'un taux d'actualisation noté « t ».

REMARQUE

Ce taux sera indiqué dans tous les exercices ; il est propre à chaque contexte et doit intégrer divers paramètres :
– l'inflation ;
– le coût d'opportunité (la même somme aurait pu être placée ailleurs) ;
– le taux de rendement habituel des capitaux au sein de l'entreprise…

1.2. La capitalisation

La capitalisation permet de déterminer la valeur future d'une somme d'argent équivalente à celle dont on dispose aujourd'hui, compte tenu d'un taux d'intérêt « t ».

EXEMPLE Le 1er janvier N, on dépose 4000 € sur un compte épargne rémunéré au taux t de 10 % l'an. Les intérêts s'ajoutent au capital à la fin de l'année et sont replacés par la suite : c'est le principe des intérêts composés. On obtient le tableau suivant :

Capital initial au 1/01/N+1 C_0	Valeur acquise au 31/12/N+1 C_1	Valeur acquise au 31/12/N+2 C_2	Valeur acquise au 31 /12/N+3 C_3	Valeur acquise au 31/12/ N+4 C_4
4000 €	4400 €	4840 €	5324 €	5856,40 €

Le coefficient multiplicateur permettant de passer d'une valeur à une autre est de : $(1 + 10\,\%) = 1{,}10$.
Ainsi on observe :
$C_3 = C_2\,(1{,}10) = C_1\,(1{,}10)(1{,}10) = C_0\,(1{,}10)(1{,}10)(1{,}10) = C_0\,(1{,}10)^3$
La valeur acquise au bout de n années est donc : $C_n = C_0\,(1+t)^n$

1.3. L'actualisation

C'est le phénomène inverse de la capitalisation. Elle consiste à ramener à la date d'aujourd'hui la valeur d'une future rentrée d'argent. C'est une méthode indispensable en matière de choix d'investissement car, dans cette problématique, les flux futurs seront ramenés à la période 0, soit le jour de la réalisation de l'investissement.
Connaissant C_3, on peut retrouver C_0 :
$C_3 = C_0\,(1{,}10)^3$; $C_0 = C_3\,(1{,}10)^{-3}$; donc $C_0 = C_n\,(1+t)^{-n}$

EX. SUITE $C_0 = 5\,324\,(1{,}10)^{-3} = 4\,000$.

2. Les critères de choix d'investissement

2.1. La valeur actuelle nette (VAN)

La VAN consiste à comparer encaissements et décaissements en les actualisant à la date de réalisation de l'investissement :

VAN = Σ Encaissements actualisés – Σ Décaissements actualisés
ou VAN = Σ des flux de trésorerie actualisés.

On retiendra donc les projets d'investissement dont la VAN est supérieure à 0.

EXEMPLE M. Wecker, responsable d'une société spécialisée dans les surgelés, envisage l'achat de nouveaux congélateurs pour 86 000 € HT (prix usine chez le fournisseur). Les frais de transport s'élèvent à 1 000 € HT, et les frais de mise en service à 3 000 € HT. Cette machine, d'une durée probable d'utilisation de 5 ans, permettrait à la société d'obtenir les flux de trésorerie suivants :

Année	0	1	2	3	4	5
Flux		+ 22 000	+ 25 000	+ 27 000	+ 28 000	+ 30 000

Le coût de l'investissement à la période 0 (début année 1) s'élève à :
86 000 € + 1 000 € + 3 000 € = 90 000 € (soit un flux de – 90 000).

La valeur actuelle nette au taux de 10 % pour cet investissement peut être déterminée en complétant le tableau ci-après :

Périodes	Flux réels de trésorerie	Coefficient d'actualisation	Flux actualisés de trésorerie
0	– 90 000	$(1{,}10)^0 = 1{,}000\,00$	– 90 000,00
1	22 000	$(1{,}10)^{-1} = 0{,}909\,00$	20 000,00
2	25 000	$(1{,}10)^{-2} = 0{,}826\,45$	20 661,16
3	27 000	$(1{,}10)^{-3} = 0{,}751\,31$	20 285,50
4	28 000	$(1{,}10)^{-4} = 0{,}683\,01$	19 124,38
5	30 000	$(1{,}10)^{-5} = 0{,}620\,92$	18 627,64
Totaux			**8 698,67**

Conclusion : la VAN de ce projet est de 8 698,67 €, donc le projet est rentable au taux de 10 %.

2.2. Le taux de rentabilité interne (TRI)

C'est le taux de rapport de l'investissement. Il correspond au taux qui annule la VAN, c'est-à-dire le taux pour lequel les encaissements actualisés deviennent équivalents aux décaissements actualisés. À défaut d'outil informatique, il est possible d'approcher sa valeur par interpolation linéaire.

EXEMPLE Au taux de 10 %, la VAN est de 8 698 €. En reproduisant la même démarche que précédemment mais avec un taux de 15 %, la VAN serait de – 3 288 €.

	A	B	C	Écart A – B	Écart A – C
Taux en %	10	TRI = 10 + x	15	x	5
VAN	+ 8 698	0	– 3 288	8 698	11 986

Les données en rouge forment un tableau de proportionnalité, d'où l'on peut déduire :
x = (5 × 8 698) / 11 986 = 3,63, soit ici un TRI de 13,63 %. Tout se passe comme si un investisseur percevait 13,63 € pour une mise de fonds de 100 €.

2.3. Le délai de récupération du capital (DRC)

Il correspond au temps nécessaire pour récupérer le capital investi. On cumule les flux de trésorerie jusqu'au moment où le cumul est égal au coût de l'investissement. Ce calcul est très utile pour départager deux projets : on retiendra celui qui a le DRC le plus court.

EXEMPLE

Périodes	Flux réels de trésorerie	Flux actualisés de trésorerie	Cumul des flux actualisés
0	– 90 000	– 90 000,00	– 90 000,00
1	22 000	20 000,00	– 70 000,00
2	25 000	20 661,16	– 49 338,84
3	27 000	20 285,50	– 29 053,34
4	28 000	19 124,38	– 9 928,97
5	30 000	18 627,64	8 698,67

Conclusion : le coût de l'investissement est récupéré au cours de la 5e année. Pour une réponse plus précise, on procède par interpolation linéaire comme précédemment :

	A	B	C	Écart A – B	Écart A – C
Année	5	x	4	x mois	12 mois
Flux cumul.	+ 8 698	0	– 9 928	8 698	18 626

D'après les données en rouge qui forment un tableau de proportionnalité, on peut déduire :
x = (12 × 8 698) / 18 626 = 5,6 mois, soit un DRC de 4 ans et 5,6 mois, soit 5 mois et 18 jours.

2.4. L'indice de profitabilité (IP)

Ce critère est très utile pour comparer des investissements de montants différents. Il permet de relativiser le montant de la VAN par rapport au montant de l'investissement : IP = 1 + (VAN / montant de l'investissement).

EX. SUITE IP = 1 + (8 698 / 90 000) = 1,0967.

En comparaison, un autre projet d'un montant initial de 45 000 € avec une VAN de 6 000 € serait rejeté sur le seul critère de la VAN. Or, il faudrait au contraire le retenir car son IP est supérieur :
IP = 1 + (6 000 / 45 000) = 1,133.

3. La détermination des flux de trésorerie

Les quatre critères de choix d'investissement sont tous fondés sur les flux de trésorerie (appelés aussi « flux de liquidités » ou « suppléments de capacité d'autofinancement »). Deux méthodes existent pour les calculer.

3.1. Détermination de la capacité d'autofinancement (CAF) à partir de l'EBE

Cette méthode peu utilisée fait la différence entre les produits encaissés et les charges décaissées. Elle est longue et suppose que les SIG soient élaborés au préalable.

Année	1 à 5
EBE + Autres produits d'exploitation – Autres charges d'exploitation + Produits financiers (sauf reprises) – Charges financières (sauf dotations) + Produits exceptionnels (sauf reprises) – Charges exceptionnelles (sauf dotations) – Impôt sur les bénéfices – Participation	
= Capacité d'autofinancement (ou flux)	

3.2. Détermination de la CAF à partir du résultat

Flux (ou CAF) = résultat après impôt + dotations aux amortissements.

EXEMPLE

Année	0	1	2	3	4	5
Chiffre d'affaires		36 000	40 500	45 000	50 000	54 000
– Charges (dont amortissements)		– 30 000	– 30 000	– 31 500	– 35 000	– 36 000
= Résultat avant impôt		6 000	10 500	13 500	15 000	18 000
– Impôt sur les sociétés (33 %)		– 2 000	– 3 500	– 4 500	– 5 000	– 6 000
= Résultat après impôt		4 000	7 000	9 000	10 000	12 000
+ Dotations (90 000/5)		18 000	18 000	18 000	18 000	18 000
= Flux de trésorerie	– 90 000	22 000	25 000	27 000	28 000	30 000

Mots-clés

INVESTISSEMENT, ACTUALISATION, CAPITALISATION, VALEUR ACTUELLE NETTE (VAN), TAUX DE RENTABILITÉ INTERNE (TRI), DÉLAI DE RÉCUPÉRATION DU CAPITAL (DRC), INDICE DE PROFITABILITÉ (IP), CAPACITÉ D'AUTOFINANCEMENT (CAF), FLUX DE TRÉSORERIE

25 Charges fixes et variables et seuil de rentabilité

1. Définition des charges
2. Le compte de résultat différentiel
3. Le seuil de rentabilité
3.1. Définition
3.2. Représentation graphique
3.3. Le point mort
4. Les limites de l'analyse

Toutes les UC ont des charges de structure. L'enjeu est de déterminer le niveau de CA permettant de réaliser un bénéfice.

1. Définition des charges

Charges fixes (ou de structure)	Charges variables	Charges semi-variables
Elles sont indépendantes du niveau d'activité de l'UC. 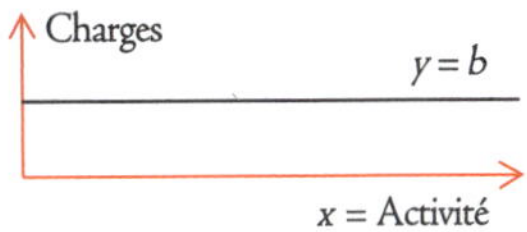 Ex. : Les loyers restent fixes quel que soit le niveau d'activité.	Elles dépendent du niveau d'activité de l'UC. 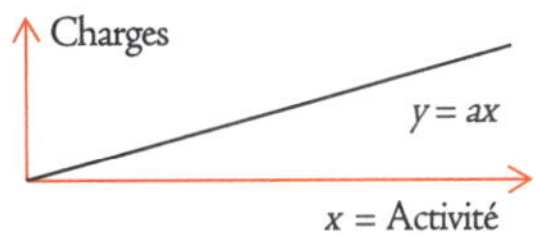 Ex : Les achats de marchandises : plus l'UC vend, plus elle doit acheter.	Elles comportent à la fois des éléments fixes et variables. 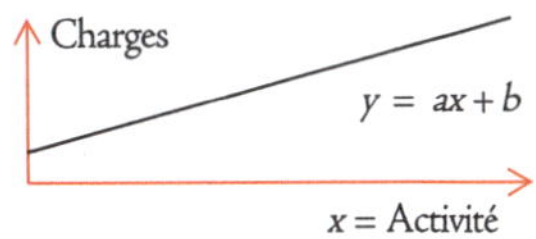 Ex : Les commerciaux percevant un fixe + des commissions.

Le niveau d'activité se mesure en unités monétaires (chiffre d'affaires) ou en unités physiques (nombre de produits vendus). En l'absence de CA, les charges fixes pèsent directement sur le résultat : la rentabilité est directement liée au niveau d'activité.

2. Le compte de résultat différentiel

Il distingue les charges variables et les charges fixes. Par différence entre le CA et les charges variables, il met en évidence la marge sur coût variable (MCV). La MCV doit être suffisamment importante pour couvrir les charges fixes. Si tel est le cas, l'entreprise réalisera un bénéfice ; dans le cas contraire, ce sera une perte.

EXEMPLE

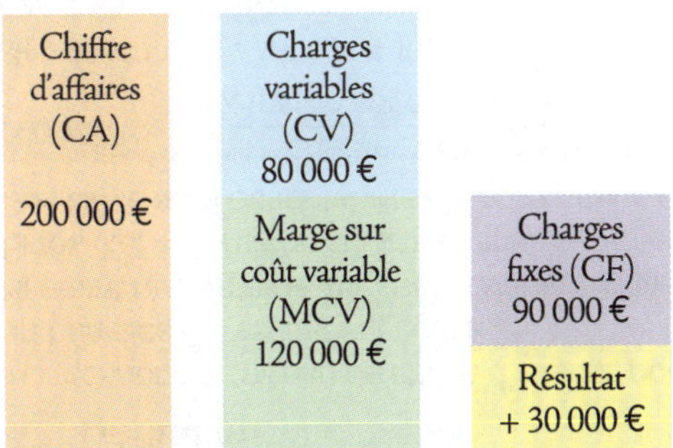

Par différence entre le chiffre d'affaires et les charges variables (200 000 – 80 000), on obtient la marge sur coût variable (MCV = 120 000).

Le taux de MCV, qui correspond à la part de MCV sur le CA, s'établit à 60 % : (120 000/200 000 = 0,60 ou 60 %).

3. Le seuil de rentabilité

3.1. Définition

Il correspond au niveau de chiffre d'affaires pour lequel l'entreprise commence à faire un bénéfice (le résultat est égal à 0).
Sachant que : marge sur coût variable = charges fixes + résultat
Si résultat = 0, marge sur coût variable = charges fixes
Soit SR le seuil de rentabilité cherché : (taux de MCV × SR) = charges fixes

D'où $SR = \frac{\text{charges fixes}}{\text{taux marge sur coût variable}}$

EX. SUITE SR = 90 000 / 0,60 = 150 000 €. Il faut donc que l'UC fasse au moins un chiffre d'affaires de 150 000 € pour réaliser un bénéfice.

3.2. Représentation graphique

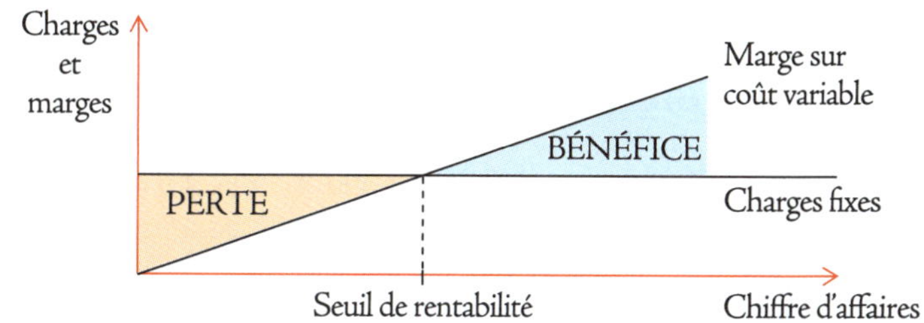

3.3. Le point mort

C'est la date à laquelle l'UC atteint son seuil de rentabilité.

$$\text{Point mort} = \frac{SR}{CA} \times \text{temps d'activité}$$

EX. SUITE SR = 150 000 € et CA = 200 000 €.
Donc, pour 360 jours d'activité : (150 000 / 200 000) × 360 = 270 jours, soit le 1er octobre.

4. Les limites de l'analyse

- Les charges fixes évoluent dans le temps par palier : si l'activité de l'UC se développe, il faut agrandir le local commercial, d'où des frais fixes supplémentaires.
- L'activité n'est pas toujours régulière, elle peut être saisonnière.
- La distinction entre charges fixes et charges variables est parfois difficile à établir : certaines charges varient mais pas de façon proportionnelle au chiffre d'affaires (ex. : dépenses de chauffage).

Mots-clés

SEUIL DE RENTABILITÉ, POINT MORT, CHARGES FIXES, CHARGES VARIABLES, MARGE SUR COÛT VARIABLE

26 Les coûts complets

1. Charges directes et charges indirectes
1.1. Les charges directes
1.2. Les charges indirectes
2. La démarche d'analyse des charges
3. Le tableau de répartition des charges indirectes
3.1. Principe
3.2. Détermination du coût des unités d'œuvre (UO)
4. La structure des coûts dans l'UC
4.1. L'enchaînement des coûts
4.2. Le coût d'achat
4.3. La prise en compte des stocks
4.4. Le coût de revient et le résultat
5. Les limites de l'analyse

Pour fixer au mieux ses prix de vente, l'UC doit connaître ses coûts, à savoir l'ensemble des charges liées à ses produits, rayons et activités.

1. Charges directes et charges indirectes

La méthode des coûts complets permet de déterminer l'ensemble des couts afférant à un produit, une activité… Or, certaines charges peuvent y être affectées directement, d'autres non. Il convient donc de les distinguer.

1.1. Les charges directes

Une charge directe est une charge qui peut être affectée sans ambiguïté à un coût.

EXEMPLE La rémunération de la force de vente est liée à la phase de distribution.

1.2. Les charges indirectes

Par opposition, une charge indirecte n'est pas directement imputée à un coût. Elle nécessite d'être imputée sur différents coûts, à travers un tableau de répartition.

EXEMPLE Les charges d'électricité ou de téléphone concernent aussi bien la phase d'achat que la phase de distribution.

2. La démarche d'analyse des charges

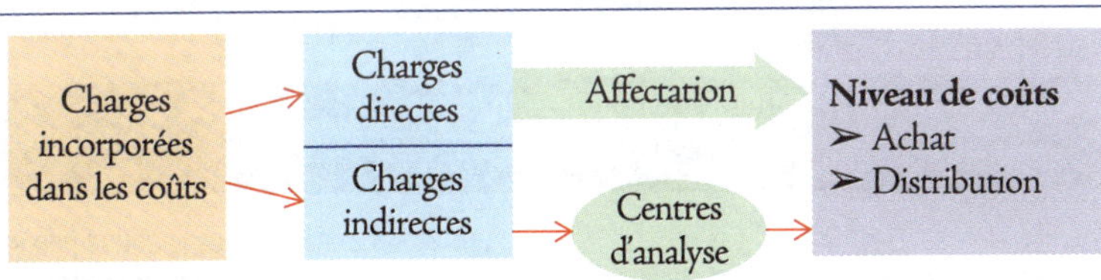

3. Le tableau de répartition des charges indirectes

3.1. Principe

Ce tableau permet de répartir les charges indirectes dans les centres d'analyse par le biais de clés ou pourcentages de répartition. Ces centres correspondent à une division de l'entreprise ou à un service. On distingue :
– les centres principaux : les coûts peuvent y être directement affectés ;
– les centres auxiliaires : leur rôle est de fournir des prestations aux autres centres. Par conséquent, ceux-ci doivent être répartis dans les centres principaux.

3.2. Détermination du coût des unités d'œuvre (UO)

L'objectif du tableau de répartition est de pouvoir affecter les charges indirectes aux différents niveaux de coûts. Dans un premier temps, les charges indirectes sont réparties dans tous les centres, auxiliaires et principaux. Dans un second temps, les centres auxiliaires sont répartis à leur tour dans les centres principaux.
Il est alors possible d'imputer les charges indirectes des centres principaux grâce aux unités d'œuvre, qui sont des indicateurs permettant de mesurer au mieux l'activité d'un centre.

$$\text{Coût d'une unité d'œuvre} = \frac{\text{Coût du centre d'analyse}}{\text{Nombre d'unités d'œuvre}}$$

EXEMPLE La société SCOPS est spécialisée dans la distribution de télescopes. Son tableau de répartition des charges indirectes de l'année N se présente comme suit :

Éléments	Total	Centres auxiliaires		Centres principaux		
		Entretien	Informatique	Approv.	Distribution	Siege social
Fournitures	20000	50 % 10000	12,5 % 2500	0	12,5 % 2500	25 % 5000
Services extérieurs	60000	10 % 6000	30 % 18000	20 % 12000	20 % 12000	20 % 12000
Impôts et taxes	10000		25 % 2500	25 % 2500	25 % 2500	25 % 2500
Charges de personnel	500000	30 % 150000	20 % 100000	15 % 75000	25 % 125000	10 % 50000
Charges de gestion	22500			30 % 6750	35 % 7875	35 % 7875
Total de la répartition primaire	**612500**	**166000**	**123000**	**96250**	**149875**	**77375**
Centre entretien	0	– 100 % – 166000	10 % 16600	30 % 49800	25 % 41500	35 % 58100
Centre informatique	0		– 100 % – 139600	20 % 27920	45 % 62820	35 % 48860
Total répartition secondaire	**612500**	**0**	**0**	**173970**	**254195**	**184335**
Nom de l'unité d'œuvre (UO)				100 € d'achat	1 produit vendu	100 € de chiffre d'affaires
Nombre d'UO				6837	4000	31000
Coût de l'UO				**25,445 €**	**63,55 €**	**5,946 €**

Les centres auxiliaires sont répartis dans les centres principaux

Seuls les centres principaux possèdent des unités d'œuvre (UO) ; ces indicateurs mesurent au mieux l'activité d'un centre.

25,445 € = 173970 € / 6837 UO
6837 UO donnent 683700 € d'achats

4. La structure des coûts dans l'UC

4.1. L'enchaînement des coûts

Chaque coût est composé de charges directes et de charges indirectes. Les coûts s'empilent ainsi pour former au final le coût de revient :

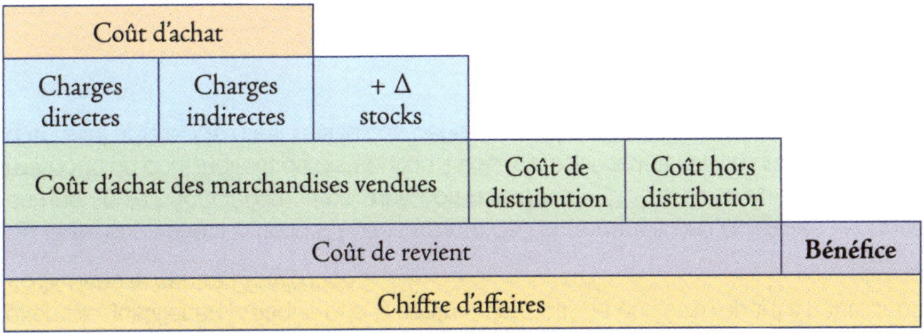

4.2. Le coût d'achat

Le coût d'achat comprend le prix d'achat des marchandises auquel on ajoute les charges directes et indirectes d'achat (transport, commissions d'achat, droits de douane…).

EX. SUITE La société SCOPS veut connaître le résultat qu'elle réalise sur un modèle particulier de télescope, le P500, commercialisé au cours de l'année N. Elle en a acheté 200 à 450 € pièce au fabricant, auxquels il faut ajouter 5 € pour le transport. Les commerciaux perçoivent une commission de 3 % du CA HT encaissé. Au cours de l'année, 180 P500 ont été vendus à 700 € HT l'unité. La SCOPS avait 50 P500 en début d'année au prix unitaire de 512 €. Les stocks sont évalués au CMUP de fin de période.

Coût d'achat des 200 P500 achetés en N

Élément de coût	Qté	PU	Montant
Prix d'achat (direct)	200 produits	450 €	90 000 €
Frais de transport (direct)	200 produits	5 €	1 000 €
Charges d'approvisionnement (indirect)	900 UO (1)	25,445 €	22 900 €
Coût d'achat des produits achetés	200 produits	569,50 €	113 900 €

(1) Charges indirectes du centre Approvisionnement : 1 UO = 100 € d'achat ; donc 90 000 € d'achats = 900 UO.

4.3. La prise en compte des stocks

Les produits achetés ne sont pas tous vendus. De plus, la valeur des entrées évolue au fil du temps. L'élaboration d'un compte de stock est donc indispensable.

EX. SUITE

Stock de P500

	Qté	PU	Montant		Qté	PU	Montant
Stock initial	50	512,00	25 600	Sorties	180	558,00	100 440
Entrées	200	569,50	113 900	Stock final	70	558,00	39 060
	250	**558,00**	**139 500**		**250**	**558,00**	**139 500**

Rappel

Les entrées doivent être valorisées au coût d'achat, dont le montant est déterminé au point précédent. Le CMUP est de 139 500 / 250 = 558 €. Il servira à valoriser les sorties et le stock final.

4.4. Le coût de revient et le résultat

Le coût de revient des produits vendus correspond au coût d'achat, auquel viennent s'ajouter tous les autres coûts imputables aux produits (coûts directs et indirects concernant les phase de distribution et hors distribution ; quote-part de frais généraux et administratifs…). C'est de ce point de vue un véritable coût complet. En le comparant au chiffre d'affaires réalisé, on obtient le résultat. Il s'agit d'une perte si le coût de revient est supérieur au chiffre d'affaires, et d'un bénéfice s'il est supérieur.

EX. SUITE

Détermination du coût de revient et du résultat sur les télescopes P500

Élément de coût	Qté	PU	Montant
Coût d'achat des produits vendus	180 produits	558 €	100 440 €
Charges directes de distrib. (commissions)	126 000	3 %	3 780 €
Charges indirectes de distribution	180 UO	63,55 €	11 439 €
Coût hors distribution (frais du siège social)	1 260 UO (1)	5,946 €	7 492 €
Coût de revient des produits vendus (a)	**180 produits**	**684,17 €**	**123 151 €**
Chiffre d'affaires (b)	**180 produits**	**700 €**	**126 000 €**
Résultat (b) – (a) → bénéfice	**180 produits**	**15,83 €**	**+ 2 849 €**

(1) CA = 126 000 €, soit 1 260 UO.

5. Les limites de l'analyse

La répartition des charges indirectes dans les centres d'analyse par le biais de pourcentages de répartition est parfois arbitraire.
Elles représentent pourtant une part non négligeable des charges. Comment, par exemple, justifier en pratique que le centre Informatique doit être réparti à hauteur de 45 % dans le centre Distribution ?

De plus, ces coûts ne tiennent pas compte de l'importance des quantités vendues en une seule négociation : ainsi, une commande de 1 000 articles aura selon cette méthode un coût indirect de distribution 1 000 fois supérieur à celle d'une commande d'un seul article. Ce n'est pas le cas dans la réalité.

Mots-clés

CHARGES INDIRECTES, CHARGES DIRECTES, COÛTS, TABLEAU DE RÉPARTITION, UNITÉ D'ŒUVRE

27 La fixation du prix

1. La fixation du prix à partir des coûts
1.1. La fixation du prix à partir du coût de revient
1.2. La fixation du prix à partir du coût d'achat
2. La fixation du prix à partir de la demande
2.1. L'élasticité de la demande par rapport au prix
2.2. Le prix psychologique
3. Les techniques de modulation des prix

Le prix est une variable clé du plan de marchéage. Il doit être cohérent avec les prix pratiqués par les concurrents, mais également avec la structure des coûts de l'UC, sans oublier la demande des clients.

1. La fixation du prix à partir des coûts

Dans l'idée d'assurer la pérennité de l'UC, le prix HT doit :
- couvrir au minimum le coût d'achat du produit (pas de vente à perte);
- contribuer à couvrir les charges de distribution;
- contribuer à la marge de l'UC.

1.1. La fixation du prix à partir du coût de revient

Prix de vente HT = coût de revient HT + marge.

1.2. La fixation du prix à partir du coût d'achat

a. Marge unitaire en valeur absolue
Prix de vente HT = coût d'achat HT + marge commerciale.

b. Marge exprimée en valeur relative

Taux de marge	Taux de marque	Coefficient multiplicateur
$\frac{\text{Marge commerciale}}{\text{Coût d'achat HT}}$	$\frac{\text{Marge commerciale}}{\text{Prix de vente HT}}$	$\frac{\text{Prix de vente TTC}}{\text{Coût d'achat HT}}$
Appliqué au coût d'achat HT, il permet d'obtenir la marge.	Appliqué au prix de vente HT, il permet d'obtenir la marge.	Appliqué au coût d'achat HT, il permet d'obtenir directement le prix de vente TTC.

2. La fixation du prix à partir de la demande

2.1. L'élasticité de la demande par rapport au prix

L'élasticité (E) mesure la variation de la demande (Δ D/D) par rapport à la variation des prix (Δ P/P) : E = (Δ D/D) / (Δ P/P). Logiquement, lorsque la demande augmente, le prix baisse et inversement. L'élasticité est généralement négative.

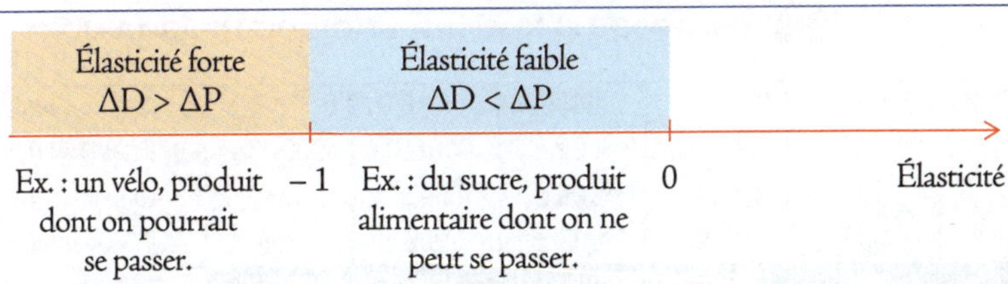

EXEMPLE

	Produit 1			Produit 2		
	Période 1	Période 2	% variation	Période 1	Période 2	% variation
Prix unitaire en € (P)	500	600	+ 20 %	500	600	+ 20 %
Quantité vendue (D)	500	250	– 50 %	500	450	– 10 %
Chiffre d'affaires en €	250 000	150 000	– 40 %	250 000	270 000	8 %
Élasticité	**E = – 0,5 / 0,2 = – 2,50 (forte)**			**E = – 0,1 / 0,2 = – 0,50 (faible)**		

2.2. Le prix psychologique (ou prix d'acceptabilité)

Il correspond à celui souhaité par le plus grand nombre d'acheteurs potentiels.

EXEMPLE Deux questions sont posées à un panel de 600 personnes : Q1 : « Au-dessus de quel prix n'achèteriez-vous pas ce produit car vous le trouveriez trop cher ? » ; Q2 : « Au dessous de quel prix n'achèteriez-vous pas ce produit car vous penseriez qu'il n'est pas de bonne qualité ? »

Prix proposé en €	Q1 : Non-acheteurs car prix trop cher	Q2 : Non-acheteurs car prix trop bas	Cumul croissant prix trop élevé	Cumul décroissant prix trop bas	Total des non-acheteurs	Total des acheteurs	% acheteurs
50	0	98	0	600	600	0	0,00 %
55	15	41	15	502	517	83	13,83 %
60	23	58	38	461	499	101	16,83 %
65	25	110	63	403	466	134	22,33 %
70	28	94	91	293	384	216	36,00 %
75	45	68	136	199	335	265	44,17 %
80	26	53	162	131	293	307	51,17 %
85	50	39	212	78	290	310	51,67 %
90	81	22	293	39	332	268	44,67 %
95	137	17	430	17	447	153	25,50 %
100	170	0	600	0	600	0	0,00 %
TOTAL	**600**	**600**	**A**	**B**	**C = A + B**	**600 – C**	

Le prix psychologique est ici de 85 € TTC : c'est à ce prix que l'on touche le moins de non-acheteurs (290), et donc *a fortiori* le plus d'acheteurs (310 / 600, soit 51,67 %).

3. Les techniques de modulation des prix

Le *yield management* consiste à faire varier le prix selon :
- la demande (ex. : un prix normal sur un marché pour rentabiliser le produit, et un prix d'appel pour conquérir d'autres marchés à plus faibles revenus) ;
- le moment (ex. : surtarification en période d'affluence) ;
- le type d'acheteur (étudiant, senior…).

L'objectif est de maximiser la marge ou le chiffre d'affaires de l'UC.
On peut également moduler le prix par le jeux des réductions (RRR, escomptes…).

Mots-clés

PRIX PSYCHOLOGIQUE, ÉLASTICITÉ-PRIX, TAUX DE MARGE, TAUX DE MARQUE, COEFFICIENT MULTIPLICATEUR, *YIELD MANAGEMENT*

28 La démarche budgétaire

1. La hiérarchie et l'interdépendance des différents budgets
2. La procédure budgétaire
2.1. L'intérêt de la procédure budgétaire
2.2. Le rôle du contrôleur de gestion
2.3. Les trois étapes de la procédure budgétaire.

Les budgets sont des outils de pilotage planifiant mois par mois les ventes, les approvisionnements et les charges. Ils sont hiérarchisés et font l'objet d'une procédure rigoureuse.

1. La hiérarchie et l'interdépendance des différents budgets

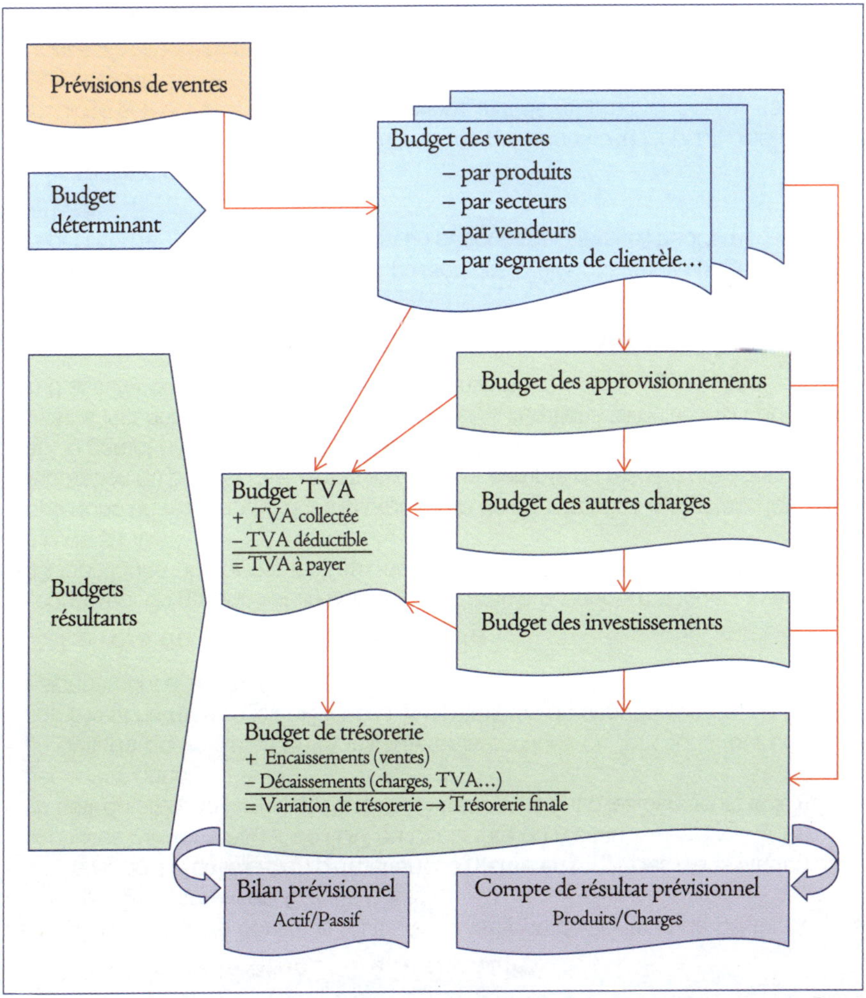

2. La procédure budgétaire

2.1. L'intérêt de la procédure budgétaire

La gestion budgétaire constitue toujours la méthode de contrôle de gestion la plus utilisée par les entreprises. C'est à la fois :

- un instrument d'anticipation permettant de mettre en œuvre les plans stratégiques souhaités par le manager de l'UC ou par la tête du réseau ;
- un outil de pilotage formalisé dans le contrat passé entre les décideurs et le manager opérationnel ;
- un outil de coordination entre les différents services ou fonctions (qui prend en compte et harmonise les exigences et contraintes de chaque service, de l'approvisionnement à la vente).

2.2. Le rôle du contrôleur de gestion

Le contrôleur de gestion est un collaborateur précieux pour le manager : il vérifie que l'UC fonctionne conformément aux objectifs assignés, en mettant sur pied divers outils de suivi.

Il joue donc un rôle central dans le processus de construction budgétaire (qui va de l'élaboration du budget des ventes aux bilan et compte de résultat prévisionnels), en étant le garant de la cohérence globale de celle-ci.

En cas d'incohérence, il devra faire de nouvelles itérations (simulations) budgétaires afin d'assurer la faisabilité et la fiabilité de l'ensemble.

2.3. Les trois étapes de la procédure budgétaire

a. Les prévisions budgétaires

Fondée sur l'observation de l'activité passée, les prévisions couvrent généralement une période de 1 an, tout en proposant un découpage mensuel, hebdomadaire, voire journalier.

b. Les réalisations

Le plus souvent, les réalisations diffèrent des prévisions. Aussi est-il utile que leur périodicité soit cohérente avec les prévisions afin de rapprocher prévisions et réalisations et mettre en évidence d'éventuels écarts. Par ailleurs, ce rapprochement doit se faire assez fréquemment pour repérer au plus tôt les dysfonctionnements éventuels.

c. Le contrôle par les écarts

Lorsque des écarts significatifs apparaissent, il faut en rechercher les causes.

Écart = réalisations – prévisions

Ces écarts peuvent faire l'objet d'une communication à travers les tableaux de bord (s'ils sont jugés pertinents). Leur analyse doit permettre la mise en place d'actions correctives, voire le réajustement des prévisions ultérieures.

Mots-clés

BUDGET, PROCÉDURE BUDGÉTAIRE, ÉCART, BUDGET DES VENTES, BUDGET DE TRÉSORERIE

29 Les méthodes de prévision des ventes

1. Les prévisions fondées sur l'extrapolation
1.1. Les représentations graphiques
1.2. La détermination du trend par ajustement linéaire
1.3. La réalisation d'une prévision annuelle
1.4. L'analyse des variations saisonnières
1.5. Les prévisions saisonnalisées
1.6. Complément : lissage d'une série chronologique
2. Les prévisions fondées sur la corrélation
2.1. La notion de corrélation
2.2. L'obtention du coefficient de corrélation
2.3. La droite d'ajustement (ou droite de régression)
2.4. Utilisation pour la prévision

Manager, c'est prévoir : le responsable d'UC doit définir les objectifs de ventes à venir, en prenant en compte la tendance générale et la saisonnalité.

1. Les prévisions fondées sur l'extrapolation

Dès lors qu'une UC dispose de données statistiques du passé, elle peut les utiliser pour anticiper l'avenir.

EXEMPLE On dispose, pour le point de vente de M. Durant, des CA trimestriels (en k€) suivants :

Trimestre	1	2	3	4	TOTAL
Année 1	2530	1610	1380	3680	**9200**
Année 2	3272	2083	1785	4760	**11900**
Année 3	3933	2502	2145	5720	**14300**
Année 4	5115	3255	2790	7440	**18600**
TOTAL	**14850**	**9450**	**8100**	**21600**	**54000**

L'observation de cette série chronologique montre qu'il s'agit d'une série statistique à 2 variables, dont l'une est le temps (*x*, par convention sera située sur l'axe des abscisses) et l'autre le chiffre d'affaires (*y* en ordonnées).

1.1. Les représentations graphiques

a. Le chronogramme parallèle

En superposant les années, ce type de graphique met en évidence la saisonnalité.

EX. SUITE

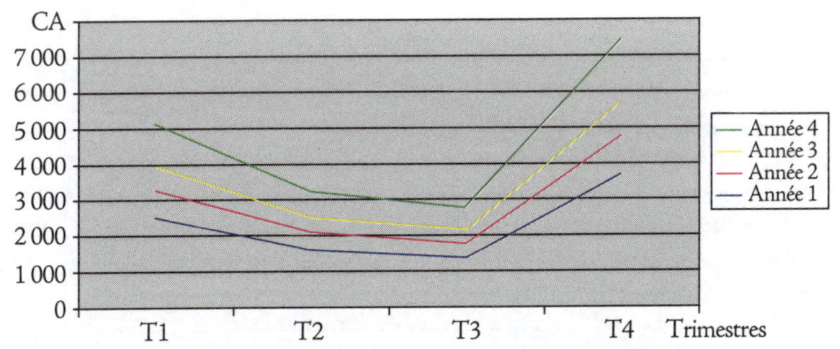

b. Le chronogramme séquentiel

ici, les données sont représentées chronologiquement.

EX. SUITE

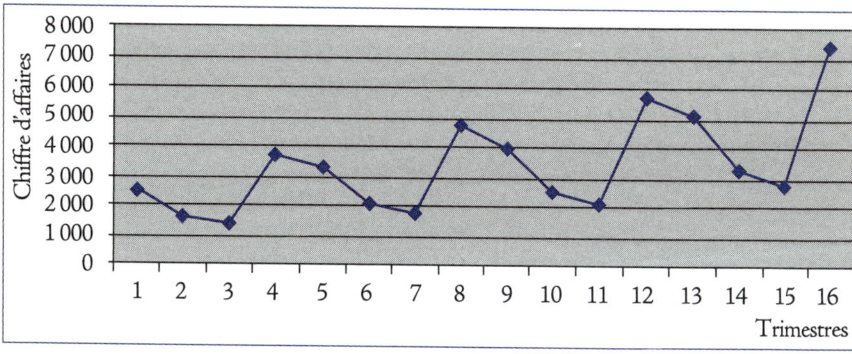

c. L'examen des représentations graphiques

Ces deux graphiques permettent de mettre en évidence :

– la tendance générale de fond (ou « trend »), qui évolue ici à la hausse ;

– les variations saisonnières : trimestre de haute/basse saison ;

– des variations accidentelles le cas échéant (inexistantes dans cette illustration).

1.2. La détermination du trend par ajustement linéaire

Trois grandes méthodes peuvent être utilisées. (Dans un souci de simplification, cet ajustement est fait ci-après à partir des données annuelles.)

a. La méthode des moindres carrés

C'est la méthode la plus juste d'un point de vue mathématique puisque minimisant la somme des écarts entre les points et la droite.

Selon la forme $y = ax + b$, cette droite passe par le point moyen $(\bar{x}, \bar{y})$.

EX. SUITE

Années X_i	CA annuel Y_i	$X_i = (x_i - \bar{x})$	$Y_i = (y_i - \bar{y})$	X_iY_i	X_i^2
1	9200	−1,5	−4300	6450	**2,25**
2	11900	−0,5	−1600	800	**0,25**
3	14300	0,5	800	400	**0,25**
4	18600	1,5	5100	7650	**2,25**
$\Sigma = 10$	$\Sigma = 54000$			$\Sigma = 15300$	$\Sigma = 5$
$\bar{x} = \frac{10}{4} = 2,5$	$\bar{y} = \frac{54000}{4} = 13500$				

Avec $a = \frac{\Sigma X_i Y_i}{\Sigma X_i^2} = \frac{15300}{5} = 3060$ et $b = \bar{y} - a\bar{x} = 13500 - 2,5 \times 3060 = 5850$.

Soit l'équation : $y = 3060x + 5850$.

b. La méthode de Mayer (ou double moyenne)

Les données sont partagées en deux sous-séries. Chacune comprend un nombre identique de données (voire une de plus dans la première sous-série en cas de nombre impair de données). La droite d'ajustement passera par les points moyens A et B de chaque sous-série de coordonnées $A(\bar{x}_1, \bar{y}_1)$ et $B(\bar{x}_2, \bar{y}_2)$.

EX. SUITE

Sous-série 1	
Années X_i	CA Y_i
1	9200
2	11900
$\bar{x}_1 = 1{,}5$	$\bar{y}_1 = 10550$

Sous-série 2	
Années X_i	CA Y_i
3	14300
4	18600
$\bar{x}_2 = 3{,}5$	$\bar{y}_2 = 16450$

Au point A : $\bar{y}_1 = a\bar{x}_1 + b$ soit $10550 = 1{,}5\ a + b$.

Au point B : $\bar{y}_2 = a\bar{x}_2 + b$, soit $16450 = 3{,}5\ a + b$.

On est alors en présence d'un système de 2 équations à 2 inconnues *a* et *b* :

$$\begin{array}{r} 10550 = 1{,}5\ a + b \\ 16450 = 3{,}5\ a + b \\ \hline 5\,900 = 2\ a \end{array}$$

soit $a = 5900 / 2 = 2950$

b s'obtient en remplaçant *a* par sa valeur dans une des 2 équations :

$10550 = 1{,}5 \times 2950 + b$

soit $b = 6125$

L'équation obtenue est $y = 2950x + 6125$.

c. La méthode des points extrêmes

On détermine les coordonnées du point le plus bas C (1, 9200) et du point le plus haut D (4, 18600). La démarche est alors la même que pour la méthode précédente et aboutit à un système de deux équations à deux inconnues.

EX. SUITE L'équation obtenue sera : $y = 3133x + 6067$.

d. Bilan des trois méthodes d'ajustement

Moindres carrés	Méthode de Mayer	Points extrêmes
Méthode la plus juste d'un point de vue mathématique. Longue à mettre en place. → à utiliser en PDUC	Méthode intermédiaire mathématiquement acceptable et assez rapide à élaborer.	Méthode très rapide mais qui ne prend en compte que 2 points (pas forcément représentatifs de l'ensemble de la série). → à éviter à l'examen.

Ces trois méthodes basées sur des événements passés supposent que ceux-ci se reproduiront dans le futur. Or, dans la réalité, tout dépend du comportement des consommateurs et de l'action des concurrents.

1.3. La réalisation d'une prévision annuelle

L'intérêt principal de la détermination d'une droite d'ajustement est bien de permettre d'établir des prévisions. On utilise ici l'équation issue de la méthode des moindres carrés en remplaçant *x* par sa valeur.

EX. SUITE

Années	5	6
CA prévisionnel	$y = 3060x + 5850$; avec $x = 5$ on obtient : $y = 3060 \times 5 + 5850 =$ **21 150 k€**	Idem avec $x = 6$ d'où $y =$ **24 210 k€**

1.4. L'analyse des variations saisonnières

a. La méthode des pourcentages

On fait le rapport de la moyenne trimestrielle à la moyenne annuelle.

b. La méthode des moyennes

On fait le rapport de la moyenne trimestrielle à la moyenne des moyennes trimestrielles.

EX. SUITE

Trimestre	T1	T2	T3	T4	Total	Moyenne
Année 1	2530	1610	1380	3680	**9200**	
Année 2	3272	2083	1785	4760	**11900**	
Année 3	3933	2502	2145	5720	**14300**	
Année 4	5115	3255	2790	7440	**18600**	
Total	**14850**	**9450**	**8100**	**21600**	**54000**	**13500**
Moyenne trimestrielle	**3712,5** (a)	**2362,5**	**2025**	**5400**	**13500**	**3375**
Méthode des pourcentages	**27,5 %** (b)	**17,5 %**	**15,0 %**	**40,0 %**	**100,0 %**	**0,25**
Méthode des moyennes	**1,10** (c)	**0,7**	**0,6**	**1,6**	**4**	**1**

Moyenne des moyennes trimestrielles : 13500 / 4 = 3375.

(a) $\frac{14850}{4} = 3712,5$

(b) $\frac{3712,5}{13500} = 0,275$, soit 27,5 % du CA annuel.

(c) $\frac{3712,5}{3,375} = 1,10$, soit 10 % de plus qu'un trimestre moyen = 1.

Donc, les trimestres T1 et T4 sont en haute saison.

1.5. Les prévisions saisonnalisées

EX. SUITE

Trimestre	Prévision annuelle	T1	T2	T3	T4
Année 5	21150 k€	5816,25 (d)	3701,25	3172,50	8460,00
Année 6	24210 k€	6657,75	4236,75	3631,50	9684,00

(d) $21150 \times 27,50\,\% = 5816,25$ ou $21150 \times \frac{1,1}{4} = 5816,25$.

1.6. Complément : lissage d'une série chronologique

L'objectif est de transformer les données brutes en données corrigées des variations saisonnières (CVS), afin de mieux apprécier la tendance générale.

EX. SUITE

		CA	Total mobile	Moyenne mobile
Année 1	T1	2530		
	T2	1610		
	T3	1380		
	T4	3680	9200 (e)	2300 (f)

►►►

▸▸▸

		CA	Total mobile	Moyenne mobile
Année 2	T1	3 272	9 942	2 486
	T2	2 083	10 415	2 604
	T3	1 785	10 820	2 705
	T4	4 760	11 900	2 975
Année 3	T1	3 933	12 561	3 140
	T2	2 502	12 980	3 245
	T3	2 145	13 340	3 335
	T4	5 720	14 300	3 575
Année 4	T1	5 115	15 482	3 871
	T2	3 255	16 235	4 059
	T3	2 790	16 880	4 220
	T4	7 440	18 600	4 650

(e) 9 200 = 2 530 + 1 610 + 1 380 + 3 680, soit la somme des CA sur l'année (4 trimestres, voire 12 mois).
(f) 2 300 = 9 200 / 4 trimestres (ou 12 mois dans le cas de données mensuelles).

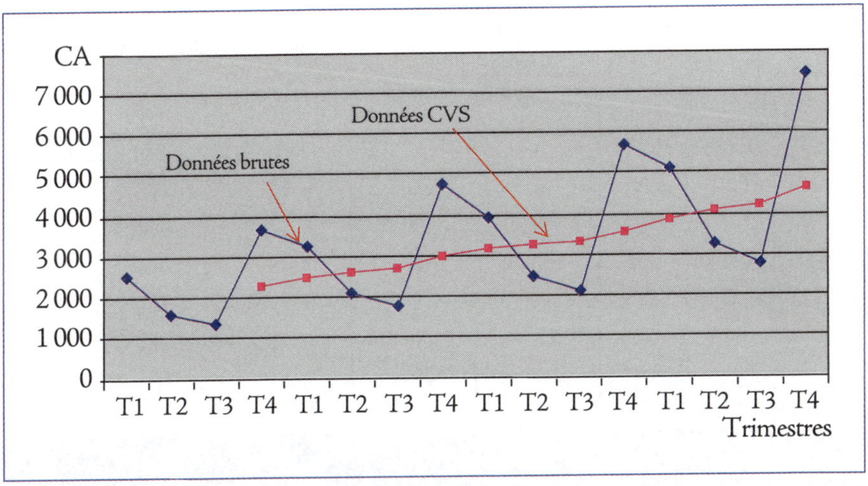

2. Les prévisions fondées sur la corrélation

Avant tout, il est indispensable de représenter graphiquement les données. Dans la mesure où le nuage est relativement allongé, il est possible de rechercher une corrélation linéaire (dans la pratique, il peut exister des corrélations non linéaires).

2.1. La notion de corrélation

Il s'agit d'estimer le degré de dépendance entre deux variables au moyen d'un coefficient R compris entre –1 et +1.

Valeur de R	Entre – 1 et – 0,7	Entre – 0,7 et + 0,7	Entre + 0,7 et + 1
Signification	Forte corrélation négative entre les variables : si x augmente, alors y diminue.	Absence de dépendance entre les variables.	Forte corrélation positive entre les variables : si x augmente, alors y augmente.

2.2. L'obtention du coefficient de corrélation

EX. SUITE Un manager se demande si les ventes d'imprimantes de son UC dépendent ou non des ventes de PC.

Secteur	Ventes PC (x)	Ventes imprimantes (y)	$X_i = (x_i - \bar{x})$	$Y_i = (y_i - \bar{y})$	X_iY_i	X_i^2	Y_i^2
A	70	9	– 119	– 36	4284	14161	1296
B	109	25	– 80	– 20	1600	6400	400
C	146	31	– 43	– 14	602	1849	196
D	192	44	3	– 1	– 3	9	1
E	230	62	41	17	697	1681	289
F	285	71	96	26	2496	9216	676
G	291	73	102	28	2856	10404	784
Total	1323	315			12532	43720	3642
Moyenne	189	45					

Coefficient de corrélation $= R = \dfrac{\Sigma X_i Y_i}{\sqrt{\Sigma X_i^2 \, \Sigma Y_i^2}} = \dfrac{12532}{\sqrt{43720 \times 3642}} = 0{,}9931.$

La corrélation est bonne : les ventes des deux produits sont liées. Les ventes de PC génèrent bien des ventes d'imprimantes. Il est donc désormais possible de trouver l'équation de la droite d'ajustement permettant de déterminer que les ventes d'imprimantes dépendent des ventes de PC, et établir de nouvelles prévisions.

2.3. La droite d'ajustement (ou droite de régression)

Après la réalisation des calculs, on privilégie la méthode des moindres carrés.

EX. SUITE Avec $a = \dfrac{\Sigma X_i Y_i}{\Sigma X_i^2} = \dfrac{12532}{43720} = 0{,}2866$ et $b = \bar{y} - a\bar{x} = 45 - 189 \times 0{,}2866 = -9{,}17$.

Soit l'équation de la droite d'ajustement : $y = 0{,}2866x - 9{,}17$.

2.4. Utilisation de la corrélation pour la prévision

EX. SUITE Dans un nouveau secteur, les ventes de PC sont de 400. Il est donc possible d'en déduire les ventes d'imprimantes (y) sachant que $x = 400$: $y = 0{,}2866 \times 400 - 9{,}17$, soit 105 imprimantes.

Mots-clés

MÉTHODE DES MOINDRES CARRÉS, MÉTHODE DE MAYER (OU DOUBLE MOYENNE), COEFFICIENT SAISONNIER, MOYENNE MOBILE, CORRÉLATION

30 Les budgets

Le manager participe à l'élaboration des différents budgets de l'UC, qui sont établis à partir des prévisions de vente. Les budgets concernent six postes : les ventes, les approvisionnements, les autres charges, les investissements, la TVA, et la trésorerie.

1. Le budget des ventes
2. Le budget des approvisionnements
3. Le budget des autres charges
4. Le budget des investissements
5. Le budget de TVA
6. Le budget de trésorerie

1. Le budget des ventes

Il est établi après estimation du niveau prévisionnel des ventes selon des prix de vente donnés et en tenant compte de la saisonnalité. Il peut être déterminé par produits ou par familles de produits.

Les ventes prévisionnelles en quantité constituent le programme des ventes.

EXEMPLE Programme des ventes d'une UC de vente en gros de vêtements de travail, établi mensuellement pour le 1er trimestre de l'année N (simplifié à 2 produits vendus) :

Mois	Janvier	Février	Mars
Ventes en quantité Salopettes	600	500	700
Ventes en quantité Combinaisons	800	600	700

Les ventes prévisionnelles en valeur constituent le budget des ventes.

EX. SUITE

Mois	Janvier	Février	Mars
Ventes en quantité Salopettes	600	500	700
Prix de vente unitaire Salopettes	39,95	39,95	39,95
CA HT Salopettes	**23970,00**	**19975,00**	**27965,00**
Ventes en quantité Combinaisons	800	600	700
Prix de vente unitaire HT	45,95	45,95	45,95
CA HT Combinaisons	**36760,00**	**27570,00**	**32165,00**
CA HT total	**60730,00**	**47545,00**	**60130,00**
TVA à 19,6 %	11903,08	9318,82	11785,48
CA TTC total	**72633,08**	**56863,82**	**71915,48**

CA HT = ventes en quantité × prix de vente unitaire ; TVA = CA HT × 19,6 % ; CA TTC = CA HT + TVA.

Les ventes sont les principales recettes de l'UC : ce sont des encaissements. Les ventes sont encaissées TTC, soit au comptant (le montant de la vente est encaissé à la date de la vente), soit à crédit (le montant de la vente est encaissé à une date ultérieure).

EX. SUITE Dans l'UC de vente en gros de vêtements de travail, la totalité du CA est réalisé avec des entreprises. Celles-ci règlent 30 % au comptant et les 70 % restants à 30 jours. Le budget des ventes se présente alors comme ci-après, pour faire apparaître le décalage des encaissements (les créances sur les ventes de décembre se montaient à 36874,25 € ; le CA de décembre se montait à 52677,50 €).

EX. SUITE

Mois de vente	CA TTC	Mois d'encaissement			Créance au 31 /03
		Janvier	Février	Mars	
Décembre	52677,50	36874,25			
Janvier	72633,08	21789,92	50843,16		
Février	56863,82		17059,15	39804,67	
Mars	71915,48			21574,64	50340,84
Total des encaissements		58664,17	67902,30	61379,32	50340,84
dont TVA à 19,6 %		9613,86*	11127,80	10058,81	

* TVA = montant TTC × [1 – (1 / 1 + taux TVA)] = 58664,17 × [1 – (1 / 1,196)] = 9613,86 €.

En février, on encaissera :
– les 70 % restants des ventes TTC de janvier, soit 72633,08 × 0,70 = 50843,16 € ;
– les 30 % au comptant des ventes TTC de février, soit 56863,8 × 0,30 = 17059,15 €.
Soit au total : 50843,16 + 17059,15 = 67902,30 €.

2. Le budget des approvisionnements

Des prévisions de ventes, il faut déduire les prévisions d'achats de marchandises en quantité et en valeur. Les conditions commerciales négociées avec les fournisseurs impactent les paiements au niveau des montants à décaisser et des dates de règlement. Les dates de commande, et donc de décaissement, dépendent des programmes d'approvisionnement. Selon le secteur d'activité, les délais de règlement des factures fournisseurs varient. Les factures sont payées soit au comptant, soit à crédit. Chaque paiement entraîne un décaissement du montant TTC de la facture.

EX. SUITE Budget des approvisionnements des vêtements de travail, en supposant qu'il faut commander un mois avant et que les factures sont réglées en totalité à 30 jours. Le fournisseur facture les salopettes 16 € HT et les combinaisons 21 € HT.

Mois de vente	Janvier	Février	Mars
Mois de commande	Décembre	Janvier	Février
Achats en quantité Salopettes	600	500	700
Coût d'achat unitaire HT Salopettes	16,00	16,00	16,00
Coût des achats HT Salopettes	9600,00	8000,00	11200,00
Achats en quantité Combinaisons	800	600	700
Coût d'achat unitaire HT Combinaisons	21,00	21,00	21,00
Coût des achats HT Combinaisons	16800,00	12600,00	14700,00
Total achats HT	26400,00	20600,00	25900,00
TVA 19,6 %	5174,40	4037,60	5076,40
Coûts des achats TTC	31574,40	24637,60	30976,40
Total des décaissements du mois TTC	31574,40*	24637,60	30976,40

* Les décaissements de janvier correspondent aux achats de décembre.

Coût d'achat HT = coût d'achat unitaire × quantités.
TVA = coût d'achat HT × 19,6 %.

Le coût d'achat peut également être calculé à partir du prix de vente en utilisant :
– le taux de marge : coût d'achat HT = prix de vente HT / (1 + taux de marge);
– le taux de marque : coût d'achat HT = prix de vente HT × (1 – taux de marque).

EX. SUITE Budget des approvisionnements :

Mois de commande	Achats TTC	Mois de décaissement		
		Janvier	Février	Mars
Décembre	31 574,40	31 574,40		
Janvier	24 637,60		24 637,60	
Février	25 235,60			30 976,40
Total des décaissements		**31 574,40**	**24 637,60**	**30 976,40**
dont TVA à 19,6 %		5 174,40	4 037,60	5 076,40

3. Le budget des autres charges

Hormis les achats de marchandises, l'UC assume d'autres charges, comme les dépenses liées aux achats de biens ou de services (fournitures, loyer, électricité…), les salaires ou les remboursements de crédit. Ces dépenses entraînent des décaissements. Les achats de biens et services sont décaissés TTC, la TVA étant déductible le mois suivant.

EX. SUITE Supposons les décaissements et les montants de TVA suivants :

Mois de décaissement	Janvier	Février	Mars
Total décaissements autres charges	20 337,24	18 196,16	16 698,49
TVA sur autres charges mois précédent	2 820,34	2 520,30	1 951,35

4. Le budget des investissements

Si l'UC réalise de gros investissements, cela peut entraîner le décaissement de sommes importantes, qu'il faut anticiper pour ne pas déséquilibrer la trésorerie.

EX. SUITE Deux décaissements importants sont prévus en janvier et en mars suite à l'achat d'un robot d'emballage payé 34 903,68 € TTC, payables en 2 fois en janvier et en février. La TVA est déductible le mois suivant.

Mois de décaissement	Janvier	Février	Mars
Total décaissements immobilisations	17 451,84	17 451,84	0
TVA sur immobilisations	0	2 860,00	2 860,00

5. Le budget de TVA

La TVA encaissée par l'UC (ventes) doit être restituée à l'État : c'est la TVA collectée.
La TVA décaissée par l'UC (règlement des factures fournisseurs) doit être récupérée : c'est la TVA déductible.

Principe du calcul de la TVA à décaisser :

TVA collectée du mois précédent (M–1)
– TVA déductible sur achats de biens et services de M–1
– TVA déductible sur immobilisations de M–1

= TVA à décaisser au mois M

Si la TVA à décaisser est négative, il s'agit d'un crédit de TVA.

EX. SUITE Budget de TVA de l'UC (en supposant que la TVA à décaisser en janvier s'élevait à 12 025,30 €) :

Mois de décaissement	Janvier	Février	Mars	Avril
TVA collectée		9 613,86	11 127,80	10 058,81
TVA déductible sur achats de biens et services(1)		7 994,74	6 557,90	7 027,75
TVA déductible sur immobilisations		2 860,00	2 860,00	0,00
TVA due	12 025,30	0,00	1 709,90	3 031,06
Crédit de TVA à reporter	0,00	– 1 240,88(2)	0,00	0,00
TVA à décaisser	12 025,30	0,00	469,02	3 031,06

1. TVA déductible sur achats de biens et services = TVA sur approvisionnements + TVA sur autres charges.
2. Le crédit de TVA de février sera reporté pour le calcul de la TVA à décaisser en mars.

6. Le budget de trésorerie

Il récapitule les encaissements et décaissements prévus dans les différents budgets établis précédemment.

On calcule le solde de trésorerie selon la formule suivante : trésorerie finale = trésorerie initiale + total des encaissements – total des décaissements.

EX. SUITE Tableau de trésorerie (on suppose qu'il restait 10 365,25 € de trésorerie fin décembre = solde initial de janvier) :

Mois	Janvier	Février	Mars
Solde initial de trésorerie	10 365,25	– 12 359,06	– 4 742,36
Total des encaissements	**58 664,17**	**67 902,30**	**61 379,32**
Décaissements sur approvisionnements	31 574,40	24 637,60	30 976,40
Décaissements sur autres charges	20 337,24	18 196,16	16 698,49
Décaissements sur immobilisations	17 451,84	17 451,84	0,00
TVA à décaisser	12 025,30	0,00	469,02
Total des décaissements	**81 388,48**	**60 285,60**	**48 143,91**
Solde final de trésorerie	**– 12 359,06**	**– 4 742,36**	**43 401,55**

Si le solde est positif, il y a excédent de trésorerie : l'UC n'a pas de problème pour régler ses dépenses à court terme.

Si le solde est négatif, il y a déficit de trésorerie. Il faut alors recourir à divers moyens de financement pour résorber le déficit :
- négocier des délais de paiement avec les fournisseurs ;
- obtenir un crédit bancaire (découvert, crédit de campagne…) ;
- mobiliser des créances commerciales (escompte d'effets des clients).

EX. SUITE La trésorerie prévisionnelle est négative en février. Le manager de l'UC pourrait demander à sa banque un découvert pour janvier, et au fournisseur un paiement en 3 fois sur janvier, février et mars. Une fois le financement trouvé, un nouveau tableau de trésorerie est établi, qui ne fait apparaître que des soldes positifs.

Mots-clés

BUDGET, PROGRAMME DES VENTES, TRÉSORERIE, EXCÉDENT DE TRÉSORERIE, DÉFICIT DE TRÉSORERIE

31

Les tableaux de bord

1. Le calcul et l'analyse des écarts
1.1. Le calcul des écarts
1.2. L'analyse des résultats
2. Les principaux indicateurs commerciaux
2.1. La notion d'indicateur
2.2. Chiffre d'affaires et marge
2.3. Les autres indicateurs

Pour piloter son UC, le manager dispose de tableaux de bord permettant de vérifier que les résultats sont conformes aux prévisions et aux budgets. Si ce n'est pas le cas, il prend des décisions pour rapprocher les réalisations et les objectifs.

1. Le calcul et l'analyse des écarts

1.1. Le calcul des écarts

Le principe est d'établir des comparaisons entre les prévisions établies dans les différents budgets d'une part, et les réalisations d'autre part.

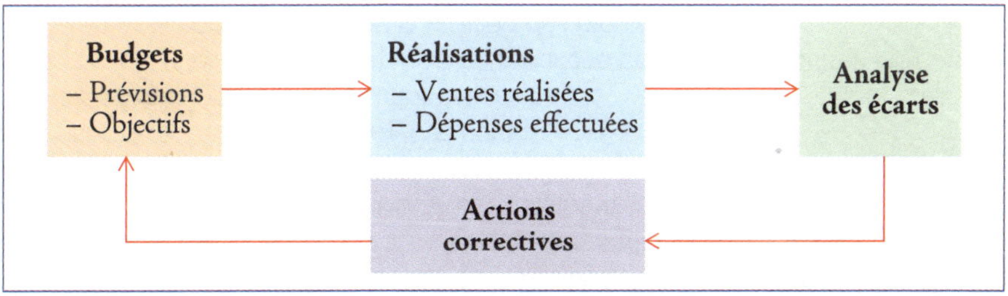

L'écart est la différence entre le nombre réalisé et le nombre prévu. La prévision, qui figure dans le budget, est aussi l'objectif : Écart = réalisations – prévisions

$$\text{Écart en \%} = \frac{\text{écart}}{\text{objectif}} \times 100$$

$$\text{Taux de réalisation de l'objectif en \%} = \frac{\text{réalisé}}{\text{objectif}} \times 100$$

Si le taux est supérieur à 100, l'objectif est dépassé ; s'il est inférieur à 100, l'objectif n'est pas atteint.

EXEMPLE Dans l'UC de vente en gros de vêtements de travail (*cf.* fiche 30), on suppose que, fin janvier, le tableau de bord des ventes se présente ainsi :

Mois : janvier	Budget (€)	Réalisé (€)	Écart (€)	Écart (%)
Ventes en quantité Salopettes	600	850	250	+ 42 %
Prix vente unitaire Salopettes	39,95	29,95	– 10	– 25 %
CA HT Salopettes	23 970,00	25 457,50	1 487,50	6,2 %
Ventes en quantité Combinaisons	800	770	– 30	– 3,8 %*
Prix de vente unitaire HT	45,95	45,95	0	0
CA HT Combinaisons	36 760,00	35 381,50	– 1 378,50	– 3,8 %
CA HT total	**60 730,00**	**60 839,00**	**109,00**	**0,2 %**

Écart en % sur les ventes en quantité de combinaisons : (– 30 / 800) × 100 = – 3,8 %.
Un écart de – 3,8 % sur les ventes de combinaisons en quantités signifie que l'entreprise est 3,8 % en dessous de l'objectif de ventes en quantités.
Taux de réalisation de l'objectif de CA HT des combinaisons = (35 381,50 / 36 760) × 100 = 96,25 %. Le CA réalisé n'est qu'à 96,25 % de l'objectif.

1.2. L'analyse des écarts

On effectue l'analyse d'abord globalement, puis dans le détail. Les écarts les plus extrêmes doivent être étudiés en priorité.

EX. SUITE **Analyse globale :** l'objectif global de CA a été atteint, voire légèrement dépassé (+ 0,2 %).
Analyse détaillée :
– pour les salopettes, les ventes en quantités ont été très largement supérieures aux quantités prévues (+ 42 %) car elles ont fait l'objet d'une promotion (– 25 % sur le prix de vente). Cette promotion a permis de dépasser l'objectif de CA de 6,2 % ;
– pour les combinaisons, les quantités vendues sont inférieures aux prévisions de 3,8 %, peut-être à cause de transferts d'achat des combinaisons sur les salopettes en promotion.

2. Les principaux indicateurs commerciaux

2.1. La notion d'indicateur

Un indicateur permet de mesurer de façon objective une grandeur étudiée. Il doit être facile à utiliser et doit être en cohérence avec les possibilités d'action du manager.
L'ensemble des mesures fournies par les indicateurs à un moment donné, auxquelles s'ajoutent les calculs des écarts avec les objectifs, sont regroupés dans un document appelé « tableau de bord ». Cet outil est destiné à faciliter la prise de décision du manager.
Les principales sources d'information sont :
– la comptabilité, qui fournit des informations brutes : ventes, achats, stocks, créances clients, etc. Ces données sont ensuite retraitées pour fournir d'autres indicateurs intéressants comme la marge, la rotation des stocks, etc. ;
– les enquêtes auprès des clients, qui permettent par exemple de connaître le taux de satisfaction des clients, la notoriété ou le positionnement de l'UC ;
– les compteurs de passage, qui mesurent le nombre de personnes entrant dans le magasin, permettant de calculer la fréquentation de l'UC ;
– les statistiques du service qui traite les réclamations.

2.2. Chiffre d'affaires et marge

a. Le chiffre d'affaires

Le CA réalisé est comparé avec le CA prévu. C'est un indicateur essentiel pour évaluer si l'UC a atteint le niveau d'activité prévu.
Tous les budgets sont établis à partir d'un chiffre d'affaires, qui est le résultat des quantités vendues multipliées par les prix unitaires. Il faut analyser les quantités vendues pour analyser les autres budgets. Si le CA a été atteint en vendant des quantités supérieures à celles qui étaient prévues (parce que les prix ont été baissés), il est normal que les achats aient été supérieurs à ceux qui étaient prévus.

b. La marge

La marge est l'indicateur de création de valeur de l'UC ; elle est la première source du résultat de l'entreprise (comme on le voit dans les soldes intermédiaires de gestion).

Marge commerciale = ventes – coût d'achat des marchandises vendues

REMARQUE

Pour le pilotage à l'aide de tableaux de bord, on considère souvent les variations de stock comme nulles pour calculer le coût des marchandises vendues.

Marge unitaire = prix de vente unitaire HT – coût d'achat unitaire HT

Marge globale = chiffre d'affaires HT – achats HT

EX. SUITE En janvier, l'entreprise a acheté un lot de salopettes à 6,00 € HT pièce, lui permettant de les revendre au prix promotionnel de 29,95 € au lieu de 39,95 €.

Mois de vente : janvier	Budget	Réalisé	Écart	
			en €	en %
Achats en quantités Salopettes	600	850	250	42 %
Coût d'achat unitaire HT Salopettes	16,00	6,00	– 10	– 63 %
Coût des achats HT Salopettes	9600,00	5100,00	– 4500,00	– 47 %
Marge unitaire Salopettes	23,95	23,95	0	0
Marge globale Salopettes	14370,00	20357,50	5987,50	42 %
Achats en quantité Combinaisons	800	770	– 30	0
Coût d'achat unitaire HT Combinaisons	21	21	0	0
Coût des achats HT Combinaisons	16800,00	16170,00	0	– 630
Marge unitaire Combinaisons	24,95	24,95	0	0
Marge globale Combinaisons	19960,00	19211,50	– 748,50	– 4 %
Marge globale tous produits	**34330,00**	**39569,00**	**5239,00**	**15 %**

Globalement, la marge réalisée est supérieure de 15 % par rapport aux objectifs. La marge supplémentaire réalisée grâce à la promotion sur les salopettes (+ 5987,50 €) compense la perte de marge enregistrée sur les combinaisons (– 748,50 €).

c. Contribution au chiffre d'affaires ou à la marge

On peut aussi chercher à analyser la part de CA ou de marge réalisée par un produit, ou par une famille de produits, par rapport au chiffre d'affaires total ou à la marge totale. Les performances des produits à plus forte contribution seront analysées en priorité.

$$\text{Contribution au CA du produit A en \%} = \frac{\text{CA du produit}}{\text{CA total}} \times 100$$

$$\text{Contribution à la marge du produit A en \%} = \frac{\text{marge du produit}}{\text{marge totale}} \times 100$$

EX. SUITE Contribution à la marge des salopettes : (19211,50 / 39569,00) × 100 = 48,55 %.
Contribution au CA des salopettes : (25457,50 / 60839,00) × 100 = 41,84 %.

2.3. Les autres indicateurs

a. Les indicateurs spécifiques à l'activité de l'UC

Pour une UC de vente de marchandises, le manager pilotera à l'aide des indicateurs suivants :
- taux de marque : marge/prix de vente HT;
- fréquentation : nombre de clients /heure;
- taux de transformation : nombre de tickets/nombre de clients;
- panier moyen : chiffre d'affaires/nombre de tickets;
- rotation des stocks;
- démarque inconnue;
- fréquence d'achat des clients;
- taux de satisfaction.

Pour une UC de vente de services, les indicateurs suivants peuvent être utilisés :
- taux de marque : marge/chiffre d'affaires HT;
- productivité : nombre de clients servis par heure;
- conquête : nombre de contrats/nombre de clients servis;
- montant moyen : chiffre d'affaires/nombre de commandes.

b. Les indicateurs permettant la comparaison dans l'espace et dans le temps

Les ratios permettent de comparer une unité commerciale :
- avec d'autres UC du réseau,
- avec des UC concurrentes,
- avec une unité pilote,
- à des résultats moyens.

Aux ratios spécifiques à l'activité de l'UC s'ajoutent d'autres types de ratios :
- le CA (ou marge) par mètre carré : il permet de comparer les performances d'UC de surfaces différentes;
- le CA (ou marge) par vendeur : il permet de comparer l'efficacité des vendeurs d'UC ayant des effectifs différents.

Les taux d'évolution permettent de comparer les performances de l'UC dans le temps et d'analyser les évolutions anormales :

$$\text{Taux d'évolution en \%} = \frac{\text{valeur finale} - \text{valeur initiale}}{\text{valeur initiale}} \times 100$$

EXEMPLE Une UC a réalisé un CA de 8,4 M€ en 2009, 8,2 M€ en 2010 et vise un objectif de 8,7 M€ pour 2011.
Taux d'évolution de 2009 à 2010 = (8,2 – 8,4)/8,4 × 100 = – 2,4 % (CA en baisse de 2,4 %).
Taux d'évolution de 2010 à 2011 = (8,7 – 8,2)/8,2 × 100 = + 6,1 % (CA en hausse de 6,1 %).

c. Les indicateurs sociaux

Ils peuvent être utiles à l'analyse des écarts des indicateurs commerciaux :
- taux d'absentéisme;
- taux de rotation du personnel;
- taux d'heures effectuées par des stagiaires, etc.

Mots-clés

TABLEAU DE BORD, INDICATEUR, RATIO, TAUX D'ÉVOLUTION

32 La gestion des risques

Le manager est juridiquement responsable de la sécurité des biens et des personnes dans l'UC. Il est donc important de savoir évaluer le risque et le prévenir.

1. Les risques dans l'unité commerciale
1.1. La notion de risque
1.2. Les risques encourus et le coût des dommages
2. Le management des risques
2.1. L'évaluation des risques
2.2. La réduction des risques
2.3. Les modalités de couverture des risques

1. Les risques dans l'unité commerciale

1.1. La notion de risque

Le risque est un événement incertain dont la survenue cause un dommage.

1.2. Les risques encourus et le coût des dommages

Les risques peuvent avoir une cause naturelle (ex. : une tempête qui arrache un toit) ou être liés à l'activité humaine (conséquence de défaillances techniques, d'erreurs humaines ou de malveillance, comme les vols).

Les risques peuvent être classés par type de dommage causé. Ces dommages entraînent des coûts, directs et indirects.

Type de risque	Type de dommage	Coût direct	Coût indirect
Accident matériel	Destruction de bien : stock détérioré, local détruit, panne des équipements	Coût du bien perdu, dépannage, réparation…	Perte de chiffre d'affaires, location temporaire…
Accident corporel	Atteinte à l'intégrité physique : blessure…	Dédommagement des victimes	Dégradation de l'image de l'UC, impact psychologique pour les personnes
Risque sanitaire	Atteinte à la santé : produits à retirer de la vente		
Risque financier	Impayés, vols, fraude informatique…	Perte d'argent	Frais de relance, coût du système antivol…

2. Le management des risques

2.1. L'évaluation des risques

Les risques s'apprécient selon deux dimensions :
– la fréquence d'apparition : l'événement dangereux se produit-il souvent ?
– la gravité des conséquences si cet événement se réalise.

2.2. La réduction des risques

Pour limiter la fréquence et la gravité des incidents ou accidents pouvant survenir dans l'UC, le manager dispose de plusieurs types d'action :

– la prévention : des mesures sont mises en place (formations, mesures d'hygiène…);
– la protection : il s'agit de protéger physiquement les biens et les personnes (port de vêtements de protection, installation de dispositifs de sécurité, aménagement de sorties de secours, installation d'extincteurs, portiques antivol…);
– l'externalisation : des entreprises spécialisées sous-traitent la sécurité de l'UC, la gestion des systèmes de contrôle de paiement ou les transports de fonds;
– la suppression du risque : lorsque certains risques sont intolérables (car fréquents et aux conséquences graves), le manager peut supprimer l'activité trop risquée.

EXEMPLE Une UC alimentaire ouverte jusqu'à 23 h est confrontée à des incidents récurrents en soirée (altercations et bagarres entre clients) : le manager décide de fermer le point de vente à partir de 20 h 30.

2.3. Les modalités de couverture des risques

Comme il est impossible d'éliminer tous les risques, le manager doit anticiper le financement des dommages causés. Pour cela, il peut recourir à divers moyens :
– la provision pour risque : ce mécanisme comptable prévoit de mettre des fonds de côté en cas de réalisation d'un risque probable ;

EXEMPLE Une UC a vendu 250 appareils à 120 € pièce; 50 d'entre eux (soit 20 %) se révèlent défectueux avant la fin de la garantie. Il en reste donc 200. On constituera une provision pour risque équivalente au montant des remboursements probables : 200 × 0,20 × 120 = 4 800 €.

– l'assurance : elle est adaptée aux risques rares dont les conséquences sont susceptibles de mettre en cause la survie de l'UC. L'assurance des biens doit permettre de racheter ou de reconstruire les biens détruits, préalablement évalués; l'assurance civile prendra en charge les dédommagements éventuels à des personnes. L'assurance pour perte d'exploitation couvrira la marge perdue à cause du sinistre. La franchise, qui est un élément intervenant dans le choix de l'assurance, est une somme qui reste à la charge de l'assuré.

EXEMPLE Un manager envisage de louer un local supplémentaire pour stocker des marchandises. Il analyse les devis de deux assureurs. Le stock vaut environ 100 000 €. L'UC réalise environ 3 millions d'euros de CA par an. Il a résumé ainsi les deux propositions :

Assureur n° 1	Assureur n° 2
Indemnisation de la totalité des dommages avec franchise fixe de 5 000 €; coût de l'assurance : 1 200 €/an	Indemnisation des dommages avec franchise variable (25 % du montant des dommages); coût de l'assurance : 600 €/an

Pour faire son choix, le manager envisage plusieurs scénarios et évalue les coûts :

	Assureur n° 1	Assureur n° 2
Scénario 1 : dégâts de 100 000 €	Coût : franchise 5 000 €	Coût : franchise 25 000 €
Scénario 2 : dégâts de 20 000 €	Coût : franchise 5 000 €	Coût : franchise 5 000 €
Scénario 3 : dégâts de 5 000 €	Coût : franchise 5 000 €	Coût : franchise 1 250 €

Pour des dégâts supérieurs à 20 000 €, l'assureur 1 remboursera mieux. Entre 5 000 et 20 000 € de dégâts, ce serait l'assureur n° 2. La différence de prime à payer est de 1 200 – 600 = 600 € par an. C'est au manager de décider, selon la probabilité estimée d'un éventuel sinistre.

Mots-clés

RISQUE, SÉCURITÉ, DOMMAGE, PRÉVENTION, PROTECTION, ASSURANCE, PROVISION

L'épreuve E4 de MGUC

1. Organiser son travail le jour de l'épreuve
2. Rédiger et présenter sa copie
2.1. La rédaction
2.2. La présentation

L'épreuve E4 du BTS MUC se présente sous la forme d'une étude de cas. Il s'agit d'une épreuve écrite de 5 heures, affectée d'un coefficient 4. Le candidat doit analyser une situation proche de la réalité et résoudre des problèmes de management et de gestion, en se plaçant dans le cadre d'une unité commerciale dont il est responsable.

1. Organiser son travail le jour de l'épreuve

Lire globalement le sujet	Objectif : avoir un premier aperçu de la problématique générale des dossiers.
Estimer le temps accordé à chaque partie	3 dossiers → 1 h 30 environ par dossier, soit 10 à 15 questions → 10 à 20 mn par question. Garder 30 mn à la fin pour la relecture.
Choisir un dossier à traiter	Les dossiers peuvent être traités dans l'ordre souhaité. À l'intérieur de chaque dossier, en revanche, traitez de préférence les questions dans l'ordre, car il y a souvent une progression logique entre les questions d'une même partie.
Lire et analyser la question	Il faut s'adapter à la situation présentée et non pas appliquer des « recettes toutes faites » ; il faut réfléchir et chercher à comprendre.
Choisir l'outil adapté pour traiter la question	Exemples d'outils : comparer des performances suppose de calculer des ratios ; recruter un salarié implique de rédiger une grille de profil…
Noter proprement au brouillon les idées essentielles pour répondre à la question	Noter les idées en liste (tirets). Pour les calculs, faites un exemple au brouillon pour vérifier le résultat. Pour les tableaux, faites un brouillon avec les en-têtes de lignes et de colonnes pour estimer la taille finale du tableau.
Présenter le travail au propre sur la copie	N'oubliez pas de relire : corrigez les fautes, vérifiez les calculs. Pour finir, paginez et vérifiez que vous rendez bien tous vos travaux.
Autre travail à réaliser ?	oui → Choisir un dossier à traiter / Lire et analyser la question ; non → Contrôler sa copie

2. Rédiger et présenter sa copie

2.1. La rédaction

La qualité de la rédaction influe considérablement sur la note finale :

- traitez toutes les questions : gérez bien votre temps. Le correcteur ne peut pas attribuer de points à une question non traitée;
- traitez toute la question : attention aux questions en deux phrases, qui appellent logiquement deux réponses;
- ne traitez que la question : attention au hors-sujet et digressions inutiles, qui vous font perdre du temps et ne rapportent aucun point;
- expliquez votre raisonnement : rédigez une phrase pour annoncer vos calculs, présentez la formule générale puis vos calculs détaillés. Pour des calculs répétitifs dont les résultats figurent dans un tableau ou dans une liste, ne présentez qu'un seul calcul détaillé. Formulez une phrase de réponse explicite à la question posée. Lorsque vous utilisez des outils spécifiques de management ou de gestion, insérez une phrase pour l'annoncer;
- justifiez vos choix si vous êtes amené(e) à formuler des hypothèses ou à choisir une solution plutôt qu'une autre. Pour certaines questions, plusieurs réponses pourront être acceptées si elles sont correctement justifiées;
- prenez des décisions : ne perdez pas de temps en longues hésitations lorsque vous devez faire des choix; n'oubliez pas que vous devez consacrer 10 à 15 mn à chaque question.

2.2. La présentation

Le barème prévoit généralement 5 points sur 80 pour la forme, ce qui n'est pas négligeable. Mais la forme influe sur le fond, en aidant le correcteur à bien comprendre vos intentions, à séparer les erreurs de calcul ou d'étourderie des erreurs de raisonnement.
Soyez clair, précis, concis :

- rédigez des phrases courtes (sujet + verbe + complément) et exprimez une seule idée par phrase. Le registre de langage est courant mais on attend l'utilisation d'un vocabulaire professionnel (management, gestion, commercial, mercatique);
- utilisez des tableaux, indispensables en cas de calculs répétitifs ou si le tableau est exigé dans la question. Certaines questions se prêtent bien à une réponse sous cette forme (avantages/inconvénients, forces/faiblesses, etc.); évitez de remplir les cases du tableau avec des mots isolés, mais expliquez;
- aérez la présentation : écrivez une ligne sur deux, séparez les parties, espacez les questions et numérotez-les;
- n'oubliez pas de vous relire : corrigez les fautes, vérifiez les calculs; paginez, et vérifiez que vous rendez bien tous vos travaux.

Management et gestion des unités commerciales

Accord collectif : acte juridique conclu après négociation entre des partenaires sociaux, employeurs et salariés, qui traite d'un sujet déterminé relatif aux conditions de travail et d'emploi.

Actualisation : technique financière permettant d'obtenir la valeur d'une somme future à la date d'aujourd'hui.

Affacturage : contrat par lequel une société, le factor, se propose de recouvrir les créances des clients d'une entreprise : le factor rachète les créances, déduction faite de sa rémunération, ce qui permet à l'entreprise de disposer immédiatement de liquidités.

Amortissement : principe comptable visant à répartir le coût d'une immobilisation sur plusieurs exercices comptables. La part annuelle d'amortissement s'appelle la dotation.

Amortissement d'emprunt : terme bancaire synonyme de remboursement d'une fraction d'un capital emprunté.

Annuité : dans le cadre d'un emprunt, paiement annuel comprenant la part du capital remboursé et les intérêts. En cas de paiement mensuel, on parle de mensualité.

Assurance : service qui consiste dans le versement d'une indemnité en cas de survenance d'un risque, en échange de la perception d'une cotisation ou d'une prime.

Attitude : prédisposition d'un individu vis-à-vis d'un objet, d'une personne, d'une situation, qui permet d'expliquer ou de prédire en partie son comportement.

Besoin en fonds de roulement (BFR) : besoin de financement généré par l'activité (courante ou non) d'une entreprise. Il peut se décomposer en une partie « exploitation » et une autre « hors exploitation ».

Besoin en fonds de roulement d'exploitation (BFRE) : besoin de financement généré par le cycle d'exploitation, donc correspondant à une activité courante.

Besoin : mouvement instinctif déclenché par une sensation de manque qui pousse un individu à agir dans le but de combler ce manque.

Bilan comptable : document officiel établi une fois par an, décrivant le patrimoine d'une entreprise avec son actif (ce qu'elle possède) et son passif (ce qu'elle doit).

Bilan fonctionnel : document de gestion décomposant le bilan comptable en trois grandes fonctions (investissement/financement, fonction cyclique, trésorerie) afin d'en déterminer la performance économique, dans une logique de poursuite de l'activité.

Budget : tableau présentant la liste des recettes et la liste des dépenses prévisionnelles de l'UC. Il est établi pour l'exercice comptable à venir, en général par périodes mensuelles.

Budget de trésorerie : tableau présentant la liste des encaissements et la liste des décaissements prévisionnels de l'UC, permettant d'établir les soldes de trésorerie, et donc d'anticiper d'éventuels déficits de trésorerie à certaines périodes.

Budget des ventes : tableau présentant les ventes prévisionnelles en quantité (volume d'activité prévisionnel) et en valeur (chiffre d'affaires prévisionnel).

Capacité d'autofinancement (CAF) : trésorerie potentielle dégagée au cours d'une année, constituée essentiellement du résultat net et des dotations aux amortissements et aux provisions.

Capitalisation : technique financière permettant d'obtenir la valeur d'une somme actuelle à une date ultérieure.

Cession Dailly : crédit accordé à une entreprise en contrepartie de cession de factures à un établissement financier.

Charges directes : frais qui peuvent être imputés sans ambiguïté à un niveau de coût (d'achat, de distribution…).

Charges fixes : charges indépendantes du niveau d'activité.

Charges sociales patronales : prélèvements assis sur les salaires, payés par l'entreprise pour le financement des prestations sociales. Appelées aussi cotisations sociales patronales, elles sont versées en plus de la rémunération brute.

Charges sociales salariales : prélèvements assis sur les salaires, payés par les salariés pour le financement des prestations sociales. Appelées aussi cotisations sociales salariales.

Charges variables : charges proportionnelles à l'activité l'entreprise mesurée en terme de chiffre d'affaires.

Chèque : moyen de paiement par lequel le client (ou tireur, celui qui signe le chèque) donne l'ordre au tiré (généralement une banque) de payer sur présentation et sans délai le montant indiqué au bénéficiaire.

Coefficient multiplicateur : multiplié par le coût d'achat HT, il donne le prix de vente TTC.

Coefficient saisonnier : coefficient permettant d'apprécier les variations saisonnières d'activité.

Cohésion : union solide entre les membres d'un groupe.

Compte de résultat : document comptable obligatoire récapitulant l'ensemble des charges et des produits réalisés au cours d'un exercice. Lorsque les produits excèdent les charges, un bénéfice est dégagé ; à l'inverse, lorsque les charges excèdent les produits, c'est une perte.

Conduite de réunion : technique visant à réaliser des réunions efficaces en suivant certaines étapes (définition des objectifs, préparation, animation, prise de décision, suivi).

Contrat de travail : convention par laquelle le salarié met son activité professionnelle à la disposition de son employeur, sous sa subordination. En contrepartie, l'employeur verse une rémunération à son salarié.

Convention collective : entente écrite sur l'ensemble des conditions de travail, conclue après négociations entre des partenaires sociaux, employeurs et salariés.

Corrélation : relation entre deux variables. Lorsque le coefficient de corrélation est proche de – 1 ou + 1, la dépendance est forte ; si le coefficient est proche de 0, les variables sont indépendantes.

Coût de stockage : total des coûts liés aux stocks, à savoir le coût de possession (le fait de détenir un stock), le coût de passation des commandes (le fait de lancer un processus d'achat), voire le coût de pénurie (le fait de perdre un client).

Coût moyen unitaire pondéré (CMUP) : méthode de valorisation des stocks selon laquelle les sorties et le stock final sont valorisés à un coût moyen qui est recalculé à chaque nouvelle entrée, le tout pondéré par les quantités.

Crédit-bail : location avec option d'achat.

Culture d'entreprise : ensemble d'éléments propres aux individus d'une entreprise comme les valeurs, les mythes, les rites et les signes (jargon professionnel, style vestimentaire).

Décision : choix d'une solution lors de la résolution d'un problème, à partir d'informations et de critères.

Déficit de trésorerie : résultat obtenu lorsque les décaissements sont plus élevés que les encaissements (solde négatif de trésorerie). Ne pas confondre avec la perte.

Délai de récupération du capital investi (DRCI) : temps nécessaire pour récupérer le capital investi.

Délégation : action par laquelle une personne, le délégant, transfère une partie de ses pouvoirs, de son autorité et de ses tâches à une personne subordonnée, le délégataire, pour un type de mission défini.

Démarque connue : écart constaté entre le stock théorique et le stock réel imputable à des phénomènes connus tels qu'une détérioration d'articles en stock non encore enregistrés.

Démarque inconnue : écart inconnu dû au vol de marchandises ou aux erreurs administratives.

Dommage : perte matérielle, préjudice moral ou manque à gagner subi par une personne ou une entreprise victime.

Écart : différence constatée entre les montants prévus dans les différents budgets et les montants réalisés. Les écarts figurent dans les tableaux de bord. L'analyse des écarts doit permettre de comprendre les raisons de ces différences.

Effet de commerce : titre négociable qui constate l'obligation pour une personne de payer à l'ordre d'un bénéficiaire une certaine somme à une certaine date. Ce sont essentiellement la lettre de change (ou traite), la lettre de change-relevé (LCR) et le billet à ordre.

Élasticité-prix : variation de la demande par rapport au prix.

Escompte : réduction financière accordée lorsque le client procède au règlement comptant ou anticipé de sa facture.

Esprit d'équipe : lien entre les membres d'un groupe qui leur permet d'agir en fonction de l'intérêt collectif prioritairement à l'intérêt individuel.

Évaluation : jugement qualitatif ou quantitatif permettant de déterminer si les réalisations des individus, les actions et projets mis en œuvre sont efficaces, appropriés, en progrès.

Excédent brut d'exploitation (EBE) : véritable résultat économique correspondant à la valeur ajoutée, de laquelle on retire les frais de personnel et les impôts. Ce solde est indépendant de la politique d'investissement et de la politique financière choisie S'il est négatif, l'activité n'est pas rentable.

Excédent de trésorerie : résultat obtenu lorsque les encaissements sont plus élevés que les décaissements (solde positif de trésorerie). Ne pas confondre avec le bénéfice.

Facteur de satisfaction (ou d'insatisfaction) : élément lié aux conditions de travail, à l'intérêt des tâches et à l'épanouissement qu'elles procurent, qui influe sur la motivation de l'individu au travail.

Facture : document comptable obligatoire rédigé par le vendeur, attestant d'une part de la vente d'un produit ou d'un service, et d'autre part de l'existence d'une créance. Appelée aussi « facture de doit ».

Facture d'avoir : à l'inverse d'une facture de doit, document comptable rédigé par le vendeur constatant une diminution de la créance.

Flexibilité : capacité à s'adapter aux variations de la demande. La flexibilité de l'équipe de l'UC porte sur les jours et heures de travail, la disponibilité géographique, la polyvalence, le recours à des contrats de courte durée.

Flux de trésorerie (ou *cash flow* ou flux de liquidité) : liquidités générées par la réalisation d'un investissement au cours d'une période, à savoir le supplément de CAF lié à l'investissement.

Flux de trésorerie : mouvements, entrées (encaissements, recettes) ou sorties (décaissements, dépenses) de liquidités engendrés par l'activité de l'UC.

Fonds de roulement net global (FRNG) : dans l'analyse du bilan fonctionnel, excédent de ressources stables sur les emplois stables. Le FRNG doit financer le BFRE quand il existe.

Formation : ensemble des actions mises en œuvre pour l'acquisition ou le perfectionnement d'une qualification professionnelle pour les collaborateurs de l'entreprise.

Indice de profitabilité : critère de choix d'investissement qui relativise le montant de la VAN par rapport au montant de l'investissement.

Investissement : acquisition d'éléments matériels, immatériels ou financiers, dont l'objectif est d'obtenir des gains futurs supérieurs au montant initial de l'investissement.

***Leadership* :** capacité d'une personne à influencer et mobiliser une équipe autour d'une action collective et ainsi contribuer à l'efficacité et au succès de l'entreprise.

Licenciement : initiative par laquelle un employeur met fin unilatéralement au contrat de travail qui le lie à un salarié.

Livrable : résultat attendu de l'achèvement d'un projet ou d'une partie de projet sous une forme mesurable, tangible ou vérifiable (document, maquette, montant, mesure quantitative).

Management : ensemble des techniques d'organisation, d'administration et de gestion des ressources humaines et matérielles qui sont mises en œuvre pour conduire une organisation vers ses buts.

Management de projet : ensemble de techniques visant à définir les objectifs, à structurer, à optimiser et conduire avec succès la réalisation d'un projet.

Marge commerciale : écart entre le prix de vente HT et le coût d'achat HT d'un produit.

Marge sur coût variable : écart entre le prix de vente HT et le coût variable HT d'un produit.

Méthode de Mayer (ou double moyenne) : méthode d'ajustement linéaire qui décompose une série statistique en deux sous-séries ; la droite passe par leurs points moyens.

Méthode des moindres carrés : méthode d'ajustement linéaire la plus rigoureuse qui vise à réduire les écarts entre les points de la série statistique et l'équation de la droite.

Mission : ensemble de tâches et d'actions confiées à un collaborateur en vue d'atteindre des résultats. Les missions sont décrites dans la fiche de poste.

Modèle organisationnel : façon dont l'entreprise divise le travail et met en place des mécanismes de coordination nécessaires à la cohérence de l'ensemble. Les modèles organisationnels s'appuient sur différents types de structure.

Monnaie électronique : valeur monétaire de nature électronique stockée sur un support, (ex. : Moneo), ou dont la fonction est intégrée à un téléphone portable ou à un compte Internet (ex. : Paypal).

Motivation : processus psychologique et physiologique qui pousse à agir vers un objectif et qui procure l'énergie pour maintenir les efforts jusqu'à ce que l'objectif soit atteint. Ce processus est déclenché par la satisfaction des besoins.

Moyenne mobile : méthode qui permet de transformer les données brutes en données corrigées des variations saisonnières (données CVS), afin de mieux apprécier la tendance générale d'une série statistique.

Objectif : résultat auquel doit aboutir une activité. Il doit être concret et doit pouvoir être évalué ; il est fixé dans le temps et dans l'espace ; il doit être accessible, donc motivant pour l'équipe.

Organisation : ensemble d'individus regroupés au sein d'une structure dans le but d'atteindre des objectifs déterminés.

Part fixe : partie du salaire dont le montant est fixé par le contrat de travail, et qui est indépendante des résultats obtenus par le salarié.

Part variable : primes et commissions calculées en fonction des résultats obtenus par le salarié, comme le chiffre d'affaires ou la marge réalisés.

Personnalité : ensemble des traits de caractère d'un individu qui en font une personne unique et qui assurent une certaine permanence de ses attitudes et de ses comportements.

Pilotage : action en temps réel pour maintenir l'UC vers l'atteinte de ses objectifs, à l'aide des indicateurs du tableau de bord.

Plan d'action : document qui récapitule l'ensemble des actions commerciales et/ou managériales de l'UC pour une période donnée, pour atteindre des objectifs déterminés.

Planification : processus par lequel on établit les objectifs d'un projet, la manière dont il sera exécuté (liste des tâches et des ressources), son calendrier de réalisation, son budget et son évaluation.

Planning d'approvisionnement (ou programme d'approvisionnement) : tableau permettant de définir les quantités à commander compte tenu du rythme de la consommation, du stock existant et des contraintes d'achat.

Point mort : date à laquelle une entreprise atteint son seuil de rentabilité.

Polyvalence : capacité d'une personne à réaliser différentes tâches ou à occuper plusieurs postes de travail dans l'UC.

Premier entré – premier sorti (PEPS) : méthode de valorisation des stocks pour laquelle les lots qui sont entrés les premiers ressortent aussi en premier : le stock final est de ce fait valorisé au coût le plus récent, les derniers lots entrés n'étant pas encore sortis.

Prévention : ensemble de mesures à prendre (maintenance, hygiène, équipements de sécurité…) pour éviter la réalisation de risques prévisibles.

Prévision : estimation, par des méthodes statistiques ou probabilistes, des valeurs futures des principaux indicateurs de l'UC, principalement des ventes.

Prix psychologique : prix jugé acceptable par le plus grand nombre de personnes.

Procédure budgétaire : démarche globale d'élaboration des budgets qui procède des prévisions de ventes. Le but est de disposer d'un outil de pilotage par objectif à court terme.

Procédure standard : manière de procéder pour obtenir un résultat, fixée par un service centralisé de l'entreprise (marketing, commercial…) et qui doit être respectée dans chaque UC.

Processus de recrutement : succession des étapes à suivre pour embaucher un salarié.

5

La marque, l'emballage, le conditionnement et la stylique

1. La marque et l'image de marque
1.1. Fonctions et typologie des marques
1.2. Réglementation et protection
1.3. L'image de marque
2. L'emballage et le conditionnement
2.1. Définitions
2.2. Fonctions
2.3. La composition des emballages
2.4. L'étiquette
3. La stylique
3.1. Définition
3.2. Fonctions
3.3. La stylique dans les services

La marque, le *design* et l'environnement de vente constituent des éléments forts d'identification de l'entreprise et de ses valeurs. Ils jouent un rôle déterminant dans la relation que le client va nouer avec le produit, le service et l'enseigne.

1. La marque et l'image de marque

1.1. Fonctions et typologie des marques

a. Définition

Selon l'Organisation mondiale de la propriété industrielle (OMPI), « la marque est un signe servant à distinguer les produits ou services d'une entreprise de ceux d'autres entreprises ».

b. Fonctions et qualités

La marque assure avant tout une fonction marketing. Une bonne marque influence les préférences des acheteurs et fait vendre.

Fonctions pour le client	Fonctions pour l'entreprise
– Elle permet d'identifier, d'individualiser le produit, le service – Elle est un gage de qualité – Elle fidélise le client – Elle est un signe d'appartenance à un groupe social	– Elle permet de nommer le produit/service – Elle véhicule une image – Elle permet de se différencier des concurrents – Elle constitue un élément fédérateur pour la clientèle

Les qualités d'un nom de marque sont les suivantes :

Qualité	Descriptif	Exemples
Lisible, euphonique, audible	Facile à prononcer, facile à lire, harmonieuse	Orange, Daucy
Évocatrice, significative	En adéquation avec le produit, avec le positionnement	Canal +, Novotel, Taillefine
Courte, mémorisable, distinctive	Facilement mémorisable, sans risque de confusion avec une autre marque	Lion, Lu, Bic
Déclinable, évolutive	Réutilisable en étant déclinée	Nestea, Nescafé, Nesquick, Nespresso, Neslait
Exportable	Utilisable à l'étranger	Triumph, Fanta

c. Les formes de la marque

La marque peut se présenter sous différentes formes :

- lettres, chiffres (ex. : Chanel N° 5) ;
- mots, sigle (ex. : BMW) ;
- patronyme (ex. : Lacoste) ;
- lieu géographique (ex. : Evian) ;
- suite de mots (ex. : *What else?*) ;
- néologisme (ex. : Régilait) ;
- signal sonore (ex. : musique 118/218) ;
- dessin, logo (ex. : virgule de Nike) ;
- couleur (ex. : orange Hermès) ;
- hologramme, relief (ex. : chevrons Citröen).

d. La typologie des marques

Il est d'usage de distinguer les marques de producteur (ou de fabricant), les marques de distributeur et les marques de service.

Marques de fabricant	Marques de distributeur	Marques de service
Créées par les fabricants, elles sont internationales, nationales ou régionales (ex : Sony, Evian…).	Créées par le distributeur (qui ne les fabrique pas), elles sont présentes uniquement dans ses enseignes (ex : Casino, Carrefour).	Ce sont les marques de prestataires de services (ex : Manpower, MACIF, Crédit Lyonnais).

Les marques de distributeur peuvent prendre des formes spécifiques :

- marques d'enseigne : les marques portent le nom de l'enseigne du distributeur. Les prix sont généralement plus bas que ceux des marques nationales ;
- marques propres : leur nom diffère de celui de l'enseigne, même si les produits sont développés par le distributeur (ex. : Reflets de France ; Tex pour Carrefour) ;
- marques premier prix : elles sont développées par les distributeurs, pour contrer le *hard discount* (ex. : marque Top Budget lancée par Intermarché en 2003) ;
- contremarques : sont des marques de distributeur cherchant à contrer des marques leaders en les imitant (nom, emballage, conditionnement).

1.2. Réglementation et protection

a. Aspects réglementaires

Juridiquement, la marque confère un droit exclusif à son détenteur, qui est seul à pouvoir l'utiliser. Au regard de l'Institut national de la propriété industrielle (INPI), la protection est la même, qu'il s'agisse d'une marque de producteur, de distributeur ou de service. Néanmoins, pour que la marque soit valablement reconnue, quatre conditions doivent être respectées :

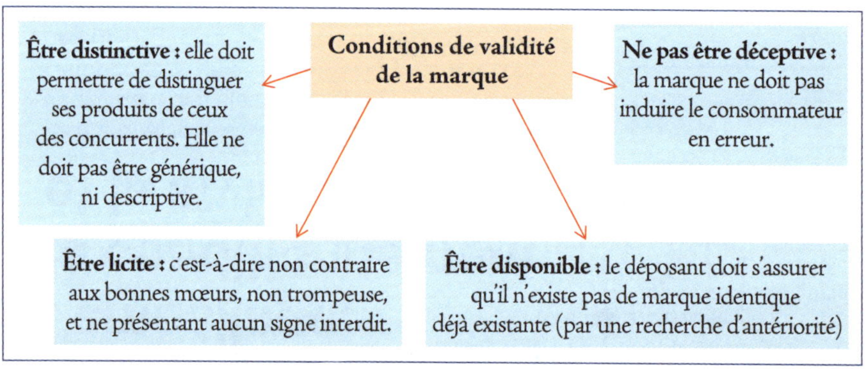

EXEMPLE Une marque de ski ne peut pas s'appeler Ski (insuffisamment distinctif).
Opium (d'Yves Saint Laurent) peut conserver cette appellation, car il n'y a pas de lien entre la substance évoquée et le parfum.
Les drapeaux nationaux et les sigles officiels sont protégés et ne peuvent pas être utilisés pour une marque (caractère illicite).
La marque Sojasun ne pourrait pas proposer des produits à base de lait (caractère non déceptif).

b. La protection de la marque

Pour être protégée en France, la marque doit être déposée auprès de l'INPI. Cette action permet, pendant une durée de 10 ans, de :
- se prévaloir en cas de contrefaçon;
- faire opposition au dépôt d'une marque identique;
- revendiquer la nullité d'une marque (ex. : marque non distinctive).

Il y a déchéance de la protection en cas de non-exploitation de la marque après un délai de 5 ans.
Le traité sur la marque communautaire de 1996 permet de bénéficier d'un droit de propriété valable dans tous les pays de l'Union européenne pendant une durée de 10 ans, par dépôt auprès de l'OHMI (Office de l'harmonisation du marché intérieur).
Au niveau mondial, l'OMPI (Organisation mondiale de la propriété intellectuelle) permet de déposer une marque dans tous les pays où le déposant souhaite se protéger.
Néanmoins, la marque est un actif périssable : elle se perd en cas de non-exploitation ou d'imprudence (non-renouvellement de la protection au terme des 10 ans), ou elle est dévalorisée en cas d'erreur commerciale (ex : la marque Pierre Cardin et la vente de licences à des sociétés chinoises).

1.3. L'image de marque

Elle constitue l'ensemble des « représentations affectives et rationnelles associées par un individu à une marque, un produit, une entreprise ». Elle repose sur des critères objectifs (prix, caractéristiques du produit) et subjectifs (l'imaginaire qui valorise le produit).
L'image de marque, qui se construit dans le temps, est la rencontre de trois images :

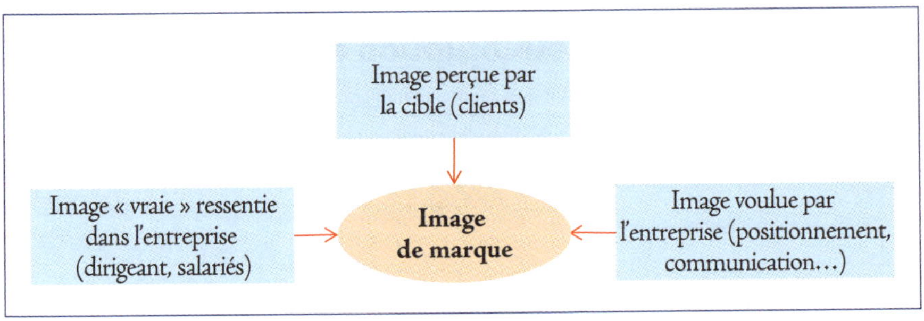

Pour le client, l'image de marque est personnelle, subjective et stable : elle repose sur des attitudes et des émotions répétées, spontanées ou inconscientes. Elle est ce que perçoit le consommateur, ce qui lui permet de faire simplement un choix.
Pour l'entreprise, l'identité de marque (éléments constitutifs de l'existence de la marque) est composée d'un ensemble d'éléments permanents qui structurent l'image.

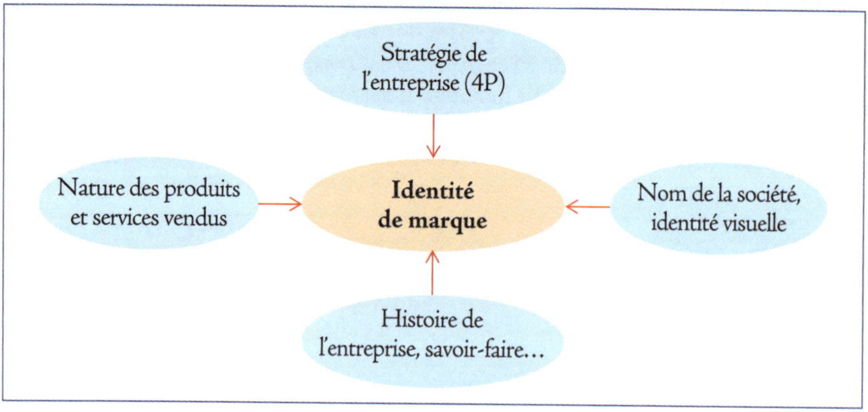

2. L'emballage et le conditionnement

2.1. Définitions

Le conditionnement (ou packaging) est le contenant du produit, c'est-à-dire l'enveloppe en contact direct avec le produit. L'emballage est constitué des enveloppes complémentaires ajoutées au conditionnement, qui permettent de protéger le produit, de le vendre sans fractionnement et de faciliter les opérations de manutention.

EXEMPLE Un pack de yaourts de 6 ou 12 pots (conditionnement), qui ne peuvent pas être vendus à l'unité et qui sont regroupés dans un emballage cartonné, facilite les opérations de manutention (mise en rayon et prise en main pour le client).

Parfois, l'emballage et le conditionnement forment un tout.

EXEMPLE Une boîte de conserve.

2.2. Fonctions

L'emballage et le conditionnement jouent un rôle technique et commercial :

Rôle technique	Rôle commercial
– Conserver les produits et assurer la sécurité des consommateurs : sécurité alimentaire, maintien des qualités techniques, des caractéristiques chimiques… (emballage sous vide) – Protéger les produits contre les agressions extérieures (choc, lumière, froid…) – Protéger les produits contre le vol (blister inviolable) – Faciliter la consommation et le stockage des produits : conditionnement adapté aux usages de consommation (ex. : lessive concentrée en petit format) – Faciliter le transport et la manutention chez le distributeur (carton, palette…)	– Faciliter l'implantation des produits en rayon grâce à une standardisation des contenants (dimensions compatibles) – Attirer l'attention des consommateurs (fonction de « vendeur muet » essentiel en libre service, car le produit se vend seul) et faciliter le repérage des produits – Informer les consommateurs sur le produit : composition, poids… – Véhiculer l'image de l'entreprise, du produit (positionnement) au travers de ses composantes : matériaux, couleurs, graphisme, forme – Transmettre des valeurs liées à l'écologie : emballage recyclable, tri sélectif…

2.3. La composition des emballages

Les matériaux utilisés pour l'emballage et le conditionnement dépendent de la nature du produit et de ses caractéristiques commerciales (perception par la clientèle de l'image, du positionnement) :

- le bois ou le verre sont des matériaux évocateurs de qualité mais coûteux ;
- le métal banalise souvent le produit car les formes sont standardisées ;
- le plastique se travaille facilement (forme, couleur…) ; il est largement utilisé malgré son impact environnemental ;
- les matériaux composites sont souvent utilisés dans le domaine alimentaire pour leurs qualités de conservation et leur résistance (barquette « micro-ondable ») ;
- le carton offre plusieurs avantages : coût, recyclage, solidité ; il véhicule une image écologique.

Les entreprises sont invitées à développer une démarche éco-citoyenne : valorisation des déchets et recyclage.

2.4. L'étiquette

Elle figure sur l'emballage et comprend des mentions (obligatoires et non obligatoires) qui permettent de :

- distinguer le produit ;
- informer le consommateur (nom du produit, origine, poids, date limite de consommation, composition…) ;
- repérer le produit dans le rayon ;
- faciliter la gestion du produit grâce au code-barres (GENCOD) apposé sur l'étiquette.

REMARQUE

Le code QR (Quick Response) est un code-barres en deux dimensions dont le contenu mixte (technique et commercial) peut être décodé rapidement chez le distributeur par un lecteur de codes QR, et par le client final via un téléphone mobile ou un Smartphone. Il permet de stocker une multitude d'informations sur le produit, le service vendu (ses caractéristiques, son prix…), et contient des informations à caractère commercial et publicitaires (un individu peut ainsi visionner la bande-annonce d'un film par lecture du code QR apposé sur l'affiche du cinéma, et réserver et payer sa place avec son téléphone…).

3. La stylique

3.1. Définition

La stylique (ou *design*) désigne l'ensemble des éléments qui contribuent à l'apparence visuelle d'un produit, d'un service, d'une marque (forme, volume, couleur…).

La stylique du produit vise deux objectifs :

- séduire, par l'apparence et l'image visuelle véhiculée ;
- faciliter la fonctionnalité du produit, du service ou de la marque.

EXEMPLE Le fromage Babybel est parfaitement identifiable grâce à sa forme, sa couleur, son procédé d'ouverture, son emballage et son conditionnement (coque en cire rouge + feuille plastique alimentaire)… Il symbolise, caractérise un moment de consommation et véhicule une image sympathique.

La stylique porte sur trois domaines complémentaires :

Design produit	Design graphique	Design d'architecture
Définition des qualités intrinsèques, ergonomiques et fonctionnelles du produit ou service	Travail sur la forme, les couleurs, le logo, la signalétique, les documents commerciaux et la chartre graphique	Définition dans le temps et l'espace des composantes de l'environnement de l'offre : bâtiments, locaux, mobilier…

3.2. Fonctions

- La stylique donne une personnalité au produit/service.
- Elle permet d'affirmer l'identité de l'entreprise et de la distinguer des concurrents.
- Elle agit comme un vecteur de communication et de valorisation de l'offre.
- Elle met en valeur les caractéristiques importantes de l'offre que le consommateur perçoit à travers des formes, des couleurs, des codes. C'est ce qui permet la différenciation des produits standardisés.

3.3. La stylique dans les services

Pour les services, le *design* est primordial puisque l'offre est intangible, immatérielle. Pour se différencier, l'entreprise doit privilégier le cadre d'achat et de délivrance de la prestation, donner du confort, humaniser le concept technologique.

Le client perçoit la qualité de l'offre de service au travers de :
- la localisation, l'architecture des locaux ;
- l'aménagement de l'espace de vente ;
- les facteurs d'ambiance (couleurs dominantes, éclairage) ;
- les équipements, leur nombre, leur modernité (ordinateurs, écrans) ;
- la présentation et la tenue du personnel (code vestimentaire) ;
- la qualité de présentation des documents commerciaux ;
- la qualité de présentation et l'originalité des supports publicitaires.

EXEMPLE Les agences Hertz (location de voitures) sont toutes agencées et aménagées sur le même modèle : la tenue du personnel est uniformisée, les documents commerciaux respectent une même charte graphique. Dans les chaînes hôtelières (Campanile, Novotel, Mercure…), des standards sont imposés pour la présentation des chambres : dimensions, aménagement, couleurs, équipement de confort (minibar, sèche-cheveux…).

Mots-clés

MARQUE DE PRODUCTEUR, MARQUE DE DISTRIBUTEUR, CONTRE-MARQUE, INPI, IMAGE DE MARQUE, CONDITIONNEMENT, EMBALLAGE, CODE-BARRES, CODE QR, STYLIQUE

6 Le marché

1. Le marché et ses composantes
1.1. Définition
1.2. Les composantes du marché
2. Les différents types de marché
3. Les caractéristiques du marché
3.1. Une approche centrée sur le client
3.2. Une approche centrée sur l'offre et sur l'environnement

Pour maîtriser son développement, l'entreprise délimite son marché tout en évaluant les menaces et opportunités de son environnement.

1. Le marché et ses composantes

1.1. Définition

Le marché est considéré comme un espace physique ou virtuel où s'expriment :
– le pouvoir d'achat et les attentes des consommateurs (besoins et motivations) ;
– la volonté de vendre de la part des producteurs et des distributeurs.

1.2. Les composantes du marché

L'analyse du marché permet de dégager trois composantes majeures : la demande, l'offre, et l'environnement (qui exerce une influence sur l'ensemble des acteurs).

Composante	Élément
La demande	Le consommateur utilise le produit ou service.
	L'acheteur effectue l'achat.
	Le décideur prend la décision d'achat.
	Le prescripteur conseille ou prescrit le produit.
	Le leader d'opinion influence la décision d'achat.
L'offre	Le producteur élabore le produit ou service.
	Le distributeur commercialise le produit.
L'environnement (DESTIN)	Démographique : structure et évolution de la population
	Économique : revenus, consommation, emploi, pouvoir d'achat
	Socioculturel : structure sociale, culture, éducation, traditions, religion
	Technologique : procédés de fabrication et innovations techniques
	Institutionnel / légal : encadrement des activités et réglementation
	Naturel et écologique : actions en faveur du développement durable

2. Les différents types de marché

Type de marché	Descriptif	Exemple de produit	Exemple de service
Marché générique	Marché centré sur un besoin particulier	Équipement de la maison	Loisir
Marché support	Subdivision du marché générique centrée sur des attentes spécifiques	Revêtement de sol	Séjour organisé

Type de marché	Descriptif	Exemple de produit	Exemple de service
Marché du produit ou marché principal	Regroupe des produits ou services ayant des caractéristiques communes d'utilisation	Carrelage	Club de vacances
Marché complémentaire	Produits ou services pouvant être associés au produit principal	Colle et ciment de pose	Transport aérien
Marché substitut	Regroupe les produits et services substituables	Parquet	Séjour culturel

3. Les caractéristiques du marché

- Analyse quantitative : il faut connaître le nombre de consommateurs, de concurrents, le volume de produits ou services échangés, le chiffre d'affaires et la part de marché des concurrents, et caractériser les évolutions de ces variables au cours des dernières périodes.
- Analyse qualitative : il faut savoir comment les consommateurs se comportent (motivations et freins) et apprécier la stratégie des concurrents afin de dégager les tendances de l'évolution du marché.

Pour analyser son marché, l'entreprise effectue deux approches séparées.

3.1. Une approche centrée sur le client

Cette approche met en lumière la composition du marché et les possibilités d'évolution. Pour progresser, une entreprise agit sur les clients de la concurrence et sur les non-consommateurs relatifs (ceux qui ne consomment pas encore).

<table>
<tr><td>Clients de l'entreprise</td><td>Clients de la concurrence</td><td>Non-consommateurs relatifs</td><td>Non-consommateurs absolus</td></tr>
<tr><td colspan="2">Marché actuel du produit</td><td></td><td></td></tr>
<tr><td colspan="3">Marché potentiel du produit</td><td></td></tr>
<tr><td colspan="4">Marché total</td></tr>
</table>

3.2. Une approche centrée sur l'offre et sur l'environnement

Caractéristique	Type de marché
Intensité de la concurrence	Marché monopolistique, oligopolistique ou concurrentiel
Étendue de la concurrence	Marché local, régional, national, international, mondial
Secteur d'activité	Marché des biens, marché des services
Filière de transformation	Marché amont, marché aval
Périodicité de l'activité	Marché saisonnier, marché permanent, marché cyclique
Réglementation	Marché réglementé (encadré par des normes)

Mots-clés

MARCHÉ, MARCHÉ GÉNÉRIQUE, MARCHÉ SUPPORT, MARCHÉ PRINCIPAL, MARCHÉ COMPLÉMENTAIRE, MARCHÉ SUBSTITUT, MARCHÉ ACTUEL, MARCHÉ POTENTIEL

7 La demande globale

1. Les niveaux et les indicateurs de la demande
1.1. Les niveaux d'analyse de la demande
1.2. Les indicateurs de la demande
2. L'importance de la prévision de la demande
2.1. Prévoir pour coordonner les actions opérationnelles
2.2. Prévoir pour améliorer sa compétitivité
3. Les méthodes de prévision de la demande

La demande globale résulte du pouvoir et du vouloir d'achat des consommateurs. Analyser et prévoir cette demande sont des préalables indispensables à toute action sur le marché.

1. Les niveaux et les indicateurs de la demande

La demande globale pour une période se définit comme la somme de toutes les attentes individuelles qui s'expriment sur un marché clairement identifié.

1.1. Les niveaux d'analyse de la demande

a. Niveau 1 : identifier le cadre de référence

Il est important de connaître ce cadre pour délimiter le domaine de recherche des informations sur la demande. Par conséquent, il importe de savoir :
– quel est le bien de consommation courante, industriel ou service dont il s'agit;
– quel est le territoire géographique : local, national ou international;
– quelle est la période retenue : antérieure, actuelle ou future.

Remarque

Identifier les niveaux de la demande suppose que l'on adopte une vision mercatique du marché, en sachant délimiter le marché générique, le marché support, le marché principal et les marchés de substitution ou complémentaires.

b. Niveau 2 : connaître les intervenants

Analyser la demande globale	Connaître les consommateurs	– Qui ? Profil des clients – Quand ? Occasions d'achat – Où ? Lieux d'achat – Pourquoi ? Motivations et freins à l'achat – Comment ? Comportements d'achat et influences – Combien ? Volume, valeur et fréquence d'achat	
	Repérer les non-consommateurs et identifier les freins à l'achat	**Non-consommateurs absolus (NCA) :** ceux qui ne consomment pas le produit pour des raisons physiques, morales ou religieuses ; ces raisons permanentes sont à identifier.	
		Non-consommateurs relatifs (NCR) : ceux qui ne consomment pas pour des raisons personnelles ; ces raisons sont à mettre en évidence (analyser l'intensité et la durée des freins).	**NCR volontaires :** ceux qui ont fait un choix de non-consommation temporaire ; il faut comprendre les raisons de ce choix.
			NCR involontaires pour des raisons géographiques, commerciales ou socioéconomiques indépendantes de leur volonté

c. Niveau 3 : comprendre la structure de la demande globale

<table>
<tr><td colspan="6">Niveau théorique de la demande globale</td></tr>
<tr><td colspan="5">Niveau théorique de la demande potentielle</td><td>NCA</td></tr>
<tr><td colspan="3">Niveau théorique de la demande effective</td><td>NCR volontaires</td><td>NCR involontaires</td><td></td></tr>
<tr><td colspan="2">Demande réelle</td><td>Demande de produits de substitution</td><td colspan="3"></td></tr>
<tr><td>Demande actuelle à l'unité commerciale</td><td>Demande actuelle à la concurrence</td><td colspan="4"></td></tr>
</table>

1.2. Les indicateurs de la demande

a. Indicateurs quantitatifs

Type d'indicateur	Caractéristiques
Indicateur de volume	– Volume de consommation d'un secteur *(source : INSEE)* – Ventes en volume réalisées par famille de produits, toutes marques confondues *(source : panels de distribution et organisations professionnelles)* – Nombre de contrats pour les sociétés de services
Indicateur de valeur	– Dépenses commercialisables effectuées par les ménages (ex. : dépenses alimentaires ou dépenses d'équipement de la maison - *source : INSEE et CECOD : Centre d'étude sur le commerce et la distribution*) – Évolution du pouvoir d'achat *(source : INSEE)* – Publication des chiffres d'affaires des sociétés *(source : rapports annuels des entreprises, Chambre de commerce et d'industrie)*
Indice	– Indice de disparité de la consommation - IDC *(source : CECOD)* – Indice de richesse vive (IRV) calculé par l'institut Proscop.
Coefficient	– Coefficient saisonnier (pour comprendre les fluctuations de la demande dans certaines activités saisonnières) – Coefficient d'élasticité (pour mesurer la sensibilité de la demande par rapport au prix ou à la pression publicitaire)
Taux d'équipement	– Pour les biens durables ou industriels, ce ratio mesure le nombre d'appareils en service par rapport au nombre d'utilisateurs potentiels *(sources : presse professionnelle, ministère de l'Industrie)*
Fréquence	– Fréquence d'achat – Fréquence de visite d'une unité commerciale – Fréquence de renouvellement d'un bien durable – Fréquence d'utilisation d'un produit ou service
Parc	Nombre de biens durables qui sont en service à une date donnée (ex. : parc de voitures ou parc de téléphones portables au 31/12/N)

L'INSEE, le CREDOC (Centre de recherche pour l'etude et l'observation des conditions de vie) et le CECOD publient de nombreux indicateurs sectoriels très utiles pour analyser la demande.

b. Les indicateurs qualitatifs

Type d'indicateur	Caractéristiques
Profil des consommateurs	Qui sont les consommateurs : âge, niveau de revenu, CSP, lieu d'habitation, éducation, style de vie
Habitudes	Comportement d'achat et de consommation guidé par des références socioculturelles
Occasions de consommation	En élargissant les occasions de consommation, il est possible de faire progresser la demande
Lieux d'achat et de consommation	Pour mettre en place des actions commerciales ciblées
Comportement	– Achat impulsif ou réfléchi, seul ou accompagné – Consommation individuelle ou en groupe – Motivations et freins – Influence, conseils, rôle des prescripteurs

2. L'importance de la prévision de la demande

Anticiper la demande permet de planifier les actions commerciales. Cette prévision donne aussi des repères précis à tous les autres secteurs de l'entreprise.

2.1. Prévoir pour coordonner les actions opérationnelles

1. Prévision de la demande	Déterminer le niveau attendu de la demande et les principaux indicateurs à surveiller dans le cadre de la veille concurrentielle (SIM)
2. Stratégie commerciale	– Objectifs de vente à court, moyen ou long termes. – Positionnement et plan de marchéage (produit, prix, distribution, communication) – Gestion des clients et commandes (SIC)
3. Plan de charge des activités de production	– Approvisionnement et logistique – Organisation et gestion des stocks – Planification des activités et cadence de fabrication – Maintenance des équipements de production – Gestion du stock de produits finis
4. Allocation optimale des ressources	– Ressources financières (autofinancement, emprunt, augmentation de capital, fusion, acquisition) – Ressources humaines (compétences, formation, recrutement) – Ressources technologiques (procédés, équipements)

2.2. Prévoir pour améliorer sa compétitivité

Les informations collectées dans le cadre de l'analyse de la demande vont permettre à l'unité commerciale de conduire une réflexion stratégique pour :

- identifier les marchés porteurs stratégiques : ces marchés ou segments de marché réunissent des groupes de consommateurs pour lesquels les besoins sont mal satisfaits, voire insatisfaits ;
- identifier les technologies innovantes : l'innovation va permettre de créer un avantage concurrentiel ;

– identifier les partenaires stratégiques : trouver des alliés parmi les fournisseurs et les distributeurs, construire des partenariats.

3. Les méthodes de prévision de la demande

Demande en volume = Nombre d'acheteurs potentiels × Quantité moyenne par achat et par personne × Nombre d'achats pour la période

Méthode	Caractéristiques
Méthode statistique	– Prévision par extrapolation des tendances passées (ajustement linéaire pour les cas simples) – Utilisation des coefficients saisonniers pour reproduire les cycles des saisons. – Application de pourcentages d'évolution (évolution des prix, des quantités, des parts de marché des concurrents) – Application des coefficients d'élasticité afin de prendre en compte la sensibilité de la demande aux variations de prix
Sondage, enquête d'opinion, étude	– Étude menée avec des experts internes ou externes – Étude sur les intentions d'achat – Étude de motivation – Enquête menée auprès des acheteurs potentiels
Méthode expérimentale	– Mise en place de marchés tests dans un espace géographique plus ou moins vaste – Prévision par comparaison avec un marché dont l'évolution est similaire ; ce marché est considéré comme témoin.
Utilisation de modèle mathématique	Toutes les grandes entreprises possèdent des bases de données (SIM) et des logiciels de prévision de la demande paramétrables permettant de réaliser des simulations en intégrant de nombreuses variables liées aux comportements des acheteurs potentiels, aux réactions des concurrents ou aux changements de l'environnement.

Pour un réseau d'unités commerciales, la prévision de la demande est assurée par le service Marketing. Il est important de trouver le meilleur compromis entre le coût de cette démarche, les délais nécessaires et la fiabilité de cette prévision.

Mots-clés

DEMANDE GLOBALE, DEMANDE POTENTIELLE, DEMANDE EFFECTIVE, DEMANDE RÉELLE, NON-CONSOMMATEUR ABSOLU, NON-CONSOMMATEUR RELATIF, MÉTHODE STATISTIQUE, MÉTHODE EXPÉRIMENTALE, ENQUÊTE

8

Les facteurs explicatifs du comportement des consommateurs

1. Les facteurs personnels
1.1. Description du schéma général d'interaction
1.2. Définition des notions essentielles
2. Les autres facteurs
2.1. Les facteurs interpersonnels
2.2. Les facteurs liés à la situation d'achat

Le comportement du consommateur est la résultante de nombreux facteurs personnels mais aussi interpersonnels et culturels. Analyser ce comportement ouvre la possibilité aux unités commerciales d'agir sur celui-ci et donc d'accroître leur force de conviction auprès des consommateurs potentiels.

1. Les facteurs personnels

1.1. Description du schéma général d'interaction

Même s'il est difficile de dégager un schéma universel de comportement, on peut élaborer un schéma général de l'interaction des facteurs personnels :

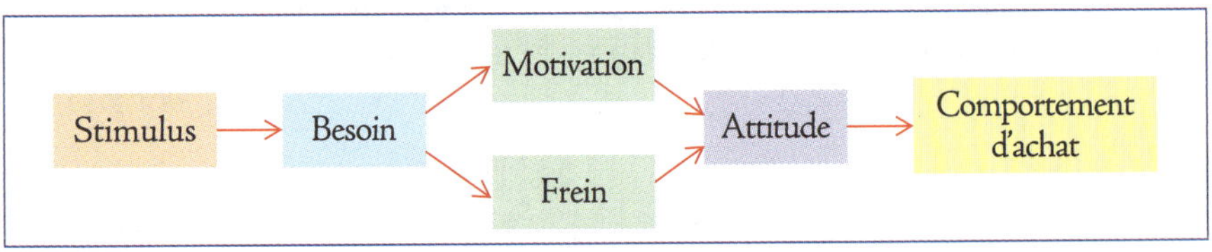

1.2. Définition des notions essentielles

a. Le stimulus

C'est un élément de nature variable qui rompt la tranquillité dans laquelle se trouve l'individu. Il peut être de nature sensorielle (olfactive, visuelle, sonore…) mais aussi commerciale (une offre spéciale à prix attractif, une publicité). Il sert de déclencheur à un phénomène qui aboutira éventuellement à un achat.

EXEMPLE Une bonne odeur de croissant peut donner envie d'en acheter même si on vient de prendre son petit déjeuner.

b. Le besoin

Il est défini comme l'état de tension ressenti par un individu, qui va alors chercher à le satisfaire pour retrouver son état de repos. Maslow, auteur américain, s'est longuement attaché à analyser ce concept et a conçu une pyramide à plusieurs niveaux qui obéit à plusieurs postulats :

- un comportement correspond à un seul niveau de besoin ;
- on ne peut atteindre un niveau de besoin que si le niveau précédent a été satisfait.

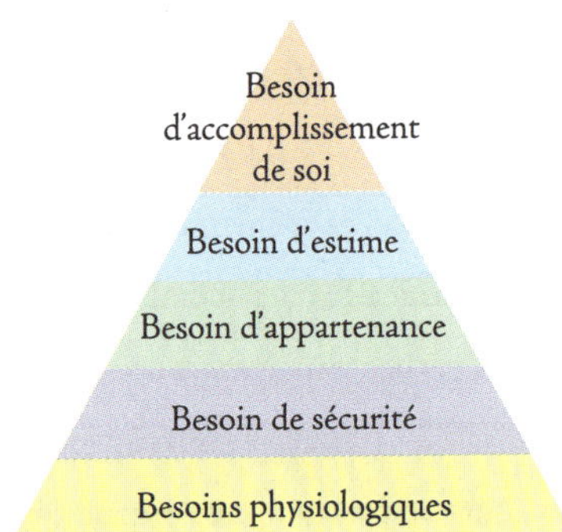

Type de besoin	Description du besoin
Accomplissement de soi	Faire ce que l'on veut en s'affranchissant du regard des autres
Estime	Être reconnu comme un individu d'exception
Appartenance	Se situer socialement au travers de ses activités, son standing
Sécurité	Préserver ce qui a été accumulé (épargner, être propriétaire)
Physiologique	Besoins de base pour survivre (boire, manger, se loger, se vêtir)

c. La motivation

Une motivation est un moteur, un élément qui pousse à agir. Elle peut être :
- oblative : envie de faire plaisir, d'offrir un cadeau ;
- hédoniste : profiter de la vie et des bons moments, se faire plaisir ;
- d'autoexpression : montrer sa personnalité, son caractère, à travers ses achats.

EXEMPLE L'individu qui passe devant une boulangerie en sentant la bonne odeur des croissants se dit qu'il peut bien s'accorder un petit plaisir (motivation hédoniste).

d. Le frein

C'est au contraire ce qui retient d'agir. Ses origines peuvent être diverses mais il peut être levé par une argumentation commerciale. À l'inverse, une inhibition (interdiction formelle d'un comportement ou d'une action, par exemple interdiction d'origine religieuse) ne peut pas être levée.

EXEMPLE Certaines religions interdisent de manger du porc.

e. L'attitude

C'est la résultante des besoins et de la motivation. Elle est généralement définie comme la position finale adoptée par rapport à un problème donné ; en matière commerciale, ce peut être le fait d'acheter ou non le produit. Elle se compose de trois éléments :
- composante cognitive : ce que le consommateur connaît du problème ;
- composante affective : ce que le consommateur pense du problème de façon intuitive, ce qu'il éprouve ;
- composante conative : ce que le consommateur pense faire en définitive.

EXEMPLE Un individu envisage un traitement par injections de Botox. La composante cognitive est ce qu'il sait du Botox (c'est une toxine). La composante affective sera relative à ce qu'il pense de l'idée de rajeunir (c'est stupide ou non) et à ce que les autres penseraient de ce rajeunissement. Enfin, la composante conative est ce qu'il va faire (prendre rendez-vous chez un médecin, continuer à se renseigner).

f. La personnalité

Même si celle-ci n'apparaît pas dans le schéma général, on peut dire qu'elle joue un rôle explicatif dans les comportements d'achat, ainsi qu'un rôle de fond des autres variables. Cependant, il n'existe pas encore d'études scientifiques démontrant avec certitude son impact sur les comportements d'achat. Des exemples tendent toutefois à l'illustrer.

EXEMPLE Les personnes anxieuses ont tendance à acheter plus de produits de marque que les autres.

g. Le comportement

Il est la résultante de tous ces éléments personnels et se concrétise par la volonté d'acheter. D'autres facteurs entreront en jeu plus tard dans le processus pour déterminer le lieu d'achat et le choix du produit.

2. Les autres facteurs

En plus des facteurs individuels, d'autres éléments influencent indirectement le consommateur, de façon volontaire ou non. Ces facteurs sont liés à son environnement humain et matériel.

2.1. Les facteurs interpersonnels

a. Les groupes

Au cours de sa vie sociale, tout individu est amené à intégrer des groupes ou « ensemble de personnes ». On en distingue deux catégories :
- les groupes d'appartenance, qui sont ceux dans lesquels la personne se trouve de fait par son travail ou ses activités (ex : une classe de lycée, les habitants d'un immeuble…) ;
- les groupes de référence, qui sont ceux auxquels l'individu souhaiterait appartenir.

Tous deux ont une influence sur le comportement du consommateur. L'individu devra adopter les normes et valeurs de chaque groupe d'appartenance (sous peine d'en être exclu) ; ces valeurs ont un impact direct sur les modes de vie et de consommation.

EXEMPLE Une personne végétalienne (qui ne consomme aucun aliment d'origine animale, ni lait ni œufs) ne portera pas de vêtement en cuir.

Les groupes de référence génèrent des comportements d'imitation et d'appropriation des signes distinctifs les plus visibles de leur catégorie pour accélérer leur intégration (et donc la transformation de groupe de référence en groupe d'appartenance). L'adoption d'une tenue vestimentaire est souvent la première étape vers un nouveau positionnement.

EXEMPLE Un jeune professeur abandonnera pendant ses premiers cours les jeans qu'il porte habituellement pour une tenue plus classique, afin de marquer sa différence avec ses élèves (qui ont parfois quasiment son âge) et concrétiser son changement de statut.

b. La famille

La famille est aussi un groupe mais de nature particulière : c'est le premier groupe dont on subit l'influence et aussi celui dont les valeurs marqueront le plus l'individu tout au long de sa vie. Les inhibitions proviennent souvent de l'espace familial.

Le cycle de vie de la famille, c'est-à-dire le stade de la vie dans lequel on se trouve, a un impact sur le comportement d'achat de ses membres en termes de structure des dépenses et de priorités de consommation.

EXEMPLE Un jeune couple avec un enfant en bas âge accordera la priorité aux dépenses liées au bien-être du bébé (alimentation, soins, garde, santé). Plusieurs années après, le même couple cherchera à financer les études de l'enfant et s'offrira des voyages d'agrément.

c. Les classes sociales

Elles sont définies comme des groupes d'individus homogènes par leur statut social, leur mode de vie, leur condition matérielle, leur comportement et leur vision du monde. On peut rapprocher de cette notion les « styles de vie », terme plus mercatique qui synthétise en une typologie des groupes d'individus ayant des comportements et des valeurs similaires.

2.2. Les facteurs liés à la situation d'achat

En plus des facteurs liés à l'individu et à ses interactions sociales, le type de produit acheté et, plus largement, la situation d'achat ont une influence sur le comportement.

a. La notion de risque

Lors d'une prise de décision, le consommateur se trouve confronté à l'incertitude de se tromper ou de faire un mauvais choix. Le « risque » est la possibilité de subir des pertes à l'occasion de l'achat d'un produit. Dès 1960, l'Américain Raymond Bauer a distingué quatre composantes de ce risque :

Risque physique (se blesser)	Risque financier (gaspiller son argent)
Risque psychologique (déplaire)	Risque de perte de temps (perdre son après-midi dans l'UC)

Le risque perçu par le consommateur peut être réduit grâce à une bonne information et une argumentation commerciale pertinente. S'il ne disparaît pas, il constituera un obstacle au comportement d'achat.

b. L'implication

L'implication se définit comme l'importance que l'individu attache à la décision qu'il doit prendre et, par conséquent, à l'intérêt qu'il porte à un produit ou à une marque. Le consommateur aura un comportement différent selon le degré d'implication associé à l'achat.

Degré d'implication	Conséquence	Exemple
Faible	Achat rapide, automatique	Une plaquette de beurre
Moyen	Légère réflexion, essai du produit	Une eau de toilette
Important	Processus d'achat long : recherche d'informations, réflexion, sensibilité au discours commercial	Une voiture

Un produit impliquant est souvent risqué dans sa composante physique psychologique ou financière.

c. La situation d'achat

C'est le contexte dans lequel se déroule l'achat. Des études ont démontré son influence. Le fait d'être en vacances, en période de soldes ou de fêtes pousse à acheter plus et de façon moins réfléchie et moins raisonnée.

Mots-clés

FACTEUR PERSONNEL, BESOIN, MOTIVATION, FREIN, ATTITUDE, GROUPE D'APPARTENANCE, GROUPE DE RÉFÉRENCE, RISQUE, IMPLICATION

9 La segmentation de la demande globale

1. La notion de segmentation
2. Principe et intérêt de la segmentation
2.1. Le principe : division et regroupement
2.2. L'intérêt de la segmentation
3. Les critères de segmentation
4. Les méthodes de segmentation

La demande englobe une multitude de consommateurs qui se différencient par leurs origines, leurs besoins, leurs comportements…
La segmentation permet de définir des groupes plus homogènes afin de mettre en place une stratégie commerciale adaptée.

1. La notion de segmentation

La segmentation est un processus d'analyse qui permet de diviser un ensemble hétérogène en sous-ensembles homogènes appelés « segments ». Segmenter la demande globale consiste à identifier les groupes de consommateurs qui présentent des caractéristiques similaires en termes de besoin, d'attitude et de comportement.

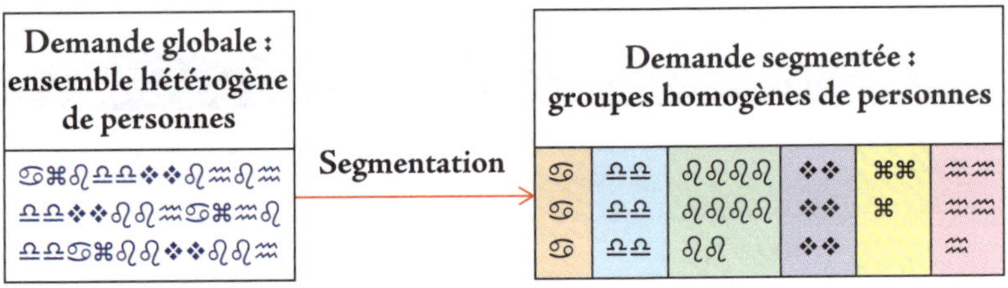

REMARQUE

Il est fréquent qu'un même produit ou service soit acheté par des particuliers, des entreprises et des collectivités. Du point de vue mercatique, ces segments de clientèle potentielle peuvent être abordés différemment.

2. Principe et intérêt de la segmentation

2.1. Le principe : division et regroupement

Segmenter la demande globale consiste à rechercher des différences entre les consommateurs : préférences, attitudes, origine sociale, pouvoir d'achat… C'est aussi trouver des similitudes entre des individus différents qui ont des besoins semblables et adoptent le même type de comportement.
Pour appliquer ce principe de division et de regroupement, on prend en compte les variables explicatives de la demande ; une analyse critique dégagera ensuite les variables les plus pertinentes.
Sur un segment précis, les individus se ressemblent : le segment est homogène. On pourra ainsi dresser un profil-type du segment.

EXEMPLE Pour la demande de yaourts, un segment particulier regroupe des consommateurs réguliers convaincus des vertus thérapeutiques du produit.

Les segments doivent être :
- viables : un segment viable est stable ; il regroupe un nombre suffisant d'individus pour lancer des actions mercatiques rentables ;
- différenciés : les segments doivent être clairement distincts les uns des autres ;
- mesurables : on peut mesurer en nombre d'individus, en volume d'achat, en valeur et pouvoir d'achat ;
- accessibles : les segments doivent être accessibles par rapport au réseau de distribution et en termes de communication. Il sera nécessaire de prendre en compte les coûts d'accès aux segments (frais de communication + frais de mise en place du réseau de distribution + frais de conception de produits spécifiques).

2.2. L'intérêt de la segmentation

L'intérêt majeur de la segmentation est de faciliter l'identification et le repérage des cibles de la stratégie commerciale.

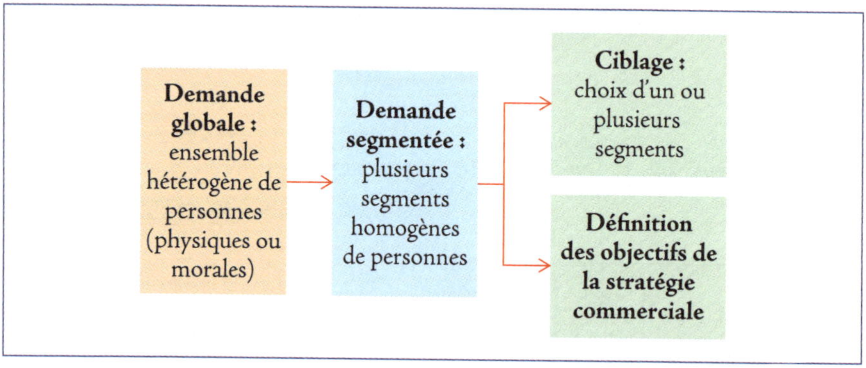

Étape	Explications
1. Comprendre les attentes spécifiques de chaque segment	En repérant les segments de la demande, l'unité commerciale peut détecter des groupes de consommateurs nécessitant une meilleure approche.
2. Identifier de nouvelles opportunités	Des segments peu concurrentiels peuvent être mis en évidence et représenter des opportunités pour le développement (ex. : la demande de yaourts a progressé grâce à l'introduction des yaourts « alicaments »).
3. Choisir une réponse stratégique	L'unité commerciale va ajuster sa stratégie : – **stratégie différenciée :** stratégie différente pour chacun des segments ; – **stratégie concentrée :** la stratégie vise un seul segment ; – **stratégie indifférenciée :** stratégie unique pour tous les segments (la demande est considérée comme homogène).
4. Adapter son plan de marchéage	Le plan de marchéage (offre de produits, prix, distribution, communication) sera construit de manière à renforcer la position de l'unité commerciale sur le(s) segment(s) visé(s).

3. Les critères de segmentation

La demande globale est segmentée selon des critères choisis parmi les variables qui influencent le comportement individuel des clients potentiels.

Famille de critères	Marché grand public (B to C)	Marché des entreprises (B to B)
Critères descriptifs	– Géographiques : localisation urbaine ou rurale, taille des agglomérations, région – Démographiques : âge, sexe, taille du foyer	– Géographiques : localisation locale, régionale, nationale – Signalétiques : effectif salarié, secteur d'activité, forme juridique
Critères socio-économiques	– Revenus : tranche de revenus – Statut social : actif, retraité, étudiant, chômeur… – Profession et catégorie socioprofessionnelle (CSP)	– Chiffre d'affaires réalisé – Volume d'achat des clients (comptes stratégiques, grands comptes, petits comptes) – Taux d'internationalisation – Catégorie 20-80 (20 % des clients réalisent 80 % du chiffre d'affaires)
Critères comportementaux	– Fréquence d'achat – Panier moyen – Nombre de visites par période – Fidélité à la marque – Analyse des scores (récence, fréquence, montant des achats) – Occasions de consommation – Style de vie (loisirs, culture, niveau d'éducation)	– Fréquence des commandes – Montant moyen des commandes – Délai de règlement – Périodicité des commandes (récence, fréquence, montant) – Fidélité aux partenaires – Style de management
Critères psychologiques	– Caractère ou personnalité – Attitudes et préférences – Valeurs morales ou religieuses	– Profil des décideurs et références culturelles – Préférences d'utilisation – Culture d'entreprise

Avant de choisir un critère, il faut vérifier qu'il est :

– discriminant : c'est-à-dire capable de séparer les individus en groupes clairement distincts ;
– pertinent : il explique les écarts significatifs de demande entre les segments ;
– opérationnel : il permet de mesurer et de comparer les segments.

En liaison avec le système d'information mercatique (SIM), le croisement de plusieurs critères permet d'établir une segmentation plus fine et de dresser le profil type de chaque segment de la demande globale ; on parle d'« analyse multicritère ».

4. Les méthodes de segmentation

Les méthodes de segmentation sont mises en œuvre en utilisant des logiciels de traitement d'enquêtes et d'analyse de bases de données.

Méthode	Descriptif	Propriétés
Segmentation traditionnelle	La méthode comporte trois étapes : – mise en évidence des variables explicatives de la demande ; – choix des critères de segmentation (âge, sexe, urbain ou rural, niveau de revenus…) ; – application des critères et mesure des caractéristiques des segments.	**Méthode descendante :** elle découpe la population de base en plusieurs sous-groupes (ex. : les moins de 30 ans et les plus de 30 ans). Chaque sous-groupe est à son tour subdivisé : hommes de moins de 30 ans, femmes de moins de 30 ans, hommes de plus de 30 ans, etc.
Typologie	La méthode comporte deux étapes : – analyse des caractéristiques des demandeurs ; – regroupement d'individus aux caractéristiques semblables dans un groupe représentant un type particulier de demandeurs.	**Méthode ascendante :** elle regroupe les demandeurs dans des familles typées (ex. : zen, actif, épicurien…). L'institut SOFRES a regroupé les individus en trois catégories liées à la gestion de leur emploi du temps.
Segmentation 20-80	Méthode de découpage statistique principalement utilisée pour les marchés de professionnels.	Selon la loi de Pareto, 20 % des clients potentiels représentent 80 % du volume (ou de la valeur) de la demande.
Segmentation RFM	Méthode de découpage d'une base de données clients avec historique sur plusieurs périodes. Elle utilise 3 critères clés : – la **récence** : date du dernier achat ; – la **fréquence** : nombre d'achats de la période ; – le **montant** : volume ou valeur des achats effectués.	Cette méthode permet de créer un classement des clients : – très bon clients ; – bons clients ; – clients occasionnels ; – futurs non-clients (pas d'achat sur les dernières périodes).

Il ne faut jamais perdre de vue le coût d'accès des segments (efforts de communication, de logistique, d'adaptation de l'offre), qui devra être évalué en regard des avantages commerciaux escomptés. Cette analyse de la rentabilité des segments peut permettre de détecter des niches commerciales (petits segments très rentables).

Mots-clés

SEGMENTATION, STRATÉGIE DIFFÉRENCIÉE, STRATÉGIE CONCENTRÉE, STRATÉGIE INDIFFÉRENCIÉE, CRITÈRES DESCRIPTIFS, CRITÈRES SOCIO-ÉCONOMIQUES, CRITÈRES COMPORTEMENTAUX, CRITÈRES PSYCHOLOGIQUES, SEGMENTATION TRADITIONNELLE, TYPOLOGIE, SEGMENTATION 20-80, SEGMENTATION RFM, NICHE COMMERCIALE

10 Le recueil des informations sur la demande

1. Les méthodes de recueil de l'information
1.1. Les sources documentaires
1.2. Les méthodes qualitatives
1.3. Les méthodes quantitatives
2. Les étapes d'une étude sur la demande
2.1. La question préalable
2.2. Les aspects quantitatifs
2.3. Les aspects qualitatifs

Les unités commerciales ont besoin de connaître le profil de leur clientèle actuelle ou potentielle ainsi que leur nombre. Pour cela, elles doivent collecter des informations.

1. Les méthodes de recueil de l'information

Les UC sont confrontées à une masse importante de données plus ou moins fiables et plus ou moins récentes. Elles doivent donc réaliser de véritables analyses pour parvenir à brosser un tableau de la demande qui soit le plus complet et le plus réaliste possible.

1.1. Les sources documentaires

a. Les sources externes

Des organismes variés, publics ou privés, élaborent des études pour répondre à des approches macroéconomiques statistiques. Les entreprises peuvent ainsi appréhender une réalité globale qu'elles n'auraient pas pu réaliser seules.

	Sources	Apport	Exemple
Sources professionnelles	Organisations et syndicats professionnels	Informations sur les acteurs et sur la conjoncture	www.chaussuredefrance.com (comportements d'achat des clients pour les chaussures)
	Salons professionnels	Intervenants principaux du secteur, actualités	Salon de la franchise (rassemble toutes les enseignes recherchant des franchisés)
Presse	Magazines et revues spécialisés	Chiffres récents, modifications légales et commerciales du marché	Magazine *Libre Service Actualités* (étudie les comportements d'achat dans le commerce alimentaire)
	Presse économique	Actualités	www.lesechos.fr wwwfigaro.fr
Organismes d'étude	INSEE	Statistiques macroéconomiques	Données sur les offreurs, sur la croissance du marché
	Sites des ministères	Statistiques et analyses à échantillon important sur un problème de fond	www.pme.gouv.fr (informations sur le commerce de détail)
	Centres de recherche	Études approfondies sur les comportements des ménages ou des entreprises	www.credoc fr, www.observatoirecetelem.com

b. Les données internes

Elles proviennent des différents services de l'entreprise et prennent des formes variées : statistiques de vente, comptes-rendus des vendeurs… Souvent, la seule étude des sources documentaires ne suffit pas pour obtenir une vision précise du marché. Les UC complètent cette approche par d'autres travaux utilisant des techniques différentes et répondant à des questions variables.

1.2. Les méthodes qualitatives

Elles répondent aux questions « pourquoi » et « comment ». Elles cherchent à connaître, comprendre et expliquer.

Technique	Organisation	Avantage	Inconvénient
Entretien individuel : connaître les motivations du consommateur, les raisons de son comportement	**En profondeur :** on laisse parler librement la personne.	– Permet de bien cerner les motivations – Riche en informations s'il est bien mené	– Difficile à analyser parce qu'on étudie le discours : problème d'interprétation – Pas de généralisation des résultats – Coûteux et long
	Semi-directif : des thèmes sont isolés qui seront tous abordés durant l'entretien.	Permet d'obtenir des réponses à des thèmes précis	
	Papier crayon : l'enquêteur pose des questions et note les réponses.	Analyse plus simple	
Réunion : en plus des entretiens, opposer les avis sur un sujet pour mieux cerner les arguments (pour et contre)	**Table ronde :** réunit plusieurs consommateurs et non-consommateurs d'un produit ; l'animateur joue un rôle de régulateur.	Les arguments avancés sont ceux élaborés par le consommateur et donc plus persuasifs que les autres parce qu'ils ont été pensés par l'utilisateur	– Ne peut pas s'envisager pour toutes les questions – Coût d'organisation important (intervention de spécialistes et besoin de locaux dédiés)
Observation : observer ponctuellement, en situation de consommation réelle ou fictive, les déplacements, les hésitations, la sensibilité à l'information sur le lieu de vente	**En laboratoire :** une UC est reconstituée dans laquelle la personne est filmée dans ses déplacements, elle réfléchit à haute voix.	– Analyse réelle et en direct des comportements – Permet d'appréhender des points impossibles dans le cadre d'autres techniques (hésitation entre divers produits, analyse des itinéraires…)	– Perturbe le processus d'achat (les consommateurs ne sont pas en situation réelle) – Nécessite un équipement et des installations sur l'espace de vente – L'analyse ne peut être réalisée que par des spécialistes – Coût important
	En situation : les consommateurs sont filmés dans l'UC.		

1.3. Les méthodes quantitatives

Elles répondent à la question « combien ».

	Le questionnaire	Le panel
Technique	Recenser les comportements des consommateurs actuels ou potentiels pour les quantifier	Observer et analyser de façon continue une population de consommateurs ou de professionnels pour analyser les évolutions du comportement d'achat.
Organisation	Un questionnaire est distribué ou mis à disposition (directement, par voie postale, ou *via* Internet) des sondés qui répondent à des questions ouvertes ou fermées sur un problème posé. Parfois, le sondeur remplit lui-même le questionnaire en interrogeant le client face à face (dans l'UC ou à proximité)	L'institut de sondage interroge régulièrement un échantillon de population qui se renouvelle lentement. Pour cela, il utilise des technologies facilitant le recueil des données (scannette, boîtier…).
Avantages	– Peu coûteux, – Les résultats peuvent être généralisables si l'échantillon répond aux exigences de représentativité et de taille minimale	– Approche chronique que seule cette technique peut fournir – Capacité à étudier des populations très importantes – Informations en temps réel grâce aux TIC
Inconvénients	– Problème des taux de retour parfois trop faibles – Efficacité conditionnée par la pertinence des hypothèses émises en amont	– Très coûteux, inaccessible aux petites entreprises – Savoir-faire détenu par seulement quelques instituts spécialisés – Non applicable à tous les types de produits (surtout alimentaires) ou de questions.

2. Les étapes d'une étude sur la demande

Elle doit permettre d'identifier sur un marché spécifique « des segments de marché » regroupant des caractéristiques communes et des besoins similaires sur lesquels l'entreprise pourrait envisager de se positionner.
Cette démarche permettra de dégager des domaines d'action en matière de stratégie mercatique.

2.1. La question préalable

Dans le cadre d'un travail d'analyse de la demande, les UC ou les sociétés d'études spécialisées ne se contentent pas d'une seule technique, car chacune apporte des informations de nature différente. Il est toutefois possible de décrire un processus d'enchaînement des techniques :

Étape	Finalité	Suffisant (oui/non) / Résultat
1. Analyse documentaire	Comprendre le problème	Oui / Fin
		Non / Étape 2
2. Analyse qualitative	Cerner des motivations	Oui / Fin
	Émettre des hypothèses	Non / Étape 3
3. Analyse quantitative	Valider ou infirmer les hypothèses (par le nombre)	Oui / Fin
		Non / Étape 4
4. Analyse qualitative	Approfondir un point	Décision

2.2. Les aspects quantitatifs

a. La décomposition de la demande

Avant tout, il faut définir le marché sur lequel on se situe pour fixer le périmètre d'analyse. On s'attachera ensuite à la demande sur ce marché :

- demande actuelle : demande exprimée vis-à-vis d'un produit (acheteurs) ;
- demande potentielle : demande non dirigée actuellement vers l'achat du produit mais qui pourrait le concerner, grâce à des actions mercatiques appropriées. Elle est composée des non-consommateurs relatifs et des acheteurs de la concurrence.

Dans une approche stratégique, les perspectives d'évolution se situent dans l'approche et dans l'acquisition de la demande potentielle afin de conquérir de nouvelles parts de marché. La demande actuelle seule, par le biais de l'augmentation du panier moyen, ne suffit pas à obtenir des évolutions significatives du chiffre d'affaires.

b. Les indicateurs chiffrés

L'analyse porte sur les volumes achetés (consommation en volume) et les sommes dépensées (consommation en valeur). Ces données sont déclinées de façon plus fine avec des analyses mensuelles corrigées des variations saisonnières. Un aspect important reste celui de la prévision, pour juger des opportunités en matière commerciale et détecter les segments rentables.

2.3. Les aspects qualitatifs

a. Les déterminants du comportement

On reprend ici toutes les variables individuelles explicatives du comportement : motivations, freins, mais aussi les facteurs interpersonnels (famille, culture).

b. Le poids des incitants commerciaux et des influenceurs

Une étude sur la demande élargit le champ vers des éléments qui ne jouent pas un rôle de premier plan dans l'achat des produits mais qui exercent une influence. Les composantes du produit (conditionnement, communication…) jouent un rôle de révélateur de besoin latent en besoin réel auprès du consommateur et déclenchent la demande. De même, un prescripteur jouera un rôle de conseiller dans un processus d'achat.

Mots-clés

ÉTUDE QUALITATIVE, ÉTUDE QUANTITATIVE, PANEL, SONDAGE

11 L'offre sur le marché

1. Les caractéristiques de l'offre
1.1. Les acteurs
1.2. Les niveaux de concurrence
2. La position de l'entreprise sur son marché
2.1. Aspects qualitatifs
2.2. Aspects quantitatifs
3. L'information sur l'offre

La connaissance des acteurs du marché sur lequel l'entreprise évolue, et notamment ses concurrents, lui permet d'adapter sa stratégie commerciale.

1. Les caractéristiques de l'offre

1.1. Les acteurs

L'offre sur un marché regroupe toutes les entreprises qui fabriquent ou distribuent un même produit ou service :

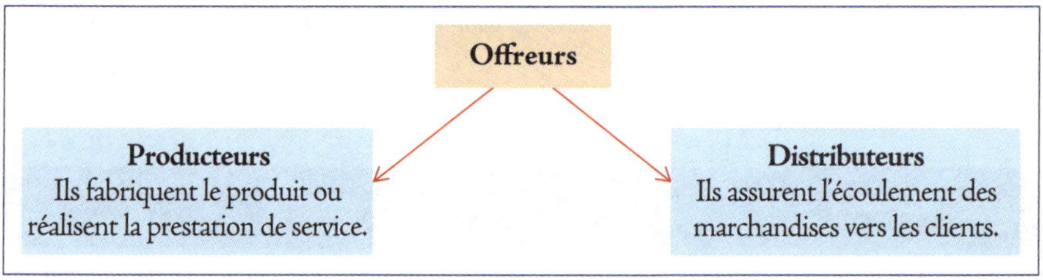

EXEMPLE Nestlé est acteur de l'offre sur le marché alimentaire en tant que producteur. Ses produits sont commercialisés dans des enseignes de la grande distribution (Auchan, Leclerc…) qui interviennent en tant qu'intermédiaires et également en tant qu'offreurs.

Les producteurs et les distributeurs cherchent à appréhender le marché de l'offre pour :

- identifier leurs forces et leurs faiblesses au regard de leur environnement (degré d'innovation, assortiment proposé, notoriété…) ;
- recenser les menaces et les opportunités présentes sur le marché (nouveaux entrants, législation, évolution des habitudes de consommation…).

1.2. Les niveaux de concurrence

a. L'intensité concurrentielle

Le dénombrement des concurrents permet d'évaluer l'état du marché.

	Un demandeur	Quelques demandeurs	Multiplicité de demandeurs
Multiplicité d'offreurs	Monopsone	Oligopsone	Marché de concurrence
Quelques offreurs	Oligopole contrarié	Oligopole bilatéral	Oligopole
Un offreur	Monopole bilatéral	Monopole contrarié	Monopole

Le monopsone est une situation rare.

EXEMPLE En France, le tabac est vendu par plusieurs producteurs à une seule entreprise qui assure la distribution (groupe Altadis).

L'oligopsone met en présence plusieurs offreurs face à un petit nombre de demandeurs.

EXEMPLE C'est le cas des producteurs face aux centrales d'achat de la grande distribution, qui peuvent exercer sur eux une forte pression.

L'oligopole contrarié met en présence un seul acheteur (par exemple l'État) face à quelques offreurs.

EXEMPLE C'est le cas du marché de l'armement en France.

Le monopole contrarié implique un offreur face à quelques acheteurs.

EXEMPLE L'avion Concorde n'était exploité que par quelques compagnies aériennes.

Dans leur grande majorité, les marchés sont en situation de concurrence ou d'oligopole.

EXEMPLE Trois opérateurs principaux se partagent le marché de la téléphonie mobile : Bouygues, SFR, et Orange (oligopole). À l'inverse, le marché du prêt-à-porter est un marché de concurrence, où offreurs et demandeurs sont très nombreux.

b. Les degrés de concurrence

L'analyse de la concurrence permet de recenser et de différencier l'offre rivale :

- la concurrence est directe lorsque les entreprises ciblent la même clientèle et proposent le même type d'offre;
- elle est indirecte si les produits ou services sont de nature différente mais satisfont le même besoin.

EXEMPLE Les agences de travail temporaire Adeco et Manpower sont en concurrence directe, car le service proposé et la cible sont identiques. La compagnie aérienne Air France est un concurrent indirect de la compagnie anglaise de ferries Brittany Ferries ou du Schuttle (tunnel sous la Manche).

Pour évaluer son chiffre d'affaires potentiel (prévisionnel), l'entreprise doit identifier les différents degrés ou niveaux de concurrence auxquels elle est confrontée :

Niveau de concurrence	Description	Exemple
Concurrence liée au besoin générique	Prise en compte des produits/services concurrents pouvant satisfaire le même type de besoin	Transport : train, avion, bus, taxi…
Concurrence liée au poste de dépense	Prise en compte des produits/services concurrents relevant du même poste budgétaire	Loisir, divertissement : cinéma, théâtre, concert
Concurrence liée au produit/service	Prise en compte des produits/services concurrents ayant un positionnement comparable	Cacao en poudre : Poulain, Benco, Van Houten, Banania
Concurrence liée au segment de clientèle	Prise en compte des produits/services concurrents ciblant la même clientèle	Automobile (segment Citadines) : Renault Twingo, Fiat 500

2. La position de l'entreprise sur son marché

Définir la place de l'entreprise sur son marché permet d'apprécier et d'adapter la stratégie commerciale mise en œuvre.

2.1. Aspects qualitatifs

La position de l'entreprise sur son marché peut être évaluée qualitativement selon deux critères : la stratégie de lutte concurrentielle, et l'image de marque.

a. La nature de la stratégie de lutte concurrentielle

L'entreprise peut opter pour quatre types de stratégies :

– stratégie de leader : l'entreprise domine le marché (part de marché élevée) et conserve cet avantage concurrentiel grâce à la conquête de nouveaux clients, la recherche de nouvelles niches, la protection de son marché face à la concurrence (innovations, confrontation et différenciation par le mix-produit : 4P) ;

EXEMPLE Nutella (groupe Ferrero) est le leader des pâtes à tartiner en France avec plus de 100 millions de pots vendus par an sur un marché saturé. Il représente 89 % des ventes.

– stratégie de suiveur : l'entreprise cherche à consolider sa position sur un segment en imitant le leader (part de marché peu importante) ;

– stratégie de challenger : l'entreprise mène une stratégie agressive visant à rivaliser avec le leader ;

EXEMPLE Baisse des prix, stratégie de milieu de gamme, recherche de prestige…

– stratégie de spécialiste : l'entreprise est positionnée sur un créneau particulier (segment de marché) avec un produit spécialisé.

EXEMPLE Boeing est leader mondial dans le secteur de l'aéronautique, Airbus occupe la place de challenger.

b. L'image de marque et la notoriété

La place de l'entreprise sur son marché dépend aussi de la représentation que s'en font les clients. Ces représentations mentales amènent à établir un classement des entreprises les unes par rapport aux autres.

L'image de marque comprend les représentations affectives et rationnelles associées par l'individu à un produit, à une marque, à une entreprise ou à une idée.

La notoriété correspond au degré de reconnaissance du produit, de la marque ou de l'entreprise par le client. Elle est dite spontanée si le client est capable de citer sans aide les noms des produits ou des marques, ou assistée lorsque le client choisit les noms dans une liste préétablie.

EXEMPLE La marque Panzani (leader français sur le marché des pâtes) renvoie une image sympathique, familiale, conviviale et associée à l'Italie. Très connue (notoriété), proche des consommateurs, elle est associée à une consommation courante dans les foyers (image de marque).

2.2. Aspects quantitatifs

Des indicateurs concurrentiels de performance permettent de situer l'entreprise par rapport à ses concurrents :

– le chiffre d'affaires réalisé et son évolution : le CA correspond au montant total des ventes HT réalisées sur une année. Un taux d'évolution se calcule selon la formule : [(CA N+1 – CA N) / CA N] × 100 ;

– la part de marché absolue : la PDM absolue correspond au pourcentage de vente d'un produit ou d'un service par rapport au total des ventes du marché en volume (quantités vendues) ou en valeur (unités monétaires) ;

– la part de marché relative : la PDM relative correspond à la part de marché détenue par l'entreprise comparée à celle du leader.

EXEMPLE

Entreprise	CA (en milliers d'euros)	Part de marché relative
Leader	800	1
Suiveur	200	200 / 800 = 0,25
Challenger	600	400 / 800 = 0,75

– la profitabilité : il s'agit du résultat de l'entreprise (bénéfice ou perte). Plus les profits dégagés sont élevés, plus l'entreprise dispose de ressources financières qui lui permettent d'assurer son développement.

3. L'information sur l'offre

La recherche d'informations sur les marchés est une activité permanente et indispensable pour les entreprises, car la connaissance de l'offre permet de s'adapter.

La veille concurrentielle permet à l'entreprise d'identifier :

– l'évolution des marchés : progression de la demande, réglementation… ;
– les nouveaux produits ou services vendus (innovations, brevets, prix…) ;
– les nouveaux offreurs (concurrents), qu'ils soient fabricants ou distributeurs ;
– les nouveaux clients ou cibles à privilégier ;
– la répartition des ventes de produits ou services par canal de distribution.

Les moyens d'information sont multiples :

Outil	Descriptif
Observation des concurrents	Relevés de prix, rapports annuels, publicités, présence sur les salons…
Analyse de publications, presse spécialisée	– Publications scientifiques, économiques, financières… – Revues professionnelles : *Libre Service Actualités, Linéaires, Rayon Boissons, Marketing Magazine…*
Utilisation d'agents intelligents de veille	Logiciels permettant d'automatiser des tâches de surveillance et de collecte d'informations pour suivre et analyser les stratégies des concurrents. Sur Internet, les pages Web, les forums de discussion, les *newsletters* ou les bases de données peuvent être collectés et analysés (ex. : Decathlon utilise le logiciel Digimind, qui est un outil de veille stratégique).
Benchmarking (étalonnage ou référenciation)	Démarche consistant à confronter ses pratiques à celles d'entreprises (concurrentes ou non) reconnues comme leaders, modèles ou références dans un domaine d'activité donné (ex. : pour améliorer la satisfaction de sa clientèle, la compagnie d'assurances GAN s'est inspirée des méthodes de l'UAP, d'IBM ou de la Société Générale).

Mots-clés

OFFRE, INTENSITE CONCURRENTIELLE, CONCURRENCE DIRECTE, CONCURRENCE INDIRECTE, NIVEAU DE CONCURRENCE, IMAGE DE MARQUE, NOTORIÉTÉ, PART DE MARCHÉ ABSOLUE, PART DE MARCHÉ RELATIVE, PROFITABILITÉ, AGENT INTELLIGENT DE VEILLE, *BENCHMARKING*

12 L'environnement

1. L'analyse de l'environnement
1.1. L'approche par niveau
1.2. L'approche par composante
2. L'impact de l'environnement sur les unités commerciales
2.1. Les contraintes juridique et concurrentielle
2.2. Le diagnostic stratégique

Les unités commerciales évoluent dans un cadre réglementaire qu'elles doivent s'efforcer de respecter. Connaître cet environnement est source d'avantages potentiels puisque celui-ci recèle de multiples opportunités commerciales.

1. L'analyse de l'environnement

Pour étudier l'environnement, deux approches sont possibles.

1.1. L'approche par niveau

Si on place l'UC au centre de l'étude, l'environnement est découpé en 3 niveaux.

Niveau	Définition	Impact de l'unité commerciale
Microenvironnement	Cadre dans lequel l'entreprise évolue quotidiennement (clients, fournisseurs, banques, administrations)	Très important : pouvoir de négociation
Méso-environnement	Ensemble des acteurs qui, par leurs décisions, vont influencer les relations économiques d'un secteur ou d'une filière	Assez important si l'unité s'associe à un groupe de pression pour obtenir des décisions qui lui seront favorables
Macroenvironnement	Toutes les grandes tendances de la société dans sa globalité	Nul à court terme : seul un relais syndical ou politique d'envergure pourra modifier son poids

1.2. L'approche par composante

a. Les quatre principales composantes de l'environnement

– La composante économique réunit tous les indicateurs relatifs à la santé du pays : taux de croissance, taux d'inflation, taux de chômage, mais aussi ceux qui retracent les éléments de la consommation des ménages (niveau de salaire, structure et évolution des dépenses…).
– La composante juridique rassemble les textes nationaux et internationaux régissant l'activité économique et commerciale : droit de la concurrence et droit des affaires pour les aspects concurrentiels, droit du travail pour les relations entre employeurs et salariés.
– La composante socioculturelle concerne les comportements des individus, leurs valeurs et styles de vie pour une société donnée dans laquelle l'unité commerciale évolue. Elle intègre aussi des données sociodémographiques.
– La composante technologique intègre toutes les technologies apparues à un moment donné et qui sont plus ou moins intégrées dans les produits commercialisés ou les processus de fabrication.

b. Les nouvelles composantes écologique et politique

- La composante écologique reflète le souci d'un développement durable ; elle intègre donc l'impact des ressources naturelles sur l'activité de l'unité commerciale.
- La composante politique vient élargir l'analyse, elle intègre tout ce qui peut avoir une incidence sur la vie des entreprises, comme par exemple la politique pratiquée par l'État interventionniste ou libéral.

2. L'impact de l'environnement sur les unités commerciales

2.1. Les contraintes juridique et concurrentielle

Parce qu'elle se situe dans un macroenvironnement, l'unité commerciale est soumise à un cadre juridique auquel elle ne peut pas déroger. L'Union européenne a renforcé ce phénomène.

À cette contrainte juridique s'ajoute la pression concurrentielle décrite par Michael Porter : l'entreprise subit le pouvoir de négociation de ses fournisseurs, de ses clients, mais aussi de ses concurrents et des intrants potentiels. De même, l'existence de barrières à l'entrée (seuils financier ou technologique à atteindre nécessairement pour rester concurrentiel sur le marché) contraint parfois l'unité commerciale à se cantonner à certains modes de développement.

Dans cette vision, l'unité commerciale ne peut envisager son développement que de façon restreinte. Pour progresser, elle devra rechercher des pistes pour son activité. L'analyse de l'environnement, notamment en termes d'opportunités, devient alors une approche beaucoup plus prometteuse.

2.2. Le diagnostic stratégique

a. L'analyse SWOT

L'analyse SWOT (ou MOFF en français) repose sur quatre éléments : les menaces, les opportunités, les forces, et les faiblesses. Toute unité commerciale, à un moment ou un autre de son activité, réalise un diagnostic de son environnement pour anticiper les changements et envisager sa propre évolution commerciale. Elle va donc classer les indicateurs en opportunités (définies comme une occasion favorable) ou en menaces, toujours en tenant compte de son domaine d'activité (car un indicateur n'est jamais en lui-même une opportunité ou une menace).

EXEMPLE La baisse du pouvoir d'achat des ménages est une menace pour la vente de produits de luxe, mais une opportunité pour les maxi-discompteurs.

b. L'exploitation des opportunités

L'entreprise qui réussit dans le domaine commercial reste celle qui exploite au plus vite toutes les possibilités révélées par l'analyse du marché. La veille informationnelle peut l'aider à optimiser sa réactivité.

Mots-clés

MICROENVIRONNEMENT, MÉSO-ENVIRONNEMENT, MACROENVIRONNEMENT, ANALYSE DE PORTER

13 La stratégie d'offre et de positionnement

1. Les composantes de l'offre
1.1. Le portefeuille de produits et services
1.2. La composition de la gamme et de l'assortiment
1.3. Le rôle des marques et des services associés
1.4. Les choix stratégiques de gestion du portefeuille de produits
2. L'importance de la variable prix
2.1. Les contraintes de la fixation des prix
2.2. Les stratégies de prix unique
2.3. Les stratégies de différenciation des prix
3. Les caractéristiques du positionnement

Pour favoriser le développement du réseau, les responsables d'UC doivent définir une offre clairement identifiable par les consommateurs.

1. Les composantes de l'offre

1.1. Le portefeuille de produits et services

Il regroupe l'ensemble des produits et services proposés dans les différents points de vente du réseau, tous segments de clientèle et toutes marques confondus. Le terme « portefeuille » fait référence à une gestion dynamique de l'offre dans une conception de produit global (produit + service) car le client n'achète pas un produit mais une satisfaction globale. Selon la matrice BCG (du Boston Consulting Group), un portefeuille se décompose en 4 groupes de produits/services :

Taux de croissance du marché (mesure l'attrait du marché) ↑ / **Part de marché relative** → (part de marché du produit / part de marché des produits concurrents)		
	Produit dilemme PDM relative faible Marché porteur	**Produit vedette** PDM relative élevé Marché porteur
	Produit poids mort PDM relative faible Taux de croissance faible du marché	**Produit vache à lait** PDM relative élevé Taux de croissance faible du marché

Produit vedette	Produit rentable et prometteur qui donne au réseau une bonne visibilité par rapport à ses concurrents. Il faut renforcer cette position.
Produit vache à lait	Produit rentable générateur de liquidités mais en phase de maturité. Il faut prévoir son remplacement
Produit dilemme	Peut devenir produit vedette si le réseau investit pour augmenter ses parts de marché. Il nécessite une attention mercatique soutenue.
Produit poids mort	Produit qui génère de faibles bénéfices sur un marché déclinant. Il est souvent conservé sans efforts spécifiques ou bien est abandonné.

Un diagnostic du portefeuille de produits ou services se fonde sur les forces et faiblesses de l'offre du réseau pour chacun des segments de clientèle visés.

1.2. La composition de la gamme et de l'assortiment

Les UC proposent un assortiment de produits et services ; les fabricants et les réseaux structurent leur offre en gamme de produits ou services :

– l'assortiment : c'est l'ensemble des produits ou services proposés par l'UC (ex. : l'assortiment d'un magasin Leclerc est composé de plusieurs familles : Épicerie, Boissons, Produits frais, Hygiène, Voyages, Services financiers…). Chaque famille décline plusieurs marques (ex. : pour les Produits frais : Danone, Yoplait, Nestlé, et marque Repère de Leclerc);
– la gamme : ce terme qualifie aussi bien l'offre d'un fabricant (ex. : Renault) que l'offre d'un réseau (ex. : Leclerc). C'est l'ensemble des produits ou services proposés pour satisfaire le même besoin générique. Une gamme comporte plusieurs lignes de produits ou services (ex. : la gamme des services MAIF comprend les lignes Assurance habitation, Assurance véhicule, Assurance santé, etc.).

La gamme ou l'assortiment présente trois caractéristiques :
– la largeur : nombre de lignes ou de familles différentes;
– la profondeur : nombre de modèles différents dans chaque ligne;
– la longueur totale (ou ampleur) : nombre de modèles différents.

Certains produits jouent un rôle particulier au sein de la gamme ou de l'assortiment :

Produits leaders	Ils réalisent une grande partie du CA et /ou des bénéfices.
Produits d'appel	Ils attirent le client et permettent de vendre d'autres produits ou services. La pratique du prix psychologique est souvent utilisée ici.
Produits tactiques	Ils sont destinés à occuper un segment particulier pour gêner la concurrence (ex. : série limitée de voitures suréquipées).
Produits régulateurs	Ils sont peu sensibles aux fluctuations du marché et assurent un chiffre d'affaires régulier.
Produits d'avenir	Généralement en fin de phase de lancement réussi, ils peuvent devenir produits leaders; ils intègrent souvent une innovation.

1.3. Le rôle des marques et des services associés

a. Les marques

Type de marque	Rôle pour le client	Rôle pour le réseau
Marque de fabricant nationale ou régionale	– Apporte de la valeur et rassure – Facilite le repérage des produits – Permet une identification aux valeurs de la marque	– Diversifie l'offre – Personnalise l'offre – Facilite les ventes (produits prévendus grâce à la publicité)
Marque d'enseigne	– Reflète les qualités de l'enseigne. – Permet au client de réaliser des économies	– Construit l'image de l'enseigne – Permet de se différencier sur le rapport qualité /prix – Génère plus de marge

b. Les services associés

Ils permettent de se différencier de la concurrence et d'agir sur la fidélisation de la clientèle. On distingue deux catégories de services associés :
– les services facilitateurs : parking, horaires souples, livraison… ;
– les services différenciateurs : assistance, privilèges, facilités de règlement…

Service associé ⇨ différenciation de l'offre ⇨ fidélisation.

1.4. Les choix stratégiques de gestion du portefeuille de produits

Possibilité	Caractéristiques
Extension de gamme	Il s'agit de couvrir de nouvelles attentes (ex. : les produits Carrefour Agir bio). Ce choix peut résulter d'une innovation produit ou service (ex. : les services d'assurance proposés par une banque).
Création de marque	Il est possible de personnaliser des gammes ou des lignes de produits par des marques distinctives - MDD (ex. : Intermarché propose des produits laitiers sous la marque Pâturage et des produits d'entretien sous la marque Apta). On peut également choisir une marque pour un ensemble de produits ou services (ex. : SFR Pro ou LCL Banque privée).
Réduction	L'objectif est de restructurer son portefeuille en abandonnant certains produits/services peu performants (produit poids mort).
Adaptation	Il s'agit d'améliorer les attributs du produit pour rendre l'offre plus séduisante. Les services associés y contribuent.

2. L'importance de la variable prix

Pour le consommateur : le prix est une source d'arbitrage dans les choix	Pour le réseau : le prix est un vecteur d'action stratégique
– C'est un indicateur de la qualité. – C'est un critère de classement des offres. – C'est une variable qui influence la décision (élasticité de la demande / prix). – C'est une variable liée à l'image de l'enseigne ou de la marque.	– C'est une variable qui influence la marge. – C'est une variable de différenciation de l'offre par rapport à la concurrence donc un critère de positionnement. – C'est un levier d'actions ponctuelles pour les offres promotionnelles.

2.1. Les contraintes de la fixation des prix

Contraintes légales	Les pratiques des distributeurs sont encadrées par la loi Chatel, qui détermine le seuil de revente à perte. Certains secteurs sont réglementés (médicaments, livres, transport, assurances, etc.)
Contraintes liées à la concurrence	Sur chacun des segments visés par l'offre du réseau, il est important de repérer le niveau de prix et la structure de la concurrence.
Contraintes liées aux consommateurs	Il est nécessaire de prendre en compte les paramètres qui encadrent le niveau de la demande : pouvoir d'achat, élasticité de la demande par rapport au prix, image de la marque ou de l'enseigne.
Contraintes internes au réseau	La détermination d'un niveau de prix doit être cohérente avec : – les coûts de revient (approvisionnement, fabrication, vente) ; – la nature des produits et services vendus (technicité, innovation) ; – les valeurs et la culture de l'enseigne et/ou de la marque.

2.2. Les stratégies de prix unique

Les stratégies de prix unique comportent plusieurs options :

– un prix le plus bas à tout moment (ex. : Leader Price) ;

– un prix le plus bas chaque jour sur un groupe de produits (*Every Day Low Price*) ;

– une offre groupée à un tarif unique (ex. : forfait bancaire ; offre Internet + téléphone + télévision ; véhicule à 9445 € assurance et entretien inclus).

2.3. Les stratégies de différenciation des prix

La différenciation par le prix est devenue une pratique courante des réseaux car elle permet de réguler la demande et de maîtriser les coûts. La multiplication des tarifs est un moyen utile pour capter de nouveaux clients, qu'il faudra ensuite fidéliser.

Critère de différenciation	Caractéristiques
Cible de clientèle	Tarifs adaptés pour segments Jeunes ou Seniors
Lieu d'achat	Prix particuliers pour les internautes
Période de consommation	Prix attractifs en dehors des saisons
Service associé	Prolongation des garanties, services financiers, privilèges
État de la demande	Le *yield management* permet de fixer les tarifs en temps réel en fonction de la demande (ex. : easy Jet).

3. Les caractéristiques du positionnement

Positionner une enseigne ou un réseau consiste à lui donner une place distincte, séduisante et durable en sélectionnant ses atouts :

Positionnement : quels sont les atouts du réseau dans les domaines suivants ?				
1. Produits	2. Services	3. Prix	4. Points de vente	5. Valeurs
– Innovation – Gamme-Marque	– Facilitateurs – Différenciateurs	Rapport qualité/prix	– Relation client – Implantation	Culture d'entreprise

Il est possible de visualiser la position des enseignes concurrentes sur un schéma appelé « carte perceptuelle », construit en fonction des atouts perçus par les clients.

<table>
<tr><th>Axes possibles</th><th>Exemple de carte perceptuelle</th></tr>
<tr><td>– Le savoir-faire du réseau (ex. : Total, Air France)
– Le niveau des prix (ex. : easyJet, Leclerc, Kiabi)
– La diversité des produits (ex. : Castorama)
– La qualité des services (ex. : Darty, Matmut)
– L'expertise du spécialiste (ex. : Nicolas, Hertz)
– La gestion de la relation client (ex. : MAIF)</td><td>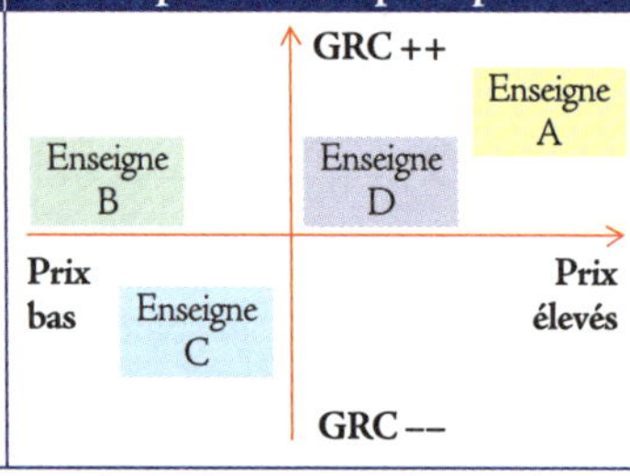
</td></tr>
<tr><td colspan="2">Dans l'exemple, l'enseigne C offre des prix assez bas, mais la qualité perçue de sa relation client laisse à désirer. Il serait nécessaire de réagir par une stratégie adaptée.</td></tr>
<tr><td colspan="2">Choix du positionnement ⇨ stratégie mercatique à mettre en place</td></tr>
</table>

Mots-clés

PORTEFEUILLE DE PRODUITS/SERVICES, MATRICE BCG, ASSORTIMENT, GAMME, PRODUIT LEADER/TACTIQUE/RÉGULATEUR/D'AVENIR, EXTENSION DE PORTEFEUILLE, RÉDUCTION DE PORTEFEUILLE, STRATÉGIE DE PRIX, POSITIONNEMENT, CARTE PERCEPTUELLE

14 La stratégie de communication

La stratégie de communication est liée à la démarche mercatique. Elle agit sur l'image et la notoriété des enseignes, marques et produits.

1. Finalité et objectifs de la communication commerciale
1.1. Des objectifs communs à toute forme de communication
1.2. Les spécificités de la communication commerciale
1.3. Les principaux types de communication commerciale
2. Les caractéristiques de la stratégie de communication
3. Les différentes stratégies de communication
3.1. Dans le secteur de la distribution
3.2. Dans le secteur des services

1. Finalité et objectifs de la communication commerciale

La communication commerciale vise à transmettre un message au public concerné par les produits, services et enseignes, en vue de créer des attitudes favorables.

Public concerné	Objectifs
– Membres du réseau ou partenaires – Consommateurs – Prescripteurs ou leaders d'opinions	– Fédérer autour des valeurs du réseau – Améliorer le niveau d'information – Modifier des attitudes ou des perceptions – Susciter des réactions positives

1.1. Des objectifs communs à toute forme de communication

Le contenu des messages, leur forme, le support utilisé doivent être adaptés à la cible (public) visée et répondre à trois objectifs :

Faire connaître (objectif cognitif)	Améliorer la connaissance du réseau, des produits, des marques. On fait appel à la mémoire et au raisonnement du consommateur.
Faire aimer (objectif affectif)	Faire aimer l'enseigne, le produit, la marque ou l'institution. Les émotions et les sentiments constituent un levier d'action.
Faire agir (objectif conatif)	Cet objectif concerne les domaines de l'action et de la motivation : provoquer l'achat, la fréquentation de l'UC.

1.2. Les spécificités de la communication commerciale

a. Des décisions centralisées

Dans tous les réseaux d'unités commerciales, les services centraux ont pour mission de définir l'identité du réseau et de veiller à la cohérence des formes de communication, déclinées sur le plan local et sur le plan national.

Réseau intégré	Le responsable local reçoit des consignes afin d'implanter dans son UC tous les outils et supports de communication (matériel de publicité sur le lieu de vente, propectus, catalogue des produits) conçus et transmis par la tête de réseau. Dans un souci d'uniformité, la communication est centralisée et entièrement pilotée par la tête de réseau.
Réseau associé	Le responsable local conserve son indépendance juridique. Il peut engager des actions ponctuelles, à condition de respecter les valeurs du réseau et le contrat qui le lie au réseau (utilisation de publipostage, affichage local, annuaire local, radio…). La communication est centralisée et modulable, sous condition d'accord préalable.

b. Un maillage de réseau qui favorise la notoriété de l'enseigne

L'UC locale constitue à elle seule un formidable vecteur de communication (identité visuelle, formation du personnel de contact, valorisation des produits à marque d'enseigne). La communication commerciale repose aussi sur le respect de l'image de l'enseigne et sur l'harmonisation des points de vente.

Le consommateur s'attend à trouver le même assortiment et les mêmes offres promotionnelles dans toutes les UC du réseau. Il est donc important de veiller à la cohérence entre la communication nationale et la valorisation des offres (services, produits, prix) au sein des UC locales.

1.3. Les principaux types de communication commerciale

Communication produit ou service	Il s'agit de faire connaître et faire acheter un produit ou un service particulier (ex. : publicité pour un modèle particulier de téléphone).
Communication de marque	Elle cherche à créer une préférence pour la marque en mettant l'accent sur des qualités objectives ou symboliques de la marque (ex. : publicité pour une marque automobile).
Communication d'enseigne	Elle vise à affirmer le positionnement de l'enseigne (ex. : « Kiabi, la mode à petits prix », « Auchan, la vie, la vraie »).
Communication institutionnelle (ou *communication corporate*)	L'entreprise ou le groupe communique en tant qu'institution vers son environnement. Il ne s'agit pas de vendre mais de gérer son image et de créer une personnalité forte autour des valeurs choisies (ex. : Air France et le développement durable, Groupe Casino et le commerce équitable).

La communication commerciale comporte également deux facettes :

Communication média (ou publicité) : elle utilise des médias de masse. Le choix du média ou du support repose sur divers critères : adaptation à la cible visée, qualité de diffusion du message, rapport coût/couverture de la cible.	**Presse :** le choix est vaste : presse quotidienne nationale et régionale (PQN et PQR), presse professionnelle, presse périodique (magazine d'information ou spécialisé), presse gratuite, magazine de grande consommation…
	Radio : elle facilite la relation de proximité et permet au réseau de dynamiser les ventes sur le plan local avec des radios variées (ex. : NRJ, Skyrock, Nostalgie…)
	Télévision : elle reste le média de prédilection pour les produits de consommation grand public. Les chaînes nationales (TF1, France2, FR3, Canal+, M6) ont une audience très vaste. Les chaînes thématiques (sport, cuisine, voyage…) se développent.
	Affichage : des réseaux d'affichage (ex. : Havas, Avenir, JC Decaux…) relaient les messages dans le contexte urbain ou routier. L'affichage mobile se pratique également dans les moyens de transport collectif ou sur certains véhicules particuliers.
	Cinéma : il valorise le message (ex. : réseau UGC et Gaumont).
	Internet : c'est le média qui progresse le plus rapidement. Il permet aux annonceurs d'être présents sur des sites institutionnels actualisés ou lors d'événements particuliers.

Communication hors média : met en œuvre des techniques particulières	**Promotion des ventes :** cette technique fait valoir une offre produit/service particulière pendant une période limitée : un avantage produit (ex. : 3 produits pour le prix de 2), un concours, une animation (ex. : vente flash)… L'objectif est d'accélérer la dynamique de vente.
	Parrainage et mécénat : il peut s'agir d'aider une association humanitaire, culturelle ou sportive. L'objectif est de renforcer l'image du réseau (ex. : l'engagement de la Caisse d'Épargne dans la conservation du patrimoine maritime).
	Relations publiques : il s'agit d'améliorer les relations que le réseau entretient avec ses partenaires : fournisseurs, collectivités locales, presse, salariés, prescripteurs et clients (ex. : visite d'entreprise).
	Mercatique directe : très utilisée sur le plan local pour établir une relation personnalisée avec le client ou prospect, elle s'appuie sur l'exploitation des bases de données clients pour des opérations de publipostage, envoi de courriels ou opérations de mercatique téléphonique.

2. Les caractéristiques de la stratégie de communication

La stratégie de communication se traduit par une combinaison optimale de moyens orientés vers les cibles visées dans les meilleures conditions d'efficacité et de rentabilité (coût, délai, qualité de transmission du message). Le mix communication concerne la planification des moyens média et hors média pour une période donnée.

EXEMPLE Leroy Merlin utilise la télévision, édite des guides gratuits, organise des événements périodiques, propose des promotions…

Le réseau élabore sa stratégie en respectant plusieurs étapes :

1	**Fixer des objectifs** de communication : informer, créer une image, faire tester un nouveau produit, lancer un programme de fidélisation.
2	**Choisir les cibles :** clients actuels ou potentiels, partenaires du réseau, public institutionnel…
3	**Choisir l'objet** de la communication : l'enseigne, la marque, le produit, le service.
4	**Choisir les moyens :** publicité, promotion des ventes, relations publiques, événements, mercatique directe, parrainage, mécénat…
5	**Composer le mix communication** adapté aux contraintes budgétaires.
6	**Mettre en œuvre la campagne de communication** en relation avec les partenaires externes (ex. : agences conseils en publicité).
7	**Vérifier les performances :** mémorisation, image perçue, notoriété.

Une stratégie de communication doit être construite pour durer et permettre au réseau de se différencier de ses concurrents. La stratégie doit être :

– acceptée par tous les intervenants (internes et externes) ;
– bien programmée dans le temps ;
– cohérente et crédible (pour ne pas décevoir) ;
– déclinable sur plusieurs supports.

3. Les différentes stratégies de communication

La stratégie de communication du réseau commercial comporte deux volets :
- la stratégie de communication interne, c'est-à-dire la circulation des informations entre les salariés et les membres du réseau (orientations de la stratégie, rapports d'activité, transmission de résultats, consignes à mettre en œuvre…). L'utilisation de moyens informatiques rend ces informations accessibles à tous les échelons et permet au réseau de réagir rapidement à partir des tableaux de bord ;
- la stratégie de communication externe, qui concerne les publics extérieurs au réseau. Elle transmet un message fondé sur la culture d'entreprise, ses valeurs et les futurs défis à relever pour affirmer son identité (communication identitaire).

3.1. Dans le secteur de la distribution

La stratégie de communication d'enseigne cherche à créer une préférence pour l'enseigne et vise tous les partenaires du réseau (clients, fournisseurs, salariés).

Les distributeurs utilisent la communication de marque pour leurs MDD (ex. : Casino).

Le mix communication local intègre les techniques capables de favoriser le trafic :
- promotions et animation constante par des événements ;
- publicité sur le lieu de vente : bornes d'information interactives, vidéos de démonstration, balisage des rayons, magazine… ;
- mercatique directe, pour fidéliser la clientèle.

3.2. Dans le secteur des services

Le réseau des services propose aux clients potentiels une offre intangible.

La communication commerciale devra rendre l'offre de services plus concrète, plus crédible, afin de rassurer le client.

EXEMPLE Brochure d'information, courrier, objet publicitaire, entretien de l'espace d'accueil, privilèges fidélité.

La stratégie de communication peut adopter plusieurs orientations :

Orientation	Description
Stratégie de coopération	Le réseau recherche un consensus car le client contribue au service (concept de « servuction »). Ex. : Société Générale : « Si on parlait ? »
Stratégie d'influence	Cette stratégie repose sur le principe de la recommandation et du partage d'expériences. Le client qui n'est pas en présence d'une offre concrète est plus ouvert aux conseils des autres utilisateurs (parrainage, réseaux sociaux).

La relation commerciale et la compétence des prestataires de services constituent le cœur de la stratégie de communication, qui devra également « matérialiser » l'offre de services à l'aide de supports déclinant l'identité du réseau.

Mots-clés

STRATÉGIE DE COMMUNICATION, OBJECTIF COGNITIF / AFFECTIF / CONATIF, COMMUNICATION MÉDIA / HORS MÉDIA, COMMUNICATION PRODUIT, COMMUNICATION SERVICE, COMMUNICATION D'ENSEIGNE, COMMUNICATION DE MARQUE, COMMUNICATION INSTITUTIONNELLE, MIX COMMUNICATION, COMMUNICATION INTERNE / EXTERNE

15 La stratégie d'achat et de logistique

1. La mercatique des achats et la logistique
1.1. La mercatique des achats
1.2. La logistique
1.3. Les enjeux
2. Les choix essentiels de la mercatique des achats
2.1. Les modalités de sélection des fournisseurs
2.2. Le cadre juridique
3. La nature des flux logistiques
3.1. Les caractéristiques des flux
3.2. L'organisation logistique

Le réseau doit organiser sa relation en amont avec ses fournisseurs et/ou partenaires.

1. La mercatique des achats et la logistique

1.1. La mercatique des achats

La mercatique des achats analyse les besoins internes actuels et futurs (matières et composants, services, équipements, consommables) afin de trouver une réponse optimale sur le marché amont. Cette démarche comporte trois phases :

Identification des besoins internes	→	Recherche des fournisseurs et partenaires	→	Cadrage stratégique
– Analyse interne du processus de création de la valeur ajoutée – Quels sont les besoins prévisionnels en matières, en composants, en produits, en services, en équipements ?		Analyse externe de l'offre existante sur le marché amont : – par type de biens – par nature de services – sur le plan local, national ou international		Mise en adéquation de l'offre existante avec les besoins identifiés du réseau à court terme et long terme selon les critères : – coût/rentabilité – sécurité/flexibilité – qualité et degré d'innovation

Le responsable mercatique des achats est chargé de procurer aux départements utilisateurs les biens et services nécessaires à leur activité.

Missions du responsable mercatique des achats

- Anticiper les besoins des départements et des UC du réseau
- – Prospecter les fournisseurs
  – Mettre les fournisseurs en concurrence
- – Négocier les conditions
  – Finaliser les accords et les contrats
  – Organiser le suivi des relations

1.2. La logistique

La logistique se définit comme l'ensemble des activités prenant en charge le transfert physique des biens ou services destinés aux consommateurs utilisateurs.

Logistique amont : des fournisseurs vers le réseau d'UC	→	Logistique interne : entre les services/départements du réseau	→	Logistique aval : du réseau vers les clients des UC
– Gestion des flux physiques, transport – Contrôle des livraisons		– Contrôle des plateformes et entrepôts de stockage – Répartition interne		– Contrôle des expéditions – Transport, livraison

Le responsable logistique est chargé d'organiser la chaîne de transfert des produits attendus dans les meilleures conditions de rentabilité, d'efficacité et de satisfaction (logistique intégrée ou externalisée). Il travaille en relation étroite avec le responsable mercatique des achats.

1.3. Les enjeux

Enjeux de la mercatique des achats	– **Contrôle des coûts :** les achats représentent une grande partie du coût de revient des produits ou services. – **Qualité constante** des produits : il s'agit de sélectionner des fournisseurs fiables qui respectent les cahiers des charges et les délais. – **Satisfaction** des utilisateurs internes et clients du réseau avec des produits conformes à leurs attentes. – **Relations fournisseurs durables :** source d'économie.
Enjeux de la logistique	– **Contrôle des coûts** de livraison. – **Gestion rationnelle du volume des stocks :** le surstockage est aussi onéreux que la rupture de stock. – **Contrôle des délais** d'approvisionnement. – **Contrôle des délais de livraison.** – **Adaptation constante à l'évolution des besoins.**

D'un point de vue global, maîtriser les coûts et conditions d'approvisionnement permet à toute entreprise de maintenir sa profitabilité sur le long terme.

2. Les choix essentiels de la mercatique des achats

Les choix et décisions à prendre sont liés au type d'achat :

Type d'achat	Caractéristiques	Décisions à prendre
Achats standardisés	L'offre des fournisseurs correspond exactement aux attentes du réseau (matières premières, composants, équipements, consommables).	– Un ou plusieurs fournisseurs par catégorie de produits/services ? – Centralisation des achats ? – Partenariat avec les fournisseurs ? – Fournisseurs internationaux ?
Achats de produits ou services conçus à la demande du réseau	Les achats résultent d'une collaboration entre le réseau et des fournisseurs qui interviennent comme sous-traitants (produits commercialisés sous MDD)	– Intégrer le processus de production ou externaliser ? – Un ou plusieurs sous-traitants ? – Délocalisation des sous-traitants ? – Exclusivité des sous-traitants ? – Conclusion de partenariats ?

2.1. Les modalités de sélection des fournisseurs

1. Prospection	– Recherche traditionnelle (salons professionnels, visites des représentants, annuaires professionnels, syndicats professionnels) – Recherche assistée avec Internet et les principales places de marché (*Global Net Exchange ou World Wide Retail Exchange*). Cette recherche enrichit en permanence le SIM du réseau.

2. Évaluation	– Entretiens avec les commerciaux des fournisseurs – Visite des installations des fournisseurs, tests de produits – Contrôle des performances des fournisseurs
3. Négociation	La négociation porte sur les prix et les conditions de vente : – marges avant : réductions consenties par le fournisseur sur le volume ou sur des opérations que le réseau prend à sa charge – marges arrière : remises accordées en fin d'année liées au CA réalisé – qualité des produits, engagements de traçabilité, conditionnement – délais de livraison et de règlement – services associés : garanties, SAV, communication, animation – accords de partenariat (*trade marketing*) : échange d'informations, communication partagée, PLV, accord de stockage…
4. Référencement	Contrat par lequel le réseau s'engage à proposer un fournisseur comme source d'approvisionnement aux UC du réseau avec des conditions négociées (volume, prix, délais, cadencement, PLV).

Dans certains cas, l'appel d'offres facilite l'obtention de propositions adaptées. Les exigences du réseau sont alors regroupées dans un cahier des charges (qualité, délais, coût, modalités de règlement, stratégie de développement, flexibilité).

2.2. Le cadre juridique

Obligations pour le fournisseur	Obligations pour l'acheteur
– Conseiller et renseigner – Établir des devis – Délivrer la marchandise – Garantir contre les vices cachés – Respecter les termes des contrats signés	– Préciser par écrit les contreparties accordées par le réseau pour toute somme versée par le fournisseur dans le cadre de son référencement (loi Galland sur les primes de référencement) – Respecter les termes des contrats signés – Respecter les procédures d'appel d'offres – Payer les marchandises commandées

3. La nature des flux logistiques

3.1. Les caractéristiques des flux

L'organisation logistique génère en permanence trois types de flux :

Flux d'informations	– Commandes, accusés de réception de commandes, bons d'expédition, bons de livraison, factures (courrier, fax, courriel) – Échange de données informatisées (niveaux des stocks, cadenciers)
Flux physiques	– Transport des marchandises – Retours de marchandises – Organisation du stockage : entrepôts, manutention, conditionnement
Flux financiers	– Règlement des fournisseurs, transferts de fonds – Règlement des ventes, avoirs, remboursements

La logistique vise à améliorer la synchronisation de ces flux afin de :
- réduire les délais d'attente (gestion en flux tendu, livraison en juste-à-temps) ;
- optimiser les stocks de sécurité pour éviter les ruptures de stock ;
- réaliser des économies d'échelle tout au long de la chaîne logistique.

Dans cette optique, on utilise des méthodes de planification concernant :
- la demande (prévision des ventes, prévision de l'activité) ;
- les activités administratives (traitement des commandes, facturation) ;
- les opérations de transfert physique (plan d'approvisionnement des UC) ;
- les opérations financières (budget et plan de financement).

La mise en place d'une gestion collaborative entre les acteurs de la chaîne logistique facilite cette synchronisation. Elle repose sur l'utilisation des TIC.

3.2. L'organisation logistique

Livraison directe par le fournisseur	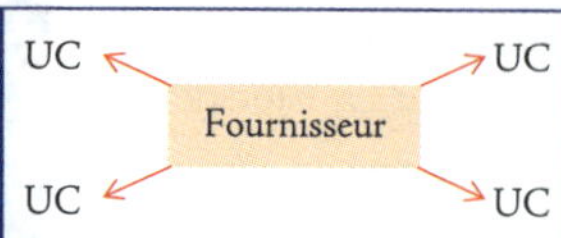	La capacité de stockage des UC étant limitée, les livraisons sont répétées et coûteuses. Ce système est adapté aux produits locaux ou à faible rotation.
Entrepôt de stockage	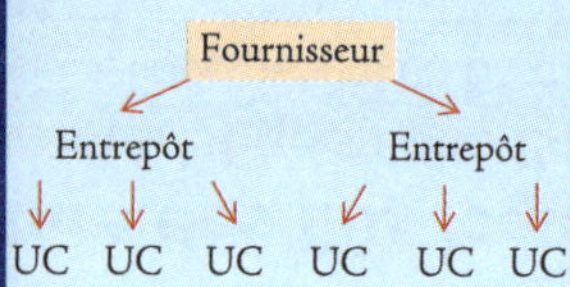	Stockage intermédiaire entre le fournisseur et les UC avec trois possibilités : – entrepôts régionaux ; – entrepôts spécialisés par univers de consommation ; – entrepôts spécialisés par type d'UC (physique ou virtuelle).
Plateforme de stockage	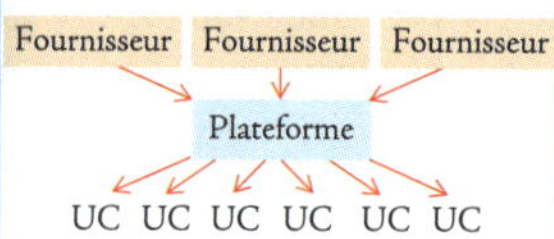	La plateforme est un centre d'éclatement de quantités importantes de marchandises (semi-remorque, container, wagon) qui seront ensuite fractionnées selon les besoins des utilisateurs du réseau. Ce système permet de réaliser d'importantes économies d'échelle sur les coûts de transport.

Choisir une organisation logistique, c'est définir les limites du service que le réseau souhaite apporter à ses clients avec des solutions modulables :
- une logistique intégrée qui permet de piloter en temps réel tout ou partie des étapes au sein du réseau avec un investissement conséquent (flotte de camions, équipement informatique et puces électroniques, entrepôts, plateformes) ;
- une logistique externalisée qui repose sur des prestataires externes expérimentés (transport, stockage) et limite les investissements lourds.

Ce choix est également soumis aux contraintes de respect de l'environnement (image du réseau) et à la difficulté de mettre en place une logistique de proximité active dans le cœur des villes (encombrement, réglementation de la circulation…).

Mots-clés

MERCATIQUE DES ACHATS, LOGISTIQUE, MARGE AVANT/ARRIÈRE, APPEL D'OFFRES, RÉFÉRENCEMENT, FLUX PHYSIQUE, FLUX D'INFORMATIONS, FLUX FINANCIER, ÉCHANGE DE DONNÉES INFORMATISÉES (EDI), PLATEFORME DE STOCKAGE, GESTION COLLABORATIVE

16 Les réseaux d'unités commerciales

1. Définition et rôle des réseaux
1.1. La notion de réseau
1.2. Le rôle du réseau
2. Les composantes des réseaux
2.1. Les principales composantes
2.2. Les spécificités de la grande distribution

Le développement et la structure des unités commerciales suivent l'évolution de l'environnement, et plus particulièrement les aspirations des clients. On trouve aujourd'hui des réseaux d'UC aussi bien dans la vente de produits manufacturés que dans les services.

1. Définition et rôle des réseaux

1.1. La notion de réseau

Un réseau d'unités commerciales est « un ensemble d'éléments de même nature reliés les uns aux autres ». Cette définition fait ressortir :

- l'idée d'un groupe : le réseau constitue un regroupement d'UC de taille variable ;
- la nature identique : il y a une unité dans l'activité commerciale, notamment dans l'offre de produits ;
- la relation permanente entre les différentes entités, avec des configurations multiples plus ou moins centralisées : la relation repose sur l'utilisation généralisée de toutes les technologies de l'information.

La définition ne mentionne pas de hiérarchie entre les éléments, mais l'observation démontre qu'un réseau est structuré avec au moins une entité tête de réseau qui chapeaute toutes les UC, à l'image du siège et de ses différents établissements.
Un réseau d'unités commerciales est donc un ensemble organisé d'éléments de même nature reliés de façon réfléchie et formalisée.

1.2. Le rôle du réseau

a. Du point de vue du producteur

La première raison d'être du réseau est de bénéficier d'une taille plus conséquente qui permettra d'augmenter le pouvoir de négociation auprès des partenaires, et ainsi aboutir à une réduction des coûts. À prix de vente égal, la marge s'en trouvera nécessairement augmentée.
La seconde raison est d'être plus visible, par une communication et un agencement identiques sur tout le territoire. L'enseigne jouit en effet d'une notoriété plus importante et augmentera ses chances d'être présente dans l'esprit des clients potentiels.

b. Du point de vue du consommateur

Grâce au réseau, le client bénéficie d'une offre harmonisée dans quasiment tous les lieux dans lesquels il se trouve. Il bénéficie de prix étudiés avec un standard de qualité. Il profite de programmes de fidélisation attractifs à chaque achat réalisé, ce qui accroît son attachement à l'enseigne.

2. Les composantes des réseaux

2.1. Les principales composantes

Acteur / Composante	Rôle et caractéristiques
Tête de réseau	Selon l'INSEE, la tête de réseau coordonne certaines activités du réseau. Dans la pratique, elle est très souvent localisée au siège social de la société qui est à l'origine du réseau. Elle assure un rôle central de coordination et est chargée de la veille stratégique.
Enseigne	Elle permet au consommateur d'identifier les points de vente et le réseau. Le positionnement mercatique de l'enseigne et la stratégie de communication sont déterminants pour fédérer tous les membres du réseau et lui donner une bonne visibilité. La charte graphique de l'enseigne est déclinée à l'identique dans toutes les UC du réseau.
Système d'information partagé	Le système d'information permet aux membres du réseau d'échanger des données périodiques (CA par exemple) et de prendre connaissance des décisions stratégiques de la tête de réseau. La mise en place de systèmes intranet ou extranet facilite ces échanges.
UC locales	Dans la structure d'un réseau, il importe de distinguer : – les UC qui appartiennent à la tête de réseau (réseau intégré) ; – les UC indépendantes, qui adhèrent dans le cadre d'un réseau associé.
Maillage du réseau	Le nombre d'UC locales, leur implantation, la couverture d'un territoire géographique caractérisent le maillage d'un réseau. Les services centraux peuvent ainsi optimiser leur présence.

2.2. Les spécificités de la grande distribution

Composante	Rôle et caractéristiques
Centrale de référencement*	Elle sélectionne les produits auprès des fournisseurs et en négocie les conditions tarifaires. Les membres du réseau achètent ensuite directement auprès des fournisseurs en bénéficiant de tarifs négociés.
Centrale d'achat*	Elle sélectionne et achète les produits. Les membres du réseau s'approvisionnent ensuite auprès d'elle. La centrale pratique de faibles marges (entre 1 et 5 %) et propose d'autres services facturés (entreposage, facilités de règlement…).
Plate-forme logistique	Elle réceptionne les quantités importantes de marchandises en provenance des fournisseurs et assure leur fractionnement à destination des UC locales. Elle joue un rôle de répartiteur, le plus souvent au niveau régional, afin de diminuer les coûts logistiques.
Entrepôt de stockage	Il stocke des marchandises. Certains entrepôts ont une vocation régionale pour des biens durables.

* Les GSA mettent en place soit une centrale de référencement, soit une centrale d'achat.

Mots-clés

TÊTE DE RÉSEAU, ENSEIGNE, MAILLAGE

17

Les types de réseaux d'unités commerciales

1. Réseaux intégrés et réseaux associés
1.1. Définitions
1.2. Les caractéristiques des réseaux
1.3. Le management des réseaux
1.4. Analyse critique
2. Les autres formes de réseaux
2.1. Le réseau mixte
2.2. La commission d'affiliation
2.3. La concession

Ces dernières années, les réseaux se sont multipliés mais ils se sont aussi modifiés. Aujourd'hui, il en existe plusieurs types avec des modalités de fonctionnement variables.

1. Réseaux intégrés et réseaux associés

1.1. Définitions

On distingue :

– les réseaux intégrés ou succursalistes : les UC sont la propriété de la société ;
– les réseaux associés, comme la franchise, qui se fondent sur un contrat entre une société (le franchiseur) et une entité de plus petite taille (le franchisé), chacun conservant sa personnalité juridique ;
– les groupements, qui sont une forme particulière de réseau associé ressemblant sur certains points à une coopérative ou à une association.

1.2. Les caractéristiques des réseaux

	Réseau intégré	Réseau associé	
		Horizontal	Vertical
Dénomination	Réseau succursaliste	Groupement	Franchise
Acteur	Un seul : la maison mère	Adhérents	Franchiseur et franchisé
Propriété	Une seule personne morale	Personnes morales indépendantes	Personnes morales indépendantes
Lien juridique	–	Groupement	Contrat de franchise
Objectif	Se développer harmonieusement en respectant une idée commerciale	Profiter des avantages d'une grande taille	– Pour le franchiseur : se développer à moindre coût – Pour le franchisé : profiter d'une notoriété ou d'un savoir-faire et des avantages d'une grande taille
Poids de la hiérarchie	Très important	Pas de hiérarchie	Important
Choix de l'assortiment	Fixé par le siège	Le groupement référence, l'adhérent choisit	Le franchiseur pose ses conditions

1.3. Le management des réseaux

« Penser global, agir local », tel est le principe qu'essaient d'appliquer les têtes de réseau. Le style de management fait partie de la culture du réseau et varie selon le type de réseau.

	Réseau intégré	Réseau associé	
		Horizontal	Vertical
Type de management	– Prise de décision centralisée (tête de réseau) – Mise en place de directions intermédiaires régionales pour encadrer l'expansion du réseau et les UC locales (animation de réseau) – Autonomie réduite des managers locaux (assortiment local) – Gestion par les objectifs (CA, taux de transformation…) – Procédures standardisées de gestion (tableaux de bord, commandes, gestion des stocks, balisage…)	– Les managers locaux participent à la définition des objectifs du groupement. Le management du réseau est participatif. – Procédures standardisées pour les activités du réseau (achats, assortiment, contrôle…)	– Prédominance du management centralisé (contrat de franchise). – Procédures de contrôle et d'animation pilotées par la tête de réseau.

Le manager d'un réseau d'UC est confronté en permanence à la difficulté de coordonner la politique générale du réseau avec les initiatives locales. La recherche de flexibilité et une nécessaire adaptation locale contribuent à motiver les équipes.

1.4. Analyse critique

	Réseau intégré	Réseau associé	
		Horizontal	Vertical
Avantages	Maîtrise de toutes les composantes de la politique commerciale	– Coûts d'achat faibles – Campagne de communication commune	– Pour le franchisé, la clientèle est garantie du fait de la notoriété ; la concurrence est limitée. – Pour le franchiseur, la prise de risque est limitée.
Inconvénients	– Coût difficile à assumer à un certain stade de développement – Organisation de plus en plus complexe et rigide	– Chaque adhérent est tributaire du choix de la majorité	– Le franchisé est tributaire des choix de la tête de réseau. – Le franchiseur est tributaire des ventes du franchisé.

Le législateur cherche à protéger le franchisé face au franchiseur, car le rapport de force reste en faveur du franchiseur, qui impose ses conditions. La loi Doubin du 31 décembre 1989 oblige ainsi le franchiseur à fournir des informations sur son réseau avant la signature du contrat, afin que le franchisé décide en toute connaissance de cause.

EXEMPLE Le franchiseur doit communiquer les résultats financiers de ses plus grosses UC franchisées.

2. Les autres formes de réseaux

2.1. Le réseau mixte

a. Définition

Il intègre plusieurs formes de réseau au sein d'une même enseigne : certains points de vente sont la propriété complète de l'enseigne (intégré), alors que d'autres sont ouverts en franchise.

Un réseau mixte permet à la tête de réseau de cumuler les avantages liés aux différents types de réseau :

- l'enseigne se développe en ne finançant que partiellement sa progression : le franchisé prend des risques financiers, tandis que l'enseigne assume complètement les seules succursales ;
- en possédant des magasins en propre, l'enseigne dispose d'un véritable laboratoire d'expérimentation commerciale de ses produits et de ses pratiques commerciales (marchandisage test, méthode de vente). Elle peut observer et analyser en direct le comportement de sa clientèle, tandis que les UC franchisées continuent à vendre de façon classique. Elle limite donc les risques liés aux choix mercatiques ;
- dans le cadre de son développement géographique, le réseau mixte permet d'envisager de plus nombreuses implantations dans un laps de temps assez court (ce qui ne serait pas envisageable dans un réseau franchisé) ou des implantations en centre-ville où seule l'enseigne est capable d'investir (coût trop élevé pour un franchisé moyen).

EXEMPLE Les magasins Swarovski sont la propriété de la tête de réseau lorsqu'ils se situent en centre-ville ou dans les centres commerciaux (emplacements onéreux) ; ils sont en franchise dans d'autres zones plus accessibles financièrement.

b. Les inconvénients du réseau mixte

Ce type de réseau présente divers inconvénients en terme de management :

- l'existence de nombreuses UC franchisées implique des différences de traitement entre les salariés du réseau : les franchisés restant autonomes pour la gestion des ressources humaines ; cela se répercute sur le niveau de salaires pratiqué ;
- les chances d'évolution ne sont pas identiques pour tous les salariés : les opportunités de promotion et de mobilité interne seront plus fréquentes pour les salariés du réseau intégré (les UC franchisées sont souvent plus petites) ;
- la tête de réseau rencontre des difficultés en termes de gestion et de cohérence dans ces deux types d'UC : les rapports entre le gérant succursaliste et le franchisé n'étant pas de même nature, il n'est pas envisageable de gérer les problèmes de management de façon globale et uniforme. Cette dualité peut nuire à la culture d'entreprise, puisqu'il n'y a pas de sentiment fort d'appartenance des salariés au

sein de l'enseigne; pour les salariés des UC franchisées, l'employeur demeure le franchiseur avant tout. L'enseigne n'est qu'un élément commercial dépourvu d'identité.

Il est donc fondamental, pour éviter ces difficultés, que la tête de réseau maîtrise totalement sa stratégie de développement et veille à conserver un équilibre (numérique ou en terme de chiffre d'affaires) entre les deux formes de réseau.

2.2. La commission d'affiliation

La commission affiliation ressemble à la franchise, mais l'investissement du commissionnaire affilié est beaucoup moins important que celui d'un franchisé. Ici, le commissionnaire doit seulement fournir un local pour organiser la vente des produits et payer les employés. Le commissionnaire affilié n'achète pas les marchandises, qui est apportée par le fournisseur et reste sa propriété. Le commissionnaire est rémunéré par un pourcentage sur le chiffre d'affaires HT, à hauteur de 35 à 45 %. En fin de saison, la marchandise est reprise par le fournisseur.

Le principal avantage pour le commissionnaire affilié est l'absence de risque lié au financement du stock et au stock résiduel, puisque l'intégralité des invendus est retourné au fournisseur, qui les écoule dans d'autres circuits.

En revanche, le commissionnaire affilié ne décide pas du choix de l'assortiment.

Cette forme de réseau est recommandée pour les enseignes relativement récentes, qui ne possèdent pas encore une notoriété et une expérience suffisantes pour garantir un chiffre d'affaires et susciter les investissements financiers extérieurs.

2.3. La concession

Il s'agit d'un contrat liant un fabricant (concédant) à un revendeur indépendant (concessionnaire), dans le cadre d'un réseau de distribution limité à un certain nombre de commerçants auxquels il réserve la vente d'un produit, à condition qu'ils satisfassent à certaines obligations (compétence professionnelle, agencement du point de vente…). Ce type de contrat est lié à la nature particulière des biens vendus et requiert une compétence spécifique pour répondre aux exigences de la clientèle.

EXEMPLE Une concession automobile.

Le contrat de concession se rapproche lui aussi du contrat de franchise, mais il est moins contraignant au niveau des conditions de présentation et de valorisation des produits. La loi oblige les enseignes à communiquer à qui le leur demande la liste des conditions à réunir pour devenir concessionnaire de leur marque.

Mots-clés

TÊTE DE RÉSEAU, RÉSEAU INTÉGRÉ, RÉSEAU ASSOCIÉ, GROUPEMENT, FRANCHISE, RÉSEAU MIXTE, COMMISSION D'AFFILIATION, CONCESSION

18 Les relations entre producteurs et distributeurs

1. Les composantes de la distribution
1.1. Le canal de distribution
1.2. Le circuit et le réseau de distribution
2. Les différentes stratégies des producteurs
2.1. Les stratégies courantes
2.2. La stratégie intégrée
2.3. Les critères de choix d'une stratégie de distribution
3. Les risques de conflit
3.1. Des intérêts contradictoires
3.2. Un rapport de force souvent déséquilibré
3.3. Vers un partenariat gagnant/gagnant

Aujourd'hui, il ne suffit plus de produire pour vendre. Le distributeur a été amené à tenir une place parfois de premier plan, mais les relations ont été bouleversées, aboutissant à des rapports de force modifiés.

1. Les composantes de la distribution

1.1. Le canal de distribution

Il est la matérialisation du chemin suivi par un bien, depuis le producteur jusqu'au consommateur. On distingue différents types de canaux..

Type de canal	Intermédiaires				
Direct	Producteur	Consommateur			
Court	Producteur	Distributeur	Consommateur		
Long	Producteur	Grossiste	Distributeur	Consommateur	
Ultra-long	Producteur	Importateur	Grossiste	Distributeur	Consommateur

Un grossiste ne vend pas à un consommateur final mais à un détaillant.

1.2. Le circuit et le réseau de distribution

C'est l'ensemble des canaux de distribution impliqués dans le processus de commercialisation (du producteur au consommateur) d'un produit. Il désigne la structure de distribution. Le réseau constitue une notion voisine qui s'attache davantage aux individus et aux moyens de les motiver. On motive un réseau mais pas un circuit.

2. Les différentes stratégies des producteurs

2.1. Les stratégies courantes

Type de stratégie	Objectif	Spécificité	Exemple
Exclusive	Commercialiser le produit dans un nombre limité de points de vente	Exclusivité territoriale du distributeur	Voiture
Sélective	Garantir le respect de l'image de marque des produits par une commercialisation maîtrisée	Conditions préalables à remplir par le distributeur pour pouvoir vendre le produit	Parfum Dior

Type de stratégie	Objectif	Spécificité	Exemple
Intensive	Distribuer le produit dans tous les lieux où il est susceptible d'être acheté	Absence de sélection des lieux de vente	Bonbons Haribo

2.2. La stratégie intégrée

Ici, le producteur veut maîtriser d'un bout à l'autre de la chaîne tout ce qui touche à son produit. Il ne s'occupe pas seulement de le fabriquer, mais aussi de le vendre dans son propre circuit. Il devient dès lors aussi distributeur, puisqu'il approvisionne ses propres points de vente. On peut donc le rapprocher des réseaux dits succursalistes (*cf.* fiche 17).

EXEMPLE La Compagnie des Petits fabrique et distribue ses vêtements pour enfants dans ses propres boutiques.

2.3. Les critères de choix d'une stratégie de distribution

a. Une décision stratégique avant tout

La stratégie de distribution d'un producteur fait partie de la mercatique stratégique. De ce fait, elle est élaborée par la direction de l'entreprise et impacte ses performances à moyen ou à long terme. Les options dans ce domaine s'inspirent de l'observation du marché et donc de la réalité des acteurs ou des produits. En effet, la stratégie de distribution détermine le périmètre de la concurrence et joue sur la position concurrentielle.

EXEMPLE Un challenger peut avoir intérêt à se démarquer par son mode de distribution pour éliminer ses concurrents

Le secteur d'activité contraint également le mode de distribution.

EXEMPLE Les bonbons en sachet sont distribués de façon intensive. La vente en grande surface est ici obligatoire.

b. Les différents critères de choix

Le producteur doit se poser une question préalable fondamentale sur le degré de dépendance ou d'indépendance qu'il souhaite conserver vis-à-vis des distributeurs : la présence de distributeurs permet de multiplier les lieux de vente et offre un très bon maillage territorial en limitant les coûts, mais aussi l'autonomie du producteur.

D'autres critères sont à considérer :

Critère	Possibilités	Choix de distribution			
		Intégrée	Exclusive	Sélective	Intensive
Type de produit vendu	Produit banal → consommation courante				×
	Produit technique → savoir-faire des vendeurs	×	×	×	
	Valeur symbolique → présentation soignée		×	×	
	Poids de la marque → rareté organisée		×		
Objectifs commerciaux	Stratégie de pénétration massive → effet volume	×			×
	Stratégie d'écrémage → distribution modérée	×*	×	×*	
Capacités financières	La firme peut financer son réseau	×			
Capacités de production	Volume important de la production	×			×
	Production limitée		×	×	

* Choix secondaire.

3. Les risques de conflit

Quand on étudie la relation entre producteurs et distributeurs, on a tendance à évoquer avant tout un rapport de force à géographie variable, lié au contexte de concurrence exacerbée, notamment dans le domaine de la grande distribution alimentaire.

3.1. Des intérêts contradictoires

Le schéma d'analyse des forces concurrentielles de Michael Porter montre que le pouvoir de négociation des fournisseurs constitue l'un des éléments possibles de tension au sein d'un marché. De même, la capacité à obtenir des conditions commerciales avantageuses, relatives par exemple aux modalités de paiement, joue sur les performances de l'entreprise. Les enjeux de cette relation et de ses modalités sont donc de taille.

Enjeux pour le producteur	Enjeux pour le distributeur
Vendre le plus possible	Éviter les stocks trop importants
Réaliser le plus de marge en vendant à un prix intéressant	Obtenir les prix les plus bas pour obtenir une marge importante et des conditions de vente avantageuses (ristournes)
Limiter les risques financiers	Payer le plus tard possible
Limiter les risques commerciaux	Obtenir l'exclusivité de certaines marques

L'examen de ce tableau montre l'incompatibilité des enjeux entre les deux acteurs, ou du moins la difficulté à concilier les impératifs. La négociation tient une place essentielle, car obtenir un avantage revient à une victoire sur l'interlocuteur et illustre une stratégie gagnant/perdant parfois agressive. Certaines pratiques commerciales des distributeurs ont été dénoncées, comme les marges arrière (ristourne obtenue par le distributeur en contrepartie d'avantages, réels ou fictifs, concédés au producteur). La loi Châtel a tenté de clarifier la situation en acceptant que les marges arrière soient répercutées sur le prix de vente des distributeurs, abaissant ainsi le seuil de revente à perte.

3.2. Un rapport de force souvent déséquilibré

Le paysage actuel de la distribution en France est constitué, pour certains domaines d'activité comme la distribution alimentaire ou l'habillement, de très grandes entreprises qui s'arrogent l'essentiel de l'activité de détail.

EXEMPLE En France, le commerce alimentaire est actuellement réparti entre un nombre très restreint de groupes (Auchan, Carrefour, Leclerc, Casino, Intermarché), qui, à eux seuls, réalisent 96 % du chiffre d'affaires de ce secteur.

Architecturées en centrales d'achat parfois partagées (comme Système U ou les centres Leclerc), décidant de volumes d'achat énormes pour leur réseau, ces entreprises disposent de pouvoirs très importants et deviennent incontournables pour les producteurs. Ces derniers sont alors partagés entre la perspective de vendre de très grosses quantités et celle de perdre leur indépendance.

Les distributeurs se trouvant dans l'impossibilité de développer leurs linéaires (du fait des lois limitant leur développement), ces firmes ont dû augmenter leur rendement au mètre carré ; pour cela, elles ont envisagé de vendre de plus en plus de produits qu'elles auraient elles-mêmes conçus en accord avec des producteurs sous leur propre marque (marque de distributeur), mais aussi parfois sous un autre nom. Avec les marques de distributeur, non seulement elles commandent encore plus, mais elles réduisent encore le pouvoir des producteurs qui, eux, perdent l'image et la marque de leur produit.

3.3. Vers un partenariat gagnant/gagnant

Un recentrage autour des attentes du client final devient source de bénéfices partagés.

a. Le management catégoriel (*category management*)

Cette approche qui vient des États-Unis repose sur une collaboration étroite entre le distributeur et un ou plusieurs producteurs. Elle consiste à confier à un fournisseur (le « capitaine » de catégorie) la gestion de son rayon pour toute une catégorie de produits, et pas seulement ceux qu'il lui fournit. Il gère la promotion, la mise en avant des produits, etc., dans une optique de satisfaction des besoins du client.

	Pour le producteur capitaine de catégorie	Pour le distributeur	Pour le client
Avantages	Lien durable avec le distributeur : partenariat au moins de moyen terme	– Baisse des frais de gestion des produits – Profite de l'expertise du producteur	Trouve tous les produits qui couvrent ses besoins
Inconvénients	Peu intéressant lorsque le producteur n'est pas choisi comme capitaine de catégorie	Perte d'autonomie et de cohérence de la gestion globale	– Pratiques pas très concurrentielles car on privilégie un fournisseur – Logique d'entente qui ne profite pas forcément au client en terme de prix (partage plus que baisse de la marge)

b. Une approche intermédiaire

Ici, sans aller vers une fixation des pratiques commerciales entre producteur et distributeur, les deux acteurs recherchent une économie sur les frais rattachés au produit. Les frais de logistique liés au stockage et à la livraison peuvent être notablement réduits grâce à une communication permanente entre distributeurs et producteurs. La mise en place d'échanges de données informatisées (EDI), qui permettent de relier le distributeur au stock du producteur en temps réel, remet en cause la notion même de frontière entre les deux entités. De même, le déclenchement automatique de réassort de produit à chaque vente contribue très largement à la diminution des stocks et des surfaces de stockage, optimisant ainsi celles consacrées à la vente.

Mots-clés

MARGE ARRIÈRE, MANAGEMENT CATÉGORIEL, LOI CHATEL

19

La stratégie de développement du réseau

1. Les stratégies d'enseigne
1.1. L'optimisation de la demande
1.2. Le positionnement vis-à-vis de la concurrence
1.3. Le mode de croissance
2. Le développement national du réseau
2.1. Objectifs et contraintes
2.2. La méthodologie d'implantation
2.3. Les contraintes réglementaires
3. Le développement international du réseau
3.1. Pourquoi se développer à l'international ?
3.2. Une stratégie risquée
3.3. Des modes de développement spécifiques

Un réseau est amené à se développer : différentes modalités de croissance sont possibles qui offrent de multiples perspectives.

1. Les stratégies d'enseigne

1.1. L'optimisation de la demande

Pour augmenter son CA, le réseau a plusieurs possibilités :

		Possibilité	Modalités	Avantages	Inconvénients
Demande	Actuelle	Augmenter le panier moyen des clients	Développer la mercatique après-vente et la fidélisation	Facile à mettre en place, peu coûteux, très rentable	Potentiel de croissance limité (saturation des besoins) ; problème de renouvellement de la clientèle
	Potentielle	Prendre des clients à la concurrence	Développer des offres attractives et différenciées	Bénéfices assez substantiels ; orientation commerciale durable	Efforts commerciaux importants au départ mais porteurs à terme ; intensifie la lutte concurrentielle
		Satisfaire une nouvelle clientèle	Développer géographiquement ses points de vente	Augmente la couverture du territoire donc la zone de chalandise	Augmente les coûts de logistique ; investissements importants au départ

1.2. Le positionnement vis-à-vis de la concurrence

Selon la solution retenue, le réseau envisagera son développement à travers trois types de stratégies :

Stratégie	Descriptif
Pénétration	S'implanter dans les zones où les concurrents se trouvent déjà mais où le réseau n'est pas encore implanté
Expansion	Intensifier sa présence dans les zones où le réseau se trouve déjà
Prédation	Racheter systématiquement toutes les UC du domaine d'activité

1.3. Le mode de croissance

Pour assurer son développement, le réseau a le choix entre deux options :

	Croissance externe	Croissance interne
Descriptif	Se développer en rachetant des UC	Augmenter la taille des UC actuelles ou créer de nouvelles UC
Avantages	Facile à concrétiser ; profite de la clientèle du point de vente racheté.	Agrandissement relativement facile à envisager ; ouverture de points de vente possible si croissance modérée.
Inconvénients	Coût assez important mais qui peut être atténué par une association (franchise)	Investissement très important

En parallèle, l'enseigne s'interroge sur la forme juridique du futur réseau. Il peut rester intégré ou au contraire évoluer vers une forme de franchise, ou encore vers un réseau mixte (à la fois en franchise et en intégré).

2. Le développement national du réseau

2.1. Objectifs et contraintes

Dans le cadre de son développement, le réseau cherche à :
- devancer la concurrence en s'implantant dans des régions non investies ;
- contrer le concurrent en limitant son pouvoir sur un espace où il est déjà présent ;
- occuper le marché pour ne pas perdre sa position concurrentielle.

Le développement du réseau est contraint par les pratiques des concurrents : seul le réseau leader dispose d'une relative liberté d'action.

2.2. La méthodologie d'implantation

Étape	Contenu	Questions associées
1. Définition des orientations stratégiques	Intérêt d'ouvrir de nouvelles UC	Quelles opportunités ?
	Modalités du schéma d'implantation	Lieu, format, rythme ?
	Modalités de la croissance	Croissance externe ou interne ?
2. Étude des zones d'implantation	Recherche des aires d'implantation potentielles	Où se situer pour obtenir rapidement un CA substantiel ?
	Analyse du potentiel commercial	Quel pouvoir d'achat de la population locale ?
	Sélection finale	Quelle est l'aire d'implantation optimale ?
3. Étude des sites d'implantation	Travail sur la zone de chalandise associée	Quelle concurrence ? Quelle clientèle potentielle ?
	Calcul des coûts associés à chaque solution et de sa rentabilité	Quelle rentabilité pour chacune des futures UC ?

▸▸▸

Étape	Contenu	Questions associées
4. Implantation effective de l'UC	Constitution de l'UC	Achat ou location des locaux ?
	Type de format (surface)	Quel agencement et quel équipement pour l'UC ?
	Recrutement du personnel	Quel type de contrat ? Quelle formation ?
	Approvisionnement	Quel assortiment ?
	Communication	Quelle communication locale dans la zone de chalandise ?

2.3. Le cadre légal

L'urbanisme commercial demeure un domaine important pour les pouvoirs publics, qui cherchent à concilier les intérêts de chacun : petites et grandes UC, et consommateurs. La contrainte réglementaire n'est pas négligeable, notamment pour l'implantation des UC de très grande taille, soumise à autorisation et à procédure (loi Galland).

3. Le développement international

3.1. Pourquoi se développer à l'international ?

		Contenu	Exemple
Raison socio-démographique		L'espace géographique national ne peut plus accueillir d'UC de très grande taille dans certains départements.	Les Alpes-Maritimes n'ont plus de terrains disponibles pour la construction de nouveaux hypermarchés.
Raison économique	**liée à l'offre**	La concurrence est exacerbée dans certaines branches.	L'habillement féminin
	liée à la demande	La baisse du pouvoir d'achat des ménages conduit à faire des choix	Les ménages français dépensent de moins en moins pour habiller toute la famille
		Certains besoins sont saturés.	En matière alimentaire, les ménages couvrent en majorité l'ensemble de leurs besoins et ne vont pas augmenter leur consommation en volume.
Raison sociologique	**Mode de vie**	Modification des habitudes de consommation.	Les consommateurs désirent acheter dans des lieux proches de leur domicile
	Valeurs	Le bonheur ne passe plus par la consommation de masse.	Développement de formules alternatives (troc)

Bien souvent, le développement à l'international ne fait que déplacer en d'autres lieux la concurrence qui s'exerçait sur l'espace national.

3.2. Une stratégie risquée

Le développement à l'international comporte aussi des risques :

- politiques : le pays d'accueil doit être stable et favorable aux investissements étrangers sur son territoire ;
- économiques : il faut que le niveau de vie et le revenu moyen des ménages du pays soient suffisants pour qu'ils puissent acheter les produits, mais aussi que les produits proposés soient en rapport avec les attentes de la population ;
- financiers : pour l'analyse du marché et des lieux d'implantation, mais aussi pour toute la logistique relative à la construction et à l'approvisionnement des points de vente. Il s'agit de savoir dans combien d'années l'implantation à l'étranger sera rentable, ce qui a une incidence sur la santé globale du groupe ;
- commerciaux : s'implanter dans un autre pays évince peut-être certains concurrents nationaux, mais il faut composer avec les concurrents du pays d'accueil, qui bénéficient toujours d'une préférence locale.

3.3. Des modes de développement spécifiques

En plus des modes traditionnels, les réseaux disposent de 2 autres possibilités :

- la master franchise : un partenaire sur place (le master franchisé) est liée par contrat avec la tête de réseau. Il développera le réseau en trouvant à son tour des franchisés. Ainsi, la tête de réseau divise sa prise de risque (en cas d'échec, il est couvert par le master franchisé) et est en même temps sécurisée dans la mesure où le partenaire local connaîtra mieux le pays et ses potentialités commerciales ;
- la *joint-venture* ou association : l'enseigne s'associe à part variable avec une enseigne locale partenaire pour développer des unités commerciales. Le risque financier est divisé et permet de voir comment réagit le marché avant de se lancer définitivement de façon autonome.

La tête de réseau réfléchit au concept à développer dans les différents pays :

Forme	Descriptif	Avantages / Inconvénients	Préconisé pour…
Concept standard	Concept et offre identiques	Forte identité de la marque	Les pays dont la culture et l'économie se rapprochent de la France (ex. : pays frontaliers)
		Économies logistiques	
		Risque d'échec si la population n'a pas les mêmes aspirations que la clientèle française	
Concept adapté	Concept et offre différents selon le pays	Adéquation parfaite entre l'offre et la demande	Les zones géographiques à fort potentiel d'achat du fait de l'importance de la population (ex. : la Chine)
		Limitation des retours d'invendus	
		Coût important	

Au début de son implantation dans le pays d'accueil, la tête de réseau propose une offre standardisée similaire à celle du pays d'origine ; lorsque son réseau sera suffisamment solide et durable, elle adaptera son offre aux spécificités locales.

Mots-clés

CROISSANCE EXTERNE, CROISSANCE INTERNE, MASTER FRANCHISE, *JOINT VENTURE*

20 L'épreuve E6 de PDUC

1. Descriptif de l'épreuve
2. Le déroulement de l'épreuve
3. Les critères d'évaluation

L'épreuve E6 de PDUC porte sur votre projet de développement de l'UC construit au cours de vos missions et stages de 2e année de BTS. Votre implication personnelle dans le projet est un facteur de réussite.

1. Descriptif de l'épreuve

Il s'agit d'une épreuve orale de coefficient 4, qui prend appui sur un dossier support à transmettre au centre d'examen selon un calendrier fixé chaque année par circulaire. Le jour de l'épreuve, vous devez apporter deux exemplaires de votre dossier.

<table>
<tr><td>Durée et structure de l'épreuve</td><td>Durée totale de l'épreuve : 40 mn.
L'épreuve se divise en deux parties :
– un exposé de 15 mn au cours duquel le candidat présente son projet ;
– un entretien de 25 mn environ avec la commission d'interrogation.</td></tr>
<tr><td>Commission d'interrogation</td><td>La commission est composée de deux interrogateurs :
– un enseignant des disciplines professionnelles de BTS MUC ;
– un responsable d'UC ou un enseignant.</td></tr>
<tr><td>Dossier support personnel</td><td>Le dossier est personnel. Il comporte :
– une partie administrative : attestations à fournir ;
– une partie « projet » de 10 pages maximum concernant le projet de développement de l'unité commerciale.</td></tr>
<tr><td>Finalités et objectifs</td><td>Cette épreuve permet de mesurer les aptitudes du candidat à :
– prendre des décisions commerciales ayant une incidence directe sur le développement de l'UC ;
– apprécier les conséquences de tous ordres qu'elles entraînent ;
– estimer leur faisabilité ;
– mesurer les risques et opportunités.</td></tr>
<tr><td>Contenu</td><td>Les compétences et savoirs associés sont définis par le référentiel :
<table>
<tr><th>Compétences</th><th>Savoirs associés</th></tr>
<tr><td>C11 Constituer une équipe commerciale professionnelle et motivée
C22 Assurer la gestion prévisionnelle
C23 Assurer la communication des résultats de l'activité
C3 Piloter des projets d'action commerciale ou de management
C42 Assurer la qualité de service à la clientèle
C43 Développer et maintenir la clientèle de l'unité commerciale
C5 Gérer l'offre de produits et de services
C6 Rechercher et exploiter l'information nécessaire à l'activité commerciale</td><td>S41 Les bases de la mercatique
S43 La mercatique des réseaux d'unités commerciales
S52 Le manageur de l'unité commerciale
S53 Le management de l'équipe de l'unité commerciale
S54 Organisation de l'équipe
S55 Management de projet
S62 Gestion des investissements
S63 Gestion de l'offre de l'unité commerciale
S64 Gestion prévisionnelle
S65 Évaluation des performances de l'unité commerciale
S73 La communication dans la relation commerciale
S8 Informatique commerciale</td></tr>
</table></td></tr>
</table>

ATTENTION

Le dossier peut être déclaré non conforme dans les situations suivantes :
– absence de dépôt de dossier ou dépôt après la date fixée par la circulaire ;
– durée de stage inférieure à celle requise par la réglementation de l'examen ;
– documents du dossier non visés ou non signés par les personnes habilitées.

2. Le déroulement de l'épreuve

Le candidat se présente au centre d'examen à l'horaire indiqué sur sa convocation. Généralement, les horaires et les salles d'examen sont affichés à l'entrée de l'établissement. L'épreuve comporte deux séquences :

Exposé	Le candidat présente son projet en suivant une trame en 5 parties : **1. une analyse commerciale structurée et actuelle de l'UC** dans son contexte local et dans le contexte de son réseau ; **2. un diagnostic partiel de l'UC** en précisant les conditions, moyens et méthodes permettant d'aboutir et d'étayer ce diagnostic ; **3. une préconisation**, aboutissement d'un choix justifié et argumenté ; **4. une analyse des répercussions** commerciales, financières, humaines et organisationnelles de sa préconisation ; **5. les premières réflexions** sur la mise en œuvre de sa préconisation.
Entretien	L'entretien porte sur : – **le projet** présenté par le candidat, les méthodes utilisées, les sources d'information utilisées, l'argumentation des choix ; – **les connaissances mobilisées** par le candidat à l'occasion de son projet.

CONSEIL

Le jour de l'épreuve, pensez à apporter tout document susceptible de venir en appui de votre prestation orale. L'utilisation de ces supports ne doit pas nécessiter de matériel spécifique (ordinateur, rétro- ou vidéoprojecteur…).

3. Les critères d'évaluation

L'évaluation des compétences du candidat s'appuie sur les critères suivants :
- qualité et actualité de l'analyse du contexte local de l'UC et de son insertion dans un réseau ;
- qualité du diagnostic et de la démarche qui y a conduit ;
- diversité des solutions envisagées et adaptation des préconisations ;
- repérage et traitement des diverses implications humaines, financières et organisationnelles de la décision ;
- rigueur de la méthodologie de recherche d'informations ;
- rigueur dans l'exploitation des informations commerciales ;
- maîtrise des moyens offerts par l'informatique commerciale ;
- maîtrise des connaissances et des savoir-faire mobilisés ;
- clarté des explications et de l'argumentation ;
- qualité de la communication écrite.

21 Se préparer à l'épreuve E6 de PDUC

1. Trois domaines pour concevoir son projet
2. Cinq étapes pour construire son projet
3. L'entraînement oral

L'épreuve E6 de PDUC est fondée sur l'expérience professionnelle de l'étudiant et sur la mobilisation de ses connaissances. Le projet présenté à l'oral nécessite une préparation tout au long des stages de 2e année.

1. Trois domaines pour concevoir son projet

« Quel sera mon projet ? » Pour répondre à cette question, vous devez être conscient que votre projet concerne le développement commercial de votre UC d'accueil, c'est-à-dire ses performances commerciales (relation client, fidélisation, progression du chiffre d'affaires, difficulté à se différencier de la concurrence…).

Les missions et stages de première année, les entretiens avec le manager de l'UC, la consultation des tableaux de bord et le travail quotidien avec l'équipe donnent des pistes de réflexion sur :

- les améliorations souhaitées (améliorer l'accueil, améliorer le dynamisme de l'équipe, mieux animer la surface de vente…) ;
- les dysfonctionnements à corriger (lutter contre la démarque inconnue, enrayer la baisse de CA, éviter l'évasion de clientèle vers une UC concurrente, traiter plus rapidement les réclamations…) ;
- les objectifs que le manager se fixe (gagner une place dans le classement régional, améliorer le taux de transformation, devenir une UC pilote au sein du réseau…).

C'est à vous, maintenant, de fixer avec votre tuteur et avec votre responsable pédagogique l'orientation de votre projet parmi les trois domaines suivants, sachant qu'un même projet peut s'ancrer dans plusieurs domaines :

Domaine du projet	Exemples
Domaine 1 : développement de l'activité commerciale avec de nouveaux clients	– Élargissement de la zone de chalandise – Conquête de nouvelles catégories de clientèle
Domaine 2 : développement de l'activité commerciale avec les clients existants	– Opération de fidélisation – Amélioration de la dynamique de vente – Animation du point de vente
Domaine 3 : développement de l'activité commerciale par l'amélioration de l'offre produits/services	– Réorganisation des linéaires – Élargissement de l'assortiment – Amélioration de la qualité des services – Offre de nouveaux produits ou services

2. Cinq étapes pour construire son projet

La construction du projet repose sur une méthodologie en cinq étapes, qui seront planifiées par votre responsable pédagogique. Ainsi, vous enrichirez votre dossier d'examen selon votre progression personnelle.

Étape	Exemples
Analyse commerciale structurée et actuelle de l'UC	Cette analyse fondée sur des sources documentaires récentes (chambre de commerce, brochures et rapports internes) vous permet de situer l'UC dans son contexte local et dans le contexte de son réseau.
Diagnostic partiel de l'UC	Ce diagnostic porte sur les forces et faiblesses internes de l'UC. Il est complété par l'analyse des opportunités et contraintes de l'environnement. Vous préciserez les moyens et méthodes permettant d'étayer vos analyses et vos recherches d'information. En conclusion, une ou plusieurs problématiques de développement seront dégagées.
Préconisation, aboutissement d'un choix justifié et argumenté	Les préconisations seront justifiées par rapport aux problématiques détectées dans le diagnostic. Pour argumenter, il importe de démontrer qu'elles sont cohérentes avec les besoins de l'UC et qu'elles vont favoriser son développement (entretiens avec le tuteur). La préconisation retenue est validée par le tuteur de stage et par le responsable pédagogique.
Analyse des répercussions	L'analyse porte sur les répercussions : – commerciales (indicateurs de performance) ; – humaines et organisationnelles (taille de l'équipe, animation) ; – financières (dépenses, charges de fonctionnement).
Premières réflexions sur la mise en œuvre du projet	La mise en œuvre du projet induit des opérations de contrôle : – vérifier que les ressources allouées sont bien respectées (budget, compte de résultat prévisionnel) ; – vérifier que les délais impartis sont bien programmés (réseau PERT ou diagramme de Gantt) ; – anticiper les risques et prévoir des actions correctives ; – gérer les équipes impliquées dans le projet (planning des réunions). Que le projet soit mis en œuvre ou qu'il soit différé, il importe de prévoir des outils qui facilitent ces contrôles.

3. L'entraînement oral

L'entraînement oral, déterminant pour la réussite de cette épreuve, permet de :
- mieux gérer les 15 mn d'exposé en début de prestation, sans lire vos supports, mais en les présentant clairement ;
- sélectionner les annexes professionnels ou visuels de synthèse afin d'argumenter chaque étape du projet (photos des univers de travail, de l'UC dans son contexte, tableau de synthèse des données exploitées, résultat des études de marché, extrait ou tracé du tableau de bord, planning et diagrammes…) ;
- utiliser le vocabulaire professionnel spécifique (révisez votre cours) ;
- anticiper les questions de méthode et de connaissances qui vous seront posées ;
- gérer son stress et apprendre à contrôler sa communication non verbale (gestes, regard, attitude d'écoute active).

Il est recommandé de pratiquer cet entraînement oral avec son tuteur de stage.

Lexique

Développement de l'unité commerciale

Analyse de Porter : schéma d'étude des forces concurrentielles utilisé dans le cadre de l'élaboration d'un diagnostic externe. Ces forces sont au nombre de 5 : les concurrents actuels, le pouvoir de négociation des fournisseurs, le pouvoir de négociation des clients, les intrants potentiels, et les produits de substitution.

Appel d'offres : procédure utilisée par un acheteur pour communiquer au marché la nature et l'étendue de ses besoins dans le but d'obtenir des propositions commerciales répondant aux spécifications attendues. Un cahier des charges décrit les produits, services, volumes, prix et délais.

Assortiment : ensemble des produits et services que propose une unité commerciale.

Attitude : position prise par un individu face à un problème posé. L'attitude a 3 composantes : composante cognitive (ce que l'individu sait), composante affective (ce qu'il ressent face à ce problème), et composante conative (ce qu'il compte faire).

Base de données : ensemble structuré de variables stockées sur un support physique accessible par plusieurs utilisateurs. Les bases de données sont souvent enregistrées dans des fichiers informatiques.

***Benchmarking* :** action d'évaluer les pratiques commerciales ou managériales des concurrents pour mettre en évidence leurs facteurs de réussite qui seront utilisés comme des repères (*bench*) de comparaison.

Besoin : tension psychologique ou physiologique qui génère un sentiment de manque.

Besoin dérivé : besoin qui traduit la préférence du consommateur pour une catégorie de produits ou services. Il est lié à l'évolution sociale, économique et technologique (ex. : besoin d'aller au cinéma).

Besoin générique : besoin lié à la condition humaine (se nourrir, se protéger, s'instruire, se distraire, s'épanouir).

Carte perceptuelle : représentation sur un graphique à deux dimensions de la position des concurrents en fonction des atouts perçus par les consommateurs.

Commission d'affiliation : convention entre un fournisseur et un distributeur dans laquelle ce dernier n'est pas propriétaire de la marchandise mais seulement dépositaire. Il est rémunéré par le fournisseur par un pourcentage sur le CA HT réalisé.

Communication d'enseigne : ensemble des actions de communication qui visent à créer ou à améliorer l'image de l'enseigne d'un réseau.

Communication de marque : ensemble des actions de communication qui visent à créer ou à améliorer l'image d'une marque de produits ou de services.

Communication externe : ensemble des actions de communication qui ciblent les publics extérieurs à l'entreprise.

Communication hors média : ensemble des actions de communication qui ne sont pas véhiculées par les médias de masse (presse, radio, affichage, télévision, cinéma). La communication hors média englobe les actions de mercatique directe, la promotion des ventes, les actions de relations publiques, le mécénat et le parrainage.

Communication institutionnelle : ensemble des actions de communication visant à valoriser l'image d'une entreprise en tant qu'institution.

Communication interne : ensemble des actions de communication qui ciblent les salariés d'une entreprise.

Communication média : ensemble des actions de communication véhiculées par les médias de masse (presse, radio, affichage, télévision, cinéma).

Communication produit/service : ensemble des actions de communication qui visent à valoriser l'image d'un produit ou d'un service.

Concession : contrat de distribution par lequel le concessionnaire (personne physique ou morale) achète pour revendre. Il peut être exclusif ou non et se pratique souvent pour la vente des véhicules automobiles.

Critère de segmentation : variable qui permet d'effectuer un découpage du marché en sous-ensembles homogènes. Cette variable peut être démographique (âge, sexe), socio-économique (niveau de revenu, catégorie socioprofessionnelle), psychologique (personnalité, valeur morale) ou comportementale (volume d'achat, comportement d'achat, degré de fidélité).

Croissance externe : développement de l'unité commerciale s'effectuant par le rachat d'autres unités.

Croissance interne : développement de l'unité commerciale s'effectuant par l'agrandissement des UC existantes ou par la création de nouvelles UC.

Demande effective : montant de la consommation (en volume ou en valeur) captée par l'entreprise et ses concurrents directs et indirects.

Demande globale : montant de la consommation (en volume ou en valeur) dans l'hypothèse où tous les individus présents sur le marché consomment un produit donné.

Demande potentielle : montant de la consommation réalisée (en volume ou en valeur) par les consommateurs potentiels.

Demande réelle : montant de la consommation (en volume ou en valeur) captée par l'entreprise et ses concurrents directs.

Démarche mercatique : processus de réflexion et d'action mis en place pour conquérir un marché. La démarche mercatique vise à connaître, satisfaire, stimuler et renouveler les besoins des consommateurs.

Différenciation : stratégie par laquelle une entreprise donne un caractère distinctif à son offre de produits ou services.

EDI (Échange de données informatisées) : processus automatisé et normalisé d'échange d'informations mis en place entre une entreprise et ses partenaires afin de réduire les coûts de traitement des données tout en améliorant la fiabilité des opérations.

Enquête : méthode et technique de recherche d'informations sur un marché.

Enseigne : ensemble composé par le nom et les signes visuels distinctifs qu'utilise une UC ou un réseau d'UC pour se faire connaître.

Étude qualitative : recherche et analyse de données relatives aux besoins, motivations et comportements des consommateurs ou non-consommateurs. Le recueil des informations qualitatives s'appuie sur des techniques d'observation, d'entretiens en face à face ou de réunions de groupe.

Étude quantitative : recherche et analyse de données quantitatives permettant de mesurer et de prévoir le niveau de la consommation, sa fréquence et son évolution. Le recueil des informations quantitatives s'appuie sur des études documentaires et sur des techniques d'enquêtes ponctuelles ou permanentes (panels).

Extension de portefeuille : action qui consiste à ajouter de nouveaux produits et/ou activités à son portefeuille de produits afin de couvrir de nouveaux segments du marché.

Facteur personnel : élément du comportement d'achat lié à l'individu (besoin, motivation personnalité).

Flux d'informations : transfert de données et de messages.

Flux financier : transfert de moyens de paiement.

Flux physique : transfert de biens matériels (matières premières, produits consommables, produits finis).

Franchise : contrat établi entre un réseau (le franchiseur) et un franchisé, qui permet à ce dernier d'exploiter la marque et le concept du franchiseur et d'assurer la vente des produits dans un périmètre protégé tout en bénéficiant des compétences et du savoir-faire du réseau. En contrepartie, il paiera au franchiseur un droit d'entrée, une redevance annuelle ainsi qu'un pourcentage sur le CA réalisé.

Frein : facteur psychologique ou matériel qui entrave la motivation ; il peut s'agir d'inhibition, de peur, de croyance, de manque de disponibilité ou de moyens financiers.

Gamme : ensemble des produits ou services offerts par un fabricant ou un réseau pour satisfaire le même type de besoin.

Gestion collaborative : méthodes et outils mis en place afin de faciliter la participation de plusieurs intervenants dans un processus de gestion.

Groupe d'appartenance : groupe dans lequel se trouve l'individu du fait de ses caractéristiques individuelles et personnelles.

Groupe de référence : groupe auquel un individu souhaiterait appartenir.

Groupement : forme particulière de réseau associé ressemblant en certains points à un système de gestion associatif.

Image de marque : ensemble des valeurs et représentations mentales associées par le public à un produit, une marque ou une entreprise.

Implication : niveau d'intérêt et d'importance d'un individu pour l'achat d'un produit ou d'un service.

Information primaire : information générée par l'entreprise elle-même, ou bien par un institut d'études à sa demande.

Information secondaire : information utile à l'entreprise émanant d'autres organismes et qui ne lui est pas particulièrement destinée.

Intensité concurrentielle : pression qu'exerce l'ensemble des concurrents présents sur un marché.

***Joint venture* :** association à part variable entre une enseigne qui souhaite s'implanter à l'étranger et une enseigne locale.

Logistique : activité centrée sur l'organisation des flux physiques de marchandises dans les meilleures conditions d'efficacité et de rentabilité.

Loi Chatel : dispositions légales adoptées en 2008 qui réglementent « le développement de la concurrence au service du consommateur ». Le texte encadre les conditions de négociation des distributeurs avec leurs fournisseurs et définit les seuils de revente à perte.

Macro-environnement : environnement englobant toutes les grandes tendances de la société.

Maillage : structure et couverture géographique d'un réseau d'UC.

Management catégoriel : méthode consistant à confier à un fournisseur (le « capitaine de catégorie ») la gestion de son rayon pour toute une catégorie de produits et pas seulement ceux qu'il lui fournit.

Marché : lieu de rencontre des offreurs et demandeurs de produits ou services.

Marché actuel : indicateur du marché ; on le calcule selon la formule : marché actuel = marché de l'entreprise + marché des concurrents.

Marché complémentaire : marché des produits pouvant être achetés en complément d'un produit principal.

Marché générique : marché sur lequel s'expriment l'offre et la demande de produits répondant au même besoin générique.

Marché principal : marché du produit principal ; le produit principal est dans les faits le produit pour lequel est réalisée l'étude de marché.

Marché substitut : marché d'un produit de substitution.

Marché support : subdivision du marché générique centrée sur des besoins dérivés.

Marge arrière : ristournes et remises qu'un producteur accorde en fin d'année à un distributeur ; elle est généralement liée à la réalisation d'objectifs de ventes par le distributeur.

Marge avant : différence entre le prix de vente au consommateur et le prix d'achat au producteur.

Master franchise : forme de contrat qui lie un réseau souhaitant se développer à l'international à un partenaire local du pays d'implantation. Ce dernier créera à son tour un réseau sur le territoire et en assumera la gestion et les risques.

Matrice BCG : outil défini par le Boston Consulting Group (BCG) permettant de visualiser les places des produits d'un portefeuille sur un graphique à deux dimensions (part de marché relative du produit ; taux de croissance du marché). L'analyse fait apparaître 4 groupes de produits : produits vedettes, produits vaches à lait, produits dilemmes, produits poids morts.

Mercatique : ensemble des techniques et actions grâce auxquelles une entreprise développe méthodiquement la vente de ses produits et services, en adaptant sa production aux besoins des consommateurs.

Mercatique des achats : ensemble des techniques et actions grâce auxquelles une entreprise organise, coordonne et pérennise ses sources d'approvisionnement sur le marché amont.

Mercatique différenciée : stratégie mercatique qui se décline en autant de politiques que de segments identifiés pour mieux répondre aux attentes du marché.

Mercatique opérationnelle : domaine de la mercatique tournée vers l'action sur le marché à court ou à moyen terme. Elle concerne les actions sur le produit, le prix, la distribution et la communication.

Mercatique stratégique : domaine de la mercatique tournée vers l'étude, la réflexion et les orientations de l'entreprise sur ses marchés. Elle concerne les choix fondamentaux d'activités, les études, le positionnement, la conception de nouveaux produits.

Méso-environnement : il est composé de l'ensemble des acteurs qui, par leurs décisions, vont influencer les relations économiques d'un secteur ou d'une filière.

Méthode expérimentale : ensemble de techniques utilisées dans le cadre d'expériences pour valider une décision commerciale (ex. : le lancement d'un produit sur un marché test).

Méthode statistique : recherche et analyse mathématique de données qualitatives et quantitatives destinées à être interprétées dans le but de prévoir l'évolution d'un marché.

Mix communication : ensemble des moyens de communication média et hors média.

Motivation : force qui pousse l'individu à agir.

Niche commerciale : segment du marché sur lequel une entreprise est moins exposée à la pression concurrentielle.

Non-consommateur absolu : individu qui ne consomme pas un produit pour des raisons physiques, morales ou religieuses permanentes.

Non-consommateur relatif : individu qui ne consomme pas un produit pour des raisons qui sont susceptibles d'évoluer.

Objectif cognitif/affectif/conatif : but recherché par une action de communication. L'objectif cognitif vise à faire connaître ; l'objectif affectif vise à faire aimer ; l'objectif conatif vise à faire agir.

***One to one* :** solution sur mesure réalisée pour le client.

Panel : groupe de personnes régulièrement interrogé sur ses motivations et ses comportements. Ce peut être aussi un groupe de détaillants ou de distributeurs.

Part de marché absolue : indicateur qui mesure le pourcentage des ventes réalisées par une entreprise, par une marque ou par un produit, par rapport au marché total. Ce ratio peut se calculer en volume ou en valeur.

Part de marché en volume : volume vendu par une entreprise / volume vendu sur le marché.

Part de marché relative : indicateur qui mesure la force d'une entreprise par rapport à son concurrent principal. Part de marché relative = part de marché de l'entreprise / part de marché du principal concurrent.

Plan de marchéage : ensemble des politiques de produit, de prix, de communication et de distribution.

Plateforme de stockage : structure destinée à recevoir des quantités importantes de produits pour les répartir vers différentes unités commerciales.

Portefeuille de produits/services : ensemble de produits ou services proposés par une société tous circuits de distribution confondus et toutes marques intégrées.

Positionnement : stratégie mise en œuvre dans le but de donner au produit ou à la marque une place spécifique dans l'esprit du consommateur.

Produit d'avenir : produit destiné à devenir un produit leader à court ou à moyen terme. Il intègre souvent une innovation technologique.

Produit leader : produit qui réalise une grande partie du chiffre d'affaires et/ou des bénéfices de l'UC.

Produit régulateur : produit dont le volume des ventes est insensible aux variations du marché.

Produit tactique : produit destiné à occuper un segment particulier du marché pour gêner la concurrence.

Réduction de portefeuille : action de supprimer des produits et/ou activités du portefeuille de produits.

Référencement : contrat par lequel un distributeur s'engage à proposer les produits d'un producteur aux consommateurs. Dans le cadre d'un réseau, le producteur devient source d'approvisionnement des UC avec des conditions négociées.

Réseau associé : réseau composé d'une tête de réseau qui dirige, et d'unités commerciales juridiquement indépendantes qui vendent les produits et rétribuent l'enseigne. La franchise est un réseau associé vertical ; le groupement est un réseau associé horizontal.

Réseau intégré : réseau dans lequel la tête de réseau possède toutes les succursales. Il n'y a qu'une seule entité.

Réseau mixte : réseau dans lequel coexistent deux formes différentes de réseaux (associé et intégré).

Risque : danger perçu par le client.

Segmentation : méthode permettant de diviser un marché hétérogène en sous-groupes homogènes par rapport à des variables préalablement définies.

Segmentation 20-80 : méthode de segmentation fondée sur la loi de Pareto : 20 % des acheteurs réalisent 80 % du montant des achats.

Segmentation RFM : méthode de segmentation d'une base de données clients fondée sur les 3 critères : récence (R), fréquence (F) et montant (M) des achats.

Segmentation traditionnelle : méthode permettant de diviser un groupe hétérogène de consommateurs en sous-groupes homogènes par rapport aux critères de segmentation le plus souvent utilisés, à savoir l'âge, le sexe, le lieu d'habitation, et le niveau de revenu.

Service associé : service qui n'existe et qui est vendu que parce qu'un produit ou service a été vendu auparavant. Il ne peut être vendu seul car il n'a pas d'utilité pris isolément.

Sondage : technique permettant d'étudier les caractéristiques d'une population globale en prélevant un échantillon représentatif de cette population mère.

Stratégie concentrée : conception et mise en œuvre d'une politique commerciale focalisée sur un segment du marché.

Stratégie de communication : conception et mise en œuvre de l'ensemble des politiques de communication d'une entreprise.

Stratégie de prix : conception et mise en œuvre de l'ensemble des politiques de prix pratiquées par un fabricant ou un distributeur.

Stratégie différenciée : conception et mise en œuvre de politiques commerciales distinctes adaptées à chacun des segments du marché visés.

Stratégie indifférenciée : conception et mise en œuvre d'une politique commerciale déployée de façon uniforme sur plusieurs segments du marché.

Système d'information : ensemble organisé de ressources (hommes, moyens matériels, méthodes) qui permet de rechercher, stocker, traiter et diffuser des informations.

Tête de réseau : ensemble des services centraux d'une organisation en réseau. Elle planifie et coordonne le développement du réseau.

Typologie : regroupement de consommateurs qui présentent des similitudes de comportement.

Informatique commerciale

1

L'information commerciale, une ressource stratégique

1. L'information commerciale
1.1. La notion d'information
1.2. La qualité de l'information commerciale
2. L'organisation des informations commerciales
2.1. Le système d'information commerciale (SIC)
2.2. La base de données et le progiciel de gestion intégrée
2.3. Le *datawarehouse* et le *datamining*
3. La présentation et la diffusion de l'information commerciale
3.1. La définition de l'identité graphique
3.2. Le site Internet de l'UC
3.3. Les modalités de diffusion de l'information commerciale

En quelques années, les technologies de l'information ont bouleversé les relations entre l'UC et ses clients. Son utilisation efficiente en fait un facteur clé de succès.

1. L'information commerciale

1.1. La notion d'information

L'information est une indication, un renseignement permettant d'accroître la connaissance et/ou de réduire l'incertitude. Une information commerciale relative aux clients, aux marchés, aux produits, aux partenaires… est donc indispensable à la prise de décision et/ou à l'action commerciale.

EXEMPLE Une information relative à l'évolution démographique sur la zone de chalandise permettra à l'UC d'adapter au mieux son offre de produits tout en limitant les risques.

1.2. La qualité de l'information commerciale

a. La disponibilité

L'information doit être accessible à l'utilisateur au moment voulu. Certaines informations sont publiques, d'autres sont réservées, d'autres encore sont à élaborer.

b. La fiabilité

L'information doit être exacte dans le temps : elle doit être mise à jour régulièrement.

c. La pertinence

L'information doit être adaptée aux besoins de l'utilisateur pour être utile à la prise de décision.

d. La sécurité

L'accès aux informations de l'UC doit être sécurisé par le biais d'un identifiant et d'un mot de passe. En général, une politique de sécurité est mise en place (matériels, logiciels, formation…).

Une information commerciale de qualité est un facteur de compétitivité. Elle doit être bien gérée et organisée au sein du système d'information (SI) de l'UC, et plus particulièrement au sein du système d'information commerciale (SIC).

2. L'organisation des informations commerciales

2.1. Le système d'information commerciale (SIC)

Le SIC a pour fonction principale de collecter, puis stocker, traiter et diffuser l'information aux utilisateurs. De ce fait, il touche à l'organisation de l'UC, aux hommes et aux technologies de l'information.

EXEMPLE Dans le cadre d'une prospection sur le terrain, l'interaction avec le SI serait le suivant pour une UC :

Composante / Fonction	Organisationnelle	Humaine	Technologique
Collecte	Saisie des coordonnées d'un prospect dans un formulaire.	Saisie des informations par le commercial.	Utilisation du PC portable du commercial
Stockage	Conservation des informations dans une base de données.	Archivage automatisé de l'information dans la base de données.	Transfert des données via Internet sur le serveur de l'UC.
Traitement	Relevé mensuel des prospects non revisités.	Création d'une requête par la secrétaire commerciale.	Utilisation d'un assistant de requêtes associé à la base de données.
Diffusion	Diffusion de l'information retraitée aux commerciaux.	Réception de l'information par les commerciaux.	Utilisation de la messagerie interne.

2.2. La base de données et le progiciel de gestion intégré

Les systèmes d'information se complexifiant, le recours à un système de gestion de base de données relationnelle (SGBDR) est devenu incontournable.

a. La base de données relationnelle

Une base de données relationnelle est un stock d'informations décomposées et organisées dans des tables reliées entre elles. Des sociétés informatiques proposent aux UC des solutions de développement sur mesure afin de rendre ces bases de données plus opérationnelles (formulaires de saisie, états…).

b. Le progiciel de gestion intégré (PGI)

Plutôt que de recourir à une solution sur mesure, de nombreuses UC font le choix d'une solution standard : le PGI ou ERP (*Enterprise Ressource Planning*). Il s'agit d'un logiciel doté d'applicatifs « métiers » (modules), dont le but est de coordonner l'ensemble des activités de l'entreprise autour d'une base de données unique. Un important effort de paramétrage du logiciel est nécessaire pour adapter le PGI.

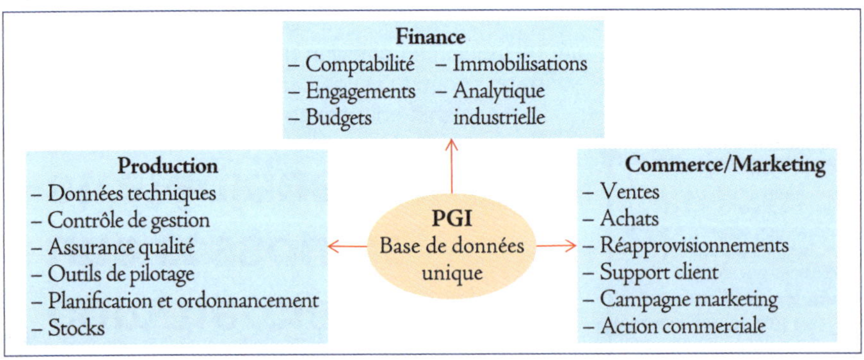

REMARQUE

De nos jours, les efforts en matière d'informatique commerciale portent sur l'interopérabilité des SI, à savoir l'aptitude des SI à pouvoir échanger des informations entre eux. Ainsi, sont mises en place de véritables chaînes logistiques basées sur des SCM. Les SCM (supply chain management), ou en français GCL (gestion de la chaîne logistique) sont des outils et méthodes visant à améliorer et automatiser l'approvisionnement, entre les clients de l'UC, l'UC et l'ensemble des fournisseurs et sous-traitants...

2.3. Le *datawarehouse* et le *datamining*

a. Le *datawarehouse*

Appelé aussi « entrepôt de données », il regroupe l'ensemble des données historisées de l'entreprise : les entreprises ne mobilisent ainsi que les données utiles aux traitements courants, les autres étant archivées. Les données du *datawarehouse* sont organisées en *datamart*, autrement dit par secteur décisionnel (*datamart* commercial, *datamart* marketing...).

b. Le *datamining*

Signifiant littéralement « forage de données », le *datamining* a pour but de mettre en évidence des corrélations afin de dégager des tendances, à partir des éléments du *datawarehouse*. La puissance de cet outil permet d'analyser des informations concernant des millions d'individus et des centaines de variables. La VPC et les banques sont particulièrement en avance dans ce domaine.

3. La présentation et la diffusion de l'information commerciale

Il ne suffit pas d'avoir une information de qualité et de savoir la traiter, encore faut-il savoir l'utiliser au mieux. La présentation et la diffusion de l'information commerciale doivent respecter les contraintes techniques et les principes généraux de communication.

3.1. La définition de l'identité graphique

a. L'identité visuelle

Elle découle de la stratégie de communication. L'UC doit être perçue comme spécifique. Tous les supports de communication doivent donc décliner cette identité.

b. Le logotype

Il est l'insigne de l'UC. Il se compose des éléments suivants :
- le nom de l'UC en entier ou sous forme d'initiales ;
- le pictogramme ou emblème graphique ;
- le code graphique et le code couleur.

3.2. Le site Internet de l'UC

a. Site statique ou dynamique

Un site est dit dynamique lorsque l'internaute dialogue avec le site, les données fournies par l'internaute étant stockées dans une base de données. Les forums, les sites marchands avec catalogue, les sites en plusieurs langues sont autant de sites dynamiques. Coûteux à mettre en place, leur mise à jour est facilitée grâce à une interface d'administration.

EXEMPLE Site marchand.

À défaut de dialogue, il ne s'agit que d'un simple site vitrine ou statique. Toute nouvelle mise à jour nécessite un nouveau transfert du site chez l'hébergeur. Ce type de site peut se concevoir lorsque les mises à jour sont peu nombreuses.

EXEMPLE Site présentant l'UC, sa localisation, son savoir-faire…

b. La charte graphique du site Internet

Elle est constituée d'une page d'accueil (utile au référencement dans les moteurs de recherche comme Google, Yahoo…), d'un format de mise en page (titres, en-têtes, fonds, code couleur, police de caractères…) et d'un système de navigation (menus, boutons, liens…).

3.3. Les modalités de diffusion de l'information commerciale

L'évolution des technologies, leur mobilité et leur interopérabilité font que les supports papier tendent à disparaître.

a. Les modalités de diffusion dans le cadre d'une prestation écrite

Les comptes-rendus d'activité	Ils permettent de visualiser les résultats individuels et collectifs des membres de l'équipe, en comparant par exemple les ventes réalisées aux objectifs.
Le courrier électronique	Les informations sont rapidement diffusées *via* un logiciel de messagerie ou une messagerie en ligne. Ces outils sont paramétrables et permettent de diffuser l'information à des personnes ou à une liste de personnes.
Les *newsletters* (ou lettres d'information)	C'est un moyen efficace, écologique et peu coûteux pour conquérir des prospects et conserver les nouveaux clients en diffusant régulièrement une information de qualité.
Les forums de discussion	Ils permettent aux internautes d'échanger des informations et d'accroître leurs connaissances sur les produits et les services de l'UC. Par là-même, il prépare l'acte d'achat. Très utile pour les produits techniques.

b. Les modalités de diffusion dans le cadre d'une prestation orale

Le diaporama	Il permet de rendre une présentation plus vivante, grâce à l'utilisation combinée d'un logiciel de préAO (comme PowerPoint), d'un ordinateur portable et d'un vidéoprojecteur.
La visioconférence (ou vidéoconférence)	Elle permet d'être en direct avec des clients ou des collaborateurs sans que ceux-ci aient à se déplacer. Il s'agit de la forme de communication à distance la plus proche du réel.

Mots-clés

BASE DE DONNÉES, PROGICIEL DE GESTION INTÉGRÉ (PGI), *DATAWAREHOUSE*, *DATAMINING*, SITE INTERNET

2

Le système d'information commerciale (SIC)

1. Présentation du SIC
1.1. Les composantes du SIC
1.2. La circulation des informations
2. Le fonctionnement du SIC
2.1. Les acteurs du SIC
2.2. Les technologies et fonctions du SIC

L'information commerciale est indispensable au manager et à son équipe pour orienter l'activité de l'UC et développer son capital client.

1. Présentation du SIC

Le SIC est intégré au système d'information mercatique (SIM). Il regroupe un ensemble de ressources (personnel, données, matériels, logiciels, procédures) qui facilitent les missions et les tâches de l'équipe commerciale de l'UC.

À L'EXAMEN

Dans le cadre de l'épreuve d'ACRC, vous devrez créer deux pages de présentation sur ce thème. Il est donc important de comprendre comment fonctionne le SIC.

1.1. Les composantes du SIC

L'UC utilise sans cesse les informations commerciales ; ces données forment des flux d'informations qui circulent et sont régulièrement enrichies ou actualisées (traitement de l'information). L'UC (ou le réseau) définit également des procédures d'accès, de validation et de transmission des informations en lien avec le système d'information mercatique. Dans la majorité des cas, le SIC comporte 5 volets :

Relations de l'UC avec la tête de réseau	Les informations échangées concernent : – les décisions commerciales (prix, promotions, marchandisage) ; – la communication des indicateurs de performances ; – la transmission des résultats de l'UC.
Relations de l'UC avec ses clients	La GRC utilise des bases de données à actualiser en permanence : – enregistrement des coordonnées des clients ; – historique des achats ; – mise en place d'opérations de fidélisation.
Relations de l'UC avec ses fournisseurs	L'approvisionnement et la gestion des stocks sont des fonctions qui génèrent un échange de données avec les fournisseurs ou les centrales d'achat.
Relations de l'UC avec son environnement	L'activité commerciale implique des intervenants externes au réseau (banque, assurance, services fiscaux...). Dans le cadre de la veille informationnelle, le manager traite également les informations de la concurrence issues des organisations professionnelles...
Organisation interne à l'UC	Le manager de l'UC anime et encadre son équipe. Il communique avec tous ses salariés. Il a également toute autonomie pour former des stagiaires et leur communiquer des supports de formation.

La complexité et la richesse du SIC dépendent des responsables de la tête de réseau, qui fixent les règles de communication, normalisent les matériels et supports d'information : terminaux de caisse, logiciels, tableau de bord, documents de PLV, supports de mercatique directe...

1.2. La circulation des informations

Différents flux d'informations composent le SIC :
- les flux d'informations entrant dans l'UC, en provenance de sources extérieures (relevé des prix des concurrents, objectifs de ventes, informations sur les livraisons, réclamations des clients…) ;
- les flux d'informations internes à l'UC : planning des conseillers, consignes de vente, organisation d'un événement… ;
- les flux d'informations sortant de l'UC, à destination de cibles externes (commandes, publicité, actions de mercatique directe…).

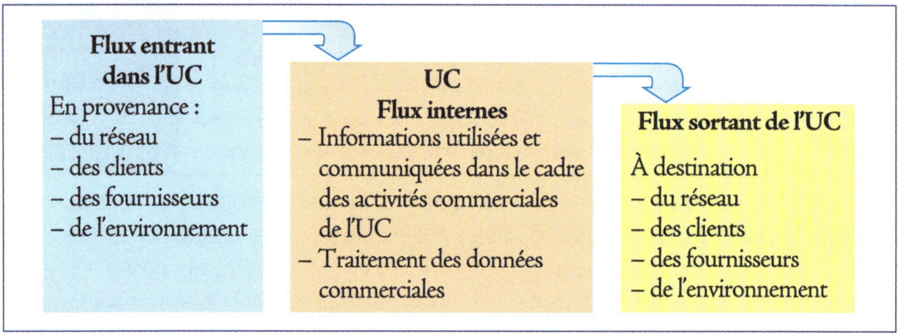

Les flux d'informations sont continus et génèrent des interactions entre les différents services de l'UC. Ils alimentent en permanence le processus de prise de décision.

2. Le fonctionnement du SIC

Le fonctionnement du SIC repose sur :
- des services comportant plusieurs types d'acteurs : un chef de rayon n'a pas les mêmes besoins en information qu'un responsable de caisse. Les occasions et la fréquence d'utilisation du SIC sont liées aux tâches à accomplir et au degré de responsabilité des utilisateurs ;
- des technologies utilisant des équipements, logiciels et supports spécifiques. Les procédures de traitement et de stockage des informations complètent la mise en œuvre des outils.

EXEMPLE Transmission des tableaux de bord dans le *reporting*.

2.1. Les acteurs du SIC

L'organisation du travail donne à chacun des salariés des responsabilités liées à ses compétences. L'organigramme de l'UC précise les liaisons hiérarchiques et permet de visualiser la place de chaque acteur au sein de l'organisation.

POUR L'EXAMEN

Afin d'identifier le rôle de chacun des acteurs dans le fonctionnement du SIC, vous pouvez procéder à des entretiens et compléter une grille de synthèse. Voici un exemple pour un supermarché :

Acteur	Rôle	Type d'accès à l'information
Directeur	…	…
Chef de secteur	…	…
Chef de rayon	– Animation de rayon – Gestion de linéaire – Relations fournisseurs et transmission de commandes – *Reporting* chef de secteur – Relation client ….	– Accès intranet total aux informations du rayon (stock, prix, marges, indices, historique des ventes en volume et valeur, taux de rupture…) – Accès extranet aux bases de données de la centrale d'achat EDI (produits, conditions d'achat, conditions de livraison, niveau de stock d'alerte…) – Accès intranet aux performances du point de vente en mode consultation.
Assistant	…	…
Employé LS	…	…
Stagiaire MUC	…	…

2.2. Les technologies et fonctions du SIC

Les technologies de l'information et de la communication (TIC) offrent aux décideurs la possibilité d'être plus réactifs par rapport aux évolutions du marché et de la clientèle.

a. Les technologies

L'utilisation de matériel informatique, d'Internet et des messageries électroniques simplifient l'échange des informations commerciales et de management entre les différents services de l'UC ainsi qu'avec la tête de réseau. Il est aujourd'hui fréquent qu'une UC possède un réseau intranet offrant à chaque salarié un accès contrôlé à des informations pertinentes par rapport à ses responsabilités et compétences.

EXEMPLE Le manager aura accès à l'ensemble des informations commerciales de son UC ; le vendeur-conseil utilisera seulement une base de données sur les produits et les stocks.

Dans le domaine de la relation client, les logiciels de CRM permettent également de mieux connaître les clients et leurs attentes. Les terminaux de caisse, connectés à des bases de données, transmettent les données clients.

L'EDI (échange de données informatisées) facilite la passation des commandes et la gestion des stocks. Les logiciels de *reporting* et de décision (logiciels de business intelligence) offrent diverses possibilités aux personnels d'encadrement : création de tableaux de gestion personnalisés, accès aux bases de données…

b. Les fonctions du SIC

Le SIC intègre toutes ces technologies, qui viennent compléter et dynamiser les outils classiques (courrier, dossier, téléphone, fax, presse professionnelle) afin de collecter, stocker, traiter et diffuser les informations.

POUR L'EXAMEN

Pour décrire les fonctions du SIC, vous devrez :
– repérer les équipements informatiques (ordinateurs, serveurs, bases de données, logiciels, terminaux d'encaissement, terminaux de paiement, écrans tactiles, bornes d'information…) ainsi que les moyens classiques (téléphones fixes et portables, fax, rapports périodiques d'activité, presse professionnelle...) ;
– identifier la nature des informations véhiculées par ces outils.
Vous serez alors en mesure de compléter un document de synthèse. Exemple :

Fonctions du SIC	Matériels et supports utilisés	Nature des informations
1. Collecte de données	– Téléphone	– Renseignements des clients – Relations internes
	– Fax – Terminal de caisse	– Confirmation des commandes – Consultation des données produits – Consultation des données clients
	– Abonnement aux revues professionnelles	– *Benchmarking*
	– Requêtes sur BDD produits – etc.	– Fiche technique de produit
2. Stockage des informations pertinentes	– Base de données clients – Archivage des dossiers – Base de données stocks – etc.	– Informations clientèle – Entretiens d'évaluation de l'équipe – État des stocks
3. Traitement des informations	– Logiciel de *business intelligence* – etc.	– Création d'états de gestion personnalisés – Mise à jour des indicateurs de performance du tableaux de bord – Analyse des séries statistiques
4. Diffusion et présentation des informations	– Messagerie électronique – Affichage PLV – etc.	– Consignes individuelles – Offres commerciales

L'utilisation de logiciels de traitement de texte vous permettra de représenter sur un schéma global l'architecture et le fonctionnement du SIC. Ce support facilitera votre présentation orale.

Mots-clés

SYSTEME D'INFORMATION COMMERCIALE (SIC), FLUX D'INFORMATIONS, INTRANET, ÉCHANGE DE DONNÉES INFORMATISÉES (EDI), LOGICIEL DE *REPORTING* ET DE DÉCISION, LOGICIEL DE CRM, BASE DE DONNÉES

3

Les études quantitatives

1. Les objectifs de l'enquête et l'échantillonnage
1.1. Problème commercial et population à enquêter
1.2. Les méthodes d'échantillonnage
2. L'élaboration du questionnaire
2.1. Le choix du mode d'administration
2.2. Conseils pratiques pour l'élaboration du questionnaire
3. Le dépouillement et l'analyse des résultats
3.1. La collecte des informations et le dépouillement
3.2. L'analyse des résultats
3.3. La rédaction du rapport d'étude

L'enquête par questionnaire permet à l'UC de recueillir des informations mercatiques importantes qui permettent la prise de décision. Un certain nombre d'étapes doivent être respectées pour mener à bien cette mission.

1. Les objectifs de l'enquête et l'échantillonnage

1.1. Problème commercial et population à enquêter

Dans un premier temps, les objectifs de l'enquête doivent être définis : à quoi va servir l'étude en termes de prise de décision ?
Le commanditaire de l'étude peut vouloir identifier et/ou faire face à un problème commercial (ex. : baisse du chiffre d'affaires, de la fréquentation…), s'assurer ponctuellement de la satisfaction de ses clients (points forts, points à améliorer) ou encore s'assurer du bien-fondé d'une décision marketing (projet d'agrandissement, mise en place d'un nouveau service, introduction d'une nouvelle marque…).
Dans un second temps le nombre de personnes à interroger (échantillon) doit être défini, ainsi que les critères de choix (caractéristiques de l'échantillonnage).

Population	Ensemble concerné par le sondage ayant au moins une caractéristique commune
Population mère	Sous-ensemble de la population à partir duquel on détermine la population de base
Population de base	Sous-ensemble de la population mère à partir duquel sera prélevé l'échantillon
Échantillon	Individus qui font partie de la population de base et qui seront interrogés
Unité de sondage	Chaque individu, ménage… faisant partie de l'échantillon et qui est interrogé
Taux de sondage	$\frac{\text{Nombre de personnes de l'échantillon}}{\text{Population de base}}$

EXEMPLE Une entreprise veut connaître les habitudes d'achat et de consommation de produits surgelés chez les célibataires de moins de 50 ans en France.

Population	Population française
Population mère	Les célibataires
Population de base	Tous les célibataires de moins de 50 ans

La taille de l'échantillon dépend de trois facteurs :
- le degré de précision souhaité (plus l'échantillon est grand, meilleure est la précision);
- les délais de réalisation accordés;
- les moyens financiers, humains et technologiques disponibles.

1.2. Les méthodes d'échantillonnage

Le choix de la méthode d'échantillonnage dépend du degré de connaissance de la population à interroger. Il est d'usage de distinguer deux types de méthodes d'échantillonnage.

a. Les méthodes probabilistes

Elles sont utilisées lorsque les personnes de la cible à interroger peuvent être identifiées : existence d'un fichier, d'une base de données. Ce sont des méthodes dites « au hasard », car les unités de sondage sont tirées au sort de façon aléatoire.
Le commanditaire de l'étude peut choisir parmi les techniques suivantes :

Méthode	Principe
Sondage aléatoire simple	Tirage au sort dans la population de base
Sondage avec tirage systématique	Choix des personnes en fonction de la taille de l'échantillon et de la population de base EXEMPLE Échantillon = 200 personnes, population de base = 20 000 personnes. On interroge 1 personne toutes les 100 personnes.
Table de nombres au hasard	Tables mathématiques
Sondage stratifié	On divise la population à étudier en groupes homogènes (strates) et on interroge des individus dans chaque strate EXEMPLE Fichier = 40 % d'hommes et 60 % de femmes. Avec un échantillon de 200 personnes, 80 hommes et 120 femmes seront interrogés.
Sondage en grappe	Découpage de la population de base en sous-groupes (grappes) et tirage au sort d'une des grappes pour laquelle tous les individus seront interrogés

En cas d'utilisation de la méthode probabiliste, on peut déterminer la taille de l'échantillon en fonction du degré de précision souhaité selon la formule suivante :

$$N = T2 \times (P \times 1 - P) / E^2$$

Avec : N = taille de l'échantillon; T2 = seuil de confiance (T = 1,96 – il s'agit d'une constante – pour un seuil de confiance de 95 %, ce qui assure à 95 % de la fiabilité des réponses que l'on obtiendra); P = proportion d'individus présentant le caractère étudié (ex. : 50 % de chances d'avoir une réponse affirmative); et E^2 = marge d'erreur admise (généralement proche de 5 %).

b. Les méthodes non probabilistes

Ce sont des méthodes raisonnées que l'on utilise lorsque la cible est peu ou pas connue. Il s'agit de méthodes empiriques, moins fiables que les méthodes probabilistes.
On distingue deux principales méthodes non probabilistes d'échantillonnage :
- la méthode des itinéraires : à partir d'un point de départ tiré au sort sur une carte, on interroge des personnes selon un itinéraire défini au préalable;

- la méthode des quotas : la structure des personnes interrogées doit être comparable à celle de la population de base (sexe, âge, PCS…).

2. L'élaboration du questionnaire

2.1. Le choix du mode d'administration

Il s'agit dans un premier temps de déterminer comment les personnes à interroger seront contactées. La forme du questionnaire (présentation, longueur, complexité des items…) dépendra du mode d'administration.

Les modes d'administration les plus fréquents sont :

- le face-à-face : contacts ciblés, réponses immédiates, mais coût élevé ;
- le téléphone : collecte d'information rapide, côut faible, mais questionnaire qui doit être court ;
- le courrier : idéal si l'échantillon est géographiquement dispersé et si le questionnaire est long, mais taux de retour parfois faible ; de plus, et il faut disposer des adresses ;
- le courriel : liste d'adresses électroniques indispensable, coût faible, incitations à mettre en place pour que l'internaute réponde.

Les moyens humains, financiers et matériels dont dispose le commanditaire de l'enquête ont une incidence sur le choix du mode d'administration.

2.2. Conseils pratiques pour l'élaboration du questionnaire

- Pour faciliter la saisie, le dépouillement et l'analyse des résultats, des logiciels spécialisés sont généralement utilisés. Les plus courants sont Sphinx+ et Ethnos.

Caractéristiques	Sphinx +	Ethnos
Éditeur	Le Sphinx Développement	Soft Concept
Nombre d'utilisateurs	Plus de 30 000 utilisateurs dans 50 pays différents	N° 1 des logiciels d'enquête et de reporting
Structure	4 modules : – élaboration et mise en forme du questionnaire selon les différents médias (papier, web, PDA…) – collecte des réponses : saisie de données (txt, xls…), récupération de données sur Internet – production de tableaux de bord dynamiques : tableaux, graphiques, illustrations… – analyse de données variées : rapport d'étude, datamining, analyse de questions ouvertes…	3 modules : – paramétrage : préparation du dépouillement de l'enquête à partir de la création du questionnaire de base – saisie : possibilité de saisies autonomes (en réseau), même sur des postes où le logiciel n'est pas installé – traitement : calcul, visualisation, impression des résultats synthétiques, plans de tris (à plat, croisés). Utilitaires : fusion, importation, exportation de fichiers de données…
Prix	À partir de 1 800 € HT	À partir de 2 595 € HT
Évaluation	Logiciel intégré, complet, interface assez conviviale.	Logiciel puissant apprécié pour son graphisme et son ergonomie

- Le questionnaire doit débuter par une phrase de présentation sur l'objectif de l'enquête. Il doit être organisé en parties thématiques débutant par des questions générales et simples, qui inciteront la personne interrogée à répondre.
- Les questions les plus complexes, indiscrètes (questions d'identification, revenus, opinions...) et les questions de contrôle ne sont posées qu'au milieu, voire à la fin du questionnaire, lorsqu'une relation de confiance est installée.
- La durée d'administration ne doit pas être excessive (nombre de questions à limiter), sinon la fiabilité des réponses diminue.
- L'alternance entre questions fermées uniques, questions à choix multiple, questions à échelle et questions ouvertes doit être favorisée afin que le questionnaire ne soit pas vécu comme un interrogatoire et qu'il soit facile à dépouiller.
- La formulation des questions doit être simple (adaptée à la cible), ne pas influencer ni suggérer de réponses.
- Le questionnaire doit être testé avant d'être administré pour corriger les éventuelles erreurs.

3. Le dépouillement et l'analyse des résultats

3.1. La collecte des informations et le dépouillement

Pour des raisons de fiabilité et de coût, la collecte des informations doit être limitée dans le temps. Les informations collectées doivent ensuite être traitées.
Le dépouillement est facilité grâce à l'utilisation de logiciels spécialisés qui offrent de nombreuses fonctionnalités.
Les données obtenues pour chaque question sont classées dans des tableaux récapitulatifs qui précisent, pour chaque type de réponse, leur fréquence et les moyennes.

3.2. L'analyse des résultats

L'analyse des résultats obtenus est pratiquée :
- question par question : on parle de tri à plat ;
- en croisant les réponses de certaines questions, ce qui peut apporter un éclairage particulier : il s'agit alors de tri croisé.

EXEMPLE Il peut être intéressant de connaître la fréquence d'achat des clients selon leur sexe et leur âge.

3.3. La rédaction du rapport d'étude

Le rapport d'étude doit présenter la synthèse :
- des objectifs poursuivis ;
- de la méthodologie adoptée (méthode d'échantillonnage, taille de l'échantillon, mode d'administration, logiciel utilisé...) ;
- des résultats (illustrés avec des annexes sous forme de tableaux, graphiques...) ;
- des préconisations (qui permettront d'apporter une réponse au problème commercial posé).

Mots-clés

POPULATION, POPULATION MÈRE, POPULATION DE BASE, ÉCHANTILLON, UNITÉ DE SONDAGE, TAUX DE SONDAGE, MÉTHODE PROBABILISTE, MÉTHODE NON PROBABILISTE, MÉTHODE DES ITINÉRAIRES, MÉTHODE DES QUOTAS, TRI À PLAT, TRI CROISÉ

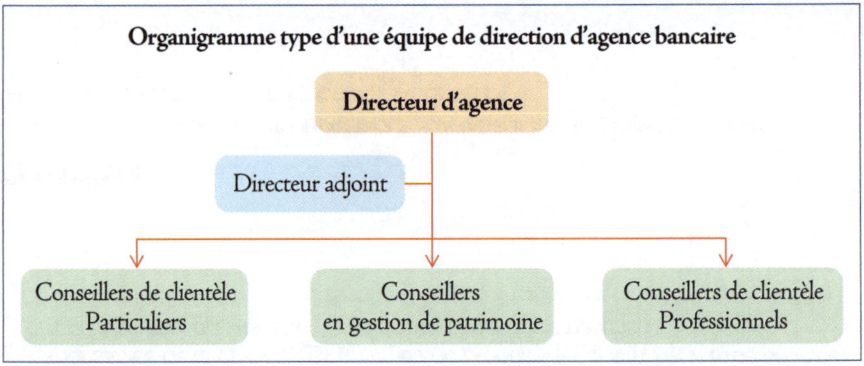

Dans les unités de service, les ressources humaines sont très importantes puisqu'elles produisent et vendent le service. Le savoir-faire et la proximité avec la clientèle sont deux facteurs de différenciation.

EXEMPLE En 2010, le groupe Crédit Mutuel est élu « n° 1 de la relation client » par la TNS-SOFRES pour sa proximité, son écoute, l'offre adaptée aux besoins de ses clients et la solidité de ses résultats : 93 % de ses clients lui font confiance.

2. Le management de l'équipe commerciale

2.1. Le management par objectifs

Le pilotage de l'UC par le manageur peut être résumé de la façon suivante :

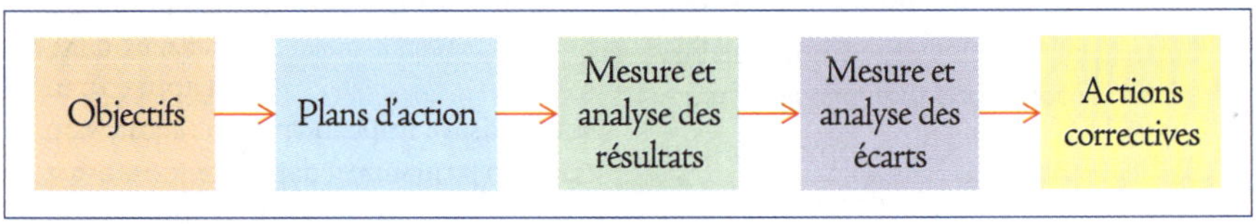

Cela se traduit généralement par l'existence de :
- fiches de poste (description des postes) : elles définissent la fonction exercée dans l'UC, délimitent les missions, les responsabilités, les moyens et les compétences nécessaires pour le poste de travail ;
- grilles de compétences : elles permettent de vérifier que les objectifs individuels assignés ont été réalisés ou sont en voie de l'être ;
- tableaux de répartition des tâches : ils permettent de répartir la charge de travail dans le groupe ;
- plannings : ils permettent de visualiser l'organisation du travail dans le temps (savoir qui fait quoi et où) ;
- évaluations individuelles : elles permettent l'analyse des écarts sur objectifs et la mise en œuvre d'actions correctives si nécessaire (formation…).

2.2. Les enjeux du management

Au niveau de l'unité commerciale, le manager a deux principales missions : organiser le travail, et animer son équipe. Une équipe commerciale motivée atteindra plus facilement ses objectifs et renverra une image positive des valeurs de l'entreprise.

L'implication et la responsabilisation du personnel (*empowerment* ou autonomisation) auront un effet direct sur la qualité de contact et de service fournie au client :

Satisfaction des collaborateurs → Qualité de service optimale → Satisfaction des clients et fidélisation

3. La diversité des emplois proposés

Les unités commerciales physiques ou virtuelles offrent une grande variété d'emplois, commerciaux (liés à la mise à disposition de produits et services à la clientèle) et non commerciaux (activités de support : logistique, hygiène et sécurité, comptabilité…). Qu'ils soient exercés en *front office* ou en *back office*, tous ces métiers contribuent à la qualité du service et à la satisfaction de la clientèle.

Exemples de métiers de direction et de management intermédiaire	Exemples de métiers opérationnels commerciaux
– Directeur de magasin, de centre de profit ; directeur d'agence. – Responsable de département, d'univers, de secteur ; chef de produit ; responsable merchandising. – Web-marketer. – Second d'agence ; manager de rayon ; responsable de rayon adjoint. – Responsable de clientèle ; chef des ventes. – Responsable consommateurs, responsable de caisse. – Superviseur (vente par téléphone).	– Employé de libre service – Vendeur-conseil – Animateur des ventes – Chargé de clientèle, conseiller en patrimoine – Négociateur (immobilier) – Chargé d'accueil – Téléconseiller, télévendeur – Hôte ou hôtesse de caisse

REMARQUE

L'essor du commerce électronique à fait émerger de nouveaux métiers : les sites marchands ont par exemple recours à des Web-marketers. Chargés d'analyser les caractéristiques des cibles visées, ils doivent réfléchir à l'adaptation de l'offre. Ils sont responsables de la gestion des gammes de produits sur le site, de la mise en ligne des nouveautés, du suivi des commandes et des réclamations…

Mots-clés

ORGANIGRAMME, MANAGEMENT STRATÉGIQUE, MANAGEMENT OPÉRATIONNEL, *FRONT OFFICE*, *BACK OFFICE*, STRUCTURE ORGANISATIONNELLE

16 L'agencement de l'unité commerciale

Le contexte de vente, le confort d'achat, la théâtralisation de l'offre et les facteurs d'ambiance doivent susciter des émotions chez le client pour déclencher l'achat.

1. Les règles de base
1.1. Les objectifs
1.2. Les contraintes
2. L'agencement général des grandes surfaces
2.1. La circulation des clients
2.2. La répartition de la surface de vente
2.3. La publicité surlelieu de vente (PLV)
3. L'agencement des unités commerciales
3.1. Les UC de services
3.2. Les UC virtuelles

1. Les règles de base

1.1. Les objectifs

L'agencement de l'unité commerciale répond à deux enjeux : vendre plus et mieux.
L'avènement du libre-service et du e-commerce a généré de nouveaux comportements : le client décide seul.
L'agencement intérieur et extérieur de l'UC conditionne l'atteinte de trois objectifs :

Objectifs commerciaux et mercatiques	– Optimisation des performances (CA, marges, panier moyen) – Accroissement du nombre de clients, fidélisation, amélioration de la satisfaction, du confort d'achat, de la circulation dans l'UC – Positionnement de l'enseigne, différenciation, image et notoriété
Objectifs logistiques	– Gestion optimale des flux et des stocks : acheminement des produits, manutention et remplissage des rayons, emplacement des réserves organisation du travail, gestion des files d'attente en caisse…
Objectifs liés à la sécurité	– Sécurité des clients et du personnel (contrôle du gerbage en rayon) – Sécurité des biens (lutte contre le vol, la casse, la démarque…)

1.2. Les contraintes

En matière d'agencement, des contraintes peuvent apparaître. Elles découlent de :
- l'appartenance à un réseau : la tête de réseau peut imposer un agencement identique dans toutes ses UC, permettant la reconnaissance et l'identification ;
- la réglementation à respecter (parkings handicapés, issues de secours…) ;
- l'unité commerciale elle-même : l'agencement tient compte de divers facteurs comme la superficie ou les installations (présence ou non de réserves…).

2. L'agencement général des grandes surfaces

2.1. La circulation des clients

Le parcours des clients doit permettre de « nourrir » chaque rayon, donc contribuer au chiffre d'affaires. Une surface de vente est divisée en deux zones :
- la zone la plus proche de l'entrée (à droite) est appelée « zone chaude » : les clients s'y rendent assez spontanément. Il est d'usage, en grande distribution alimentaire, d'y placer les rayons non prioritaires (électroménager, bazar, textile) ;
- la zone située au fond du magasin (vers la gauche), dite « zone froide », nécessite un effort pour le consommateur : on y place les produits les plus recherchés (épicerie, crèmerie, charcuterie, liquides…) pour rallonger son circuit.

La publicité sur le lieu de vente (PLV) – ou marchandisage promotionnel – incite également le client à sillonner l'UC pour rechercher la bonne affaire. Les supports utilisés sont variés : têtes de gondole, îlots, présentoirs, stop-rayons, bornes interactives… L'optimisation de la circulation est appelée « flux d'or ». Deux éléments interviennent :

Vitesse de déplacement	Circuit des clients
Elle doit être ralentie pour favoriser les achats : les facteurs d'ambiance (musique, senteurs…), la PLV, la largeur des allées et une circulation aisée sont des « facilitateurs d'achat ».	L'implantation par univers de consommation, la localisation des rayons doivent inciter le consommateur à se déplacer dans toute la surface de vente : si les zones chaudes /froides sont alternées, le client multipliera ses achats.

Des ratios tels que le coefficient d'occupation des sols, les indices de passage, d'attractivité, d'achat permettent une analyse par rayon ou par famille de produits.

2.2. La répartition de la surface de vente

L'implantation des rayons dépend de leur pouvoir d'attraction (ou degré d'appel), de leur contribution aux performances financières et de leur adéquation au concept et à la stratégie de l'enseigne. Aujourd'hui, les grandes surfaces optent souvent pour des implantations par univers de consommation (plus logiques pour les consommateurs, plus rentables et source de différenciation pour les enseignes).
La présentation des produits dans les linéaires et la place accordée répond aussi à des normes professionnelles. Le type de rangement en linéaire, le choix des niveaux de présentation sont généralement préconisés par les fournisseurs (ou par la tête de réseau) à l'aide de plannogrammes (schémas types).

3. L'agencement des unités commerciales

3.1. Les UC de services

L'extérieur du point de vente, et notamment la vitrine, sont garants du positionnement et de l'image des prestataires de services (banque, compagnie d'assurances...). En interne, les équipements et technologies sont souvent visibles : le rangement et la propreté sont indispensables. En *front-office*, les aménagements, la décoration et les supports de communication doivent être étudiés pour rendre la visite et l'attente agréables.

3.2. Les UC virtuelles

Le e-commerce fait disparaître trois contraintes classiques : la taille de la surface de vente, la présentation en rayon, et le stockage. Mais de nouvelles contraintes apparaissent : un site marchand doit être ergonomique, intuitif, rapide, attractif… L'agencement des sites marchands peut être optimisé en intégrant :
- la multiplication des clés d'entrée, pour accéder plus facilement à l'offre ;
- une personnalisation de l'offre, à partir de l'historique d'achat ;
- le *cross-merchandising* (ou implantation croisée) : proposition de produits complémentaires visant à développer les ventes additionnelles.

Mots-clés

ZONE CHAUDE, ZONE FROIDE, PUBLICITÉ SUR LE LIEU DE VENTE (PLV), FLUX D'OR, ACHAT D'IMPULSION, UNIVERS DE CONSOMMATION, CLÉ D'ENTRÉE, *CROSS-MERCHANDISING*

17 Les achats et les approvisionnements

Suivant une logique de rentabilité et de satisfaction du client final, la gestion de la chaîne d'approvisionnement s'appuie sur les partenariats avec les fournisseurs.

1. Les achats dans l'unité commerciale
1.1. Le processus achat et son organisation
1.2. La recherche et le choix de fournisseurs
2. La gestion des approvisionnements et les partenariats
2.1. La planification des approvisionnements
2.2. Les partenariats clients/fournisseurs

1. Les achats dans l'unité commerciale

1.1. Le processus d'achat et son organisation

a. Le processus achat, l'approvisionnement et la logistique

L'achat consiste en l'acquisition de biens ou de services nécessaires au bon fonctionnement de l'unité commerciale. Il est formalisé par un contrat qui résulte de négociations menées avec les fournisseurs (vision à moyen et long termes) dans le cadre d'une démarche de qualité totale :

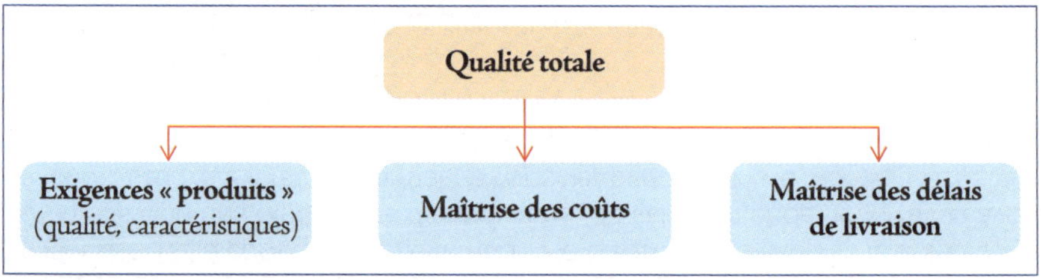

L'achat est un processus, car c'est un ensemble de tâches successives, corrélées (interdépendantes) et répétitives. Les étapes sont les suivantes :

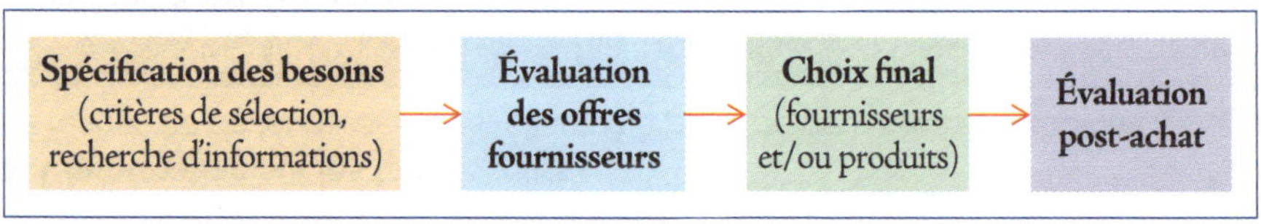

L'approvisionnement recouvre l'ensemble des étapes visant la mise à disposition des produits auprès des clients : définition des besoins quantitatifs, gestion des stocks, relances fournisseurs, règlement des litiges… (vision à court terme).

La logistique comprend toutes les activités permettant le transfert physique des produits vers le client, pour proposer le bon produit au bon endroit au bon moment, dans la quantité attendue et au meilleur coût (organisation des livraisons, stockage, respect de la chaîne du froid…).

b. L'organisation des achats

Les achats sont réalisés soit par l'unité commerciale en direct, soit par une centrale d'achat ou de référencement :

– les centrales d'achat sélectionnent les produits et collectent les commandes des UC en réseau (commerce intégré). Elles imposent des fournisseurs exclusifs, des assortiments types et des quantités minimales de commandes. Dans certains cas, elles achètent elles-mêmes les marchandises, qu'elles revendent ensuite aux enseignes de leur réseau ;

– les centrales de référencement (ou de négociation) permettent aux UC adhérentes de bénéficier de conditions commerciales avantageuses sur des produits, qui sont sélectionnés et négociés en masse par les acheteurs.

EXEMPLE Les adhérents des groupements Intermarché profitent des tarifs négociés par leur centrale de référencement auprès de nombreux fournisseurs, et peuvent passer des commandes en direct auprès de producteurs locaux.

Les centrales d'achat ou de référencement s'appuient sur des plates-formes logistiques régionales, qui reçoivent puis répartissent les marchandises auprès de leurs adhérents ou distributeurs.

EXEMPLE Carrefour a créé en région Midi-Pyrénées une plate-forme logistique de 31 000 m^2 qui organise la réception et la répartition des marchandises dans cette région auprès de tous ses supermarchés et hypermarchés.

1.2. La recherche et le choix de fournisseurs

a. L'information sur les fournisseurs

La recherche de fournisseurs est effectué à partir de deux types de sources :

Sources internes	Sources externes
Panels fournisseurs (portefeuille des fournisseurs déjà connus et répertoriés par l'entreprise)	Catalogues, revues professionnelles (ex : *Rayon boissons, LSA, Linéaires...*), salons professionnels, publicités et échantillons, e-sourcing ...

L'essor des TIC a considérablement modifié le travail des acheteurs : le e-sourcing, (automatisation des procédures de recherche, de sélection et de négociation avec les fournisseurs sur Internet) permet de négocier partout dans le monde. L'acheteur peut décrire son besoin sur une place de marché électronique (*e-market place*), et un système d'enchères inversées lui permet de choisir le fournisseur le plus compétitif.

b. Le choix des fournisseurs

Pour choisir ses fournisseurs, il faut d'abord définir des critères objectifs de sélection. Puis, l'utilisation de modèles de décision permet à l'UC de faire des choix cohérents.

• Étape 1 : l'acheteur définit des critères pondérés selon leur l'importance :

Critère de choix	Pondération (importance)
Qualité des produits	4
Design	1
Coût d'achat	2
Délais de livraison	3

• Étape 2 : chaque fournisseur est noté, pour chaque critère, sur une échelle de satisfaction (de 0 à 10) :

Critère	Note fournisseur A	Note fournisseur B
Qualité des produits	6	7
Design	5	6
Coût d'achat	2	6
Délais de livraison	9	3

- Étape 3 : divers modèles peuvent être utilisés pour prendre la décision :

– Modèle compensatoire (ou linéaire additif) : le fournisseur retenu est celui qui obtient le meilleur score global pondéré :

Fournisseur A : total = (6 × 4) + (5 × 1) + (2 × 2) + (9 × 3) = 60 (retenu);
Fournisseur B : total = (7 × 4) + (6 × 1) + (6 × 2) + (3 × 3) = 55 (éliminé).

– Modèle lexicographique ou disjonctif : le fournisseur retenu est celui qui obtient la meilleure note au critère jugé le plus important. Le fournisseur B est donc choisi.

– Modèle conjonctif : l'acheteur peut fixer un seuil de note éliminatoire pour chacun des critères. Ici, si le seuil est de 5/10, aucun des deux fournisseurs n'est retenu.

2. La gestion des approvisionnements et les partenariats

2.1. La planification des approvisionnements

Lorsqu'elle a sélectionné ses fournisseurs, l'UC doit mettre en place un système d'approvisionnement rigoureux :

– elle doit quantifier ses besoins et planifier ses approvisionnements pour que les marchandises soient livrées en quantités suffisantes, dans les délais et aux conditions négociées, en tenant compte des aléas éventuels (grève, intempérie...);

– elle doit gérer ses stocks avec précaution, car les ruptures ont des conséquences très négatives sur le comportement des clients (changement d'enseigne, achat de substitution). Les stocks d'alerte et de sécurité doivent garantir un taux de service absolu (*cf.* fiche 18 de la partie MGUC);

– elle doit choisir un modèle de réapprovisionnement adapté :

Modèle de réapprovisionnement à périodicité constante	Modèle de réapprovisionnement à quantités fixes (ou modèle de Wilson)
– L'UC commande des quantités variables à dates fixes et connues à l'avance. – À chaque commande, la quantité commandée permet au stock réel de revenir à son niveau maximal (stock maximal). – Un inventaire périodique est obligatoire pour définir les quantités à commander. – Ce système convient aux produits pour lesquels la demande peut être irrégulière.	– L'atteinte du stock d'alerte déclenche la commande, mais les quantités sont définies à l'avance (lots économiques). Seules les dates de commandes varient. Les délais de livraison, les coûts et les ventes sont censés rester stables dans le temps $N = \sqrt{\frac{C \times T}{2P}}$ N = nombre de commandes annuelles C = quantité annuelle vendue T = taux de possession du stock P = coût de passation d'une commande – Lot économique = $\frac{C}{N}$

EXEMPLE Une entreprise vend 150 000 produits par an pour un coût d'achat total de 450 000 € ; le coût de passation d'une commande est de 7 €, le coût de possession du stock est de 3 % de la valeur des marchandises.

Le nombre optimal de commandes à passer est de : $N = \sqrt{\frac{450\,000 \times 3\,\%}{2 \times 7}}$, soit 31 commandes par an.

Lot économique = 150 000 / 31 = 4 839 produits par livraison.

2.2. Les partenariats clients/fournisseurs

Les partenariats clients/fournisseurs se sont développés au travers de l'ECR (*Efficient Customer Response*) à partir de 1987 aux États-Unis et 1991 en France. La mondialisation des échanges et l'évolution du comportement d'achat des consommateurs ont amené les industriels et les distributeurs à travailler en étroite collaboration pour réduire leurs coûts, optimiser la satisfaction des clients et augmenter les ventes (choix de nouveaux produits, actions promotionnelles propres à l'UC…).

EXEMPLE Pour créer de la valeur ajoutée consommateur et nourrir sa stratégie d'innovation et de modernité, Carrefour a travaillé en partenariat avec Procter & Gamble pour le lancement du produit Ariel Tablets. Le groupe a enregistré une progression de + 5 % de part de marché en valeur sur ce segment dès la première année.

L'ECR repose sur trois axes :

Le marketing et le marchandisage	– Fabricants et distributeurs travaillent ensemble pour satisfaire au mieux les besoins des clients : développement, lancement de nouveaux produits à partir de leurs préférences (exploitation des données de sortie de caisses = *datamining*) – Assortiment et marchandisage spécifiques pour chaque type et chaque format d'enseigne – Définition conjointe des opérations de promotion commerciale – *Category management* : regroupement des produits en univers cohérents, ce qui simplifie la démarche d'achat des clients et dynamise les ventes.
Le réapprovisionnement et la logistique	– Les partenaires cherchent à diminuer les stocks tout en préservant le taux de service auprès de la clientèle (ni surstockage coûteux, ni rupture de stock) – Mise en place d'outils de CAO (Commande assistée par ordinateur) pour améliorer l'efficacité et la réactivité – GPA (Gestion partagée des approvisionnements) : contrat de coopération selon lequel le fabricant planifie les approvisionnements de ses clients selon les variations de la demande ou les opérations promotionnelles prévues – *Cross-docking* : optimisation des livraisons (les camions en provenance des plateformes d'éclatement sont remplis de produits hétérogènes et de marques différentes, pour éviter le stockage dans les points de vente).
Les technologies de support	– La codification Gencod (code-barres) permet un passage en caisse plus rapide, et une meilleure gestion des stocks. – L'EDI et le Web-EDI (échange de données informatisées) consiste en l'établissement d'un lien direct entre les ordinateurs des partenaires commerciaux (fabricants, acheteurs) à partir d'un langage codé (ex : Gencod). – La rapidité de circulation de l'information permet de travailler en flux tendus, à moindres coûts (passation des commandes, émission des factures…)

Les partenariats clients/fournisseurs nécessitent l'utilisation de progiciels de *supply chain management*.

Mots-clés

PROCESSUS ACHAT, APPROVISIONNEMENT, LOGISTIQUE, CENTRALE D'ACHAT, CENTRALE D'APPROVISIONNEMENT, FOURNISSEUR, E-SOURCING, RÉAPPROVISIONNEMENT, *EFFICIENT CUSTOMER RESPONSE* (ECR)

18 La maintenance de l'unité commerciale

1. Risque, incident et maintenance
1.1. Définition des notions
1.2. Les procédures de traitement
2. Les enjeux de la maintenance et les contraintes légales liées à la sécurité
2.1. Les enjeux de la maintenance
2.2. Des contraintes légales liées à la sécurité

La maintenance est définie comme l'entretien d'un matériel afin de le maintenir en état de fonctionnement. Initiée dans les sites de production, pour éviter les ruptures dans la fabrication ainsi que les accidents, la maintenance a été étendue aux activités tertiaires et donc commerciales, dans les années 1990.

1. Risque, incident et maintenance

1.1. Définition des notions

Le risque est un danger, un inconvénient plus ou moins probable auquel les individus sont exposés. On mesure le risque selon sa probabilité d'occurrence (c'est-à-dire selon les chances qu'il survienne) et selon sa gravité.

EXEMPLE Un risque d'incendie sur un lieu de vente.

L'incident est un événement qui ne fait pas partie de l'opération normale d'un service, et qui cause une perturbation ou une réduction de la qualité des services ou de la productivité. Il peut lui-même provoquer un accident.

EXEMPLE Panne d'un tapis roulant en caisse.

La maintenance se distingue de la réparation, qui vise avant tout la remise en marche de l'élément défectueux. Elle regroupe :
- la maintenance curative, qui survient après un incident : elle s'inscrit dans l'urgence et nécessite un délai rapide d'intervention ;
- la maintenance préventive, qui consiste à effectuer des vérifications puis des réparations éventuelles avant qu'un risque se réalise. Elle correspond à des mesures programmées selon le type de matériel utilisé et selon le risque estimé ;
- la maintenance palliative, qui désigne le dépannage provisoire d'un équipement de manière que celui-ci puisse fonctionner au moins en partie.

EXEMPLE L'intervention d'un informaticien pour remettre en marche un ordinateur de caisse relève de la maintenance curative. L'intervention d'un mécanicien qui vérifie l'état des escalators d'un point de vente relève de la maintenance préventive.

1.2. Les procédures de traitement

Face au risque, la principale méthode de traitement reste la formation du personnel pour apprendre à traiter les problèmes susceptibles de survenir sur le site.
Face à l'incident, le traitement s'effectue par application d'un protocole plus ou moins élaboré selon la gravité de l'incident.

EXEMPLE Dans une GSA, le protocole de traitement d'une chute d'un client au rayon fruits et légumes sera moins élaboré que l'évacuation de la clientèle en cas d'incendie.

L'unité commerciale peut assurer elle-même la couverture des risques par le biais de son personnel formé. Elle peut aussi choisir de sous-traiter cette fonction par des prestataires de services ou par les fournisseurs des produits.

REMARQUE

La maintenance est à distinguer de la garantie, qui est liée à la vente d'un produit et imposée par le législateur.

2. Les enjeux de la maintenance et les contraintes légales liées à la sécurité

2.1. Les enjeux de la maintenance

La maintenance est une fonction de l'entreprise. Elle n'est pas une fin en soi, mais elle a néanmoins un impact sur les performances de l'UC :

- enjeux financiers : réduire les dépenses totales d'entretien des équipements ;
- enjeux commerciaux : assurer la satisfaction des clients dans des conditions optimales de sécurité. Les causes d'accidents les plus fréquentes sont la nature des sols et l'usage des chariots. De façon générale, une unité commerciale mal entretenue ou perçue comme sale n'attire pas les consommateurs ;

EXEMPLE Un congélateur en panne dans une UC alimentaire suggère au client que les produits congelés ne sont pas fiables (rupture potentielle de la chaîne du froid).

- enjeux organisationnels : en tant qu'employeur, l'UC doit garantir à tous ses salariés de travailler en toute sécurité et doit fournir à chacun les équipements nécessaires à cette fin.

EXEMPLE L'utilisation de chaussures de sécurité est obligatoire pour toute personne travaillant dans un dépôt de marchandises.

2.2. Les contraintes légales liées à la sécurité

a. À destination des clients

L'obligation générale de sécurité, posée par l'article L. 221-1 du Code de la consommation, s'applique aux vendeurs professionnels. Elle concerne non seulement le produit mais aussi son conditionnement et ses conditions d'exposition. La responsabilité pénale du directeur de magasin peut être engagée pour homicide involontaire et mise en danger de la vie d'autrui. Toutefois, le magasin peut être en partie exonéré de sa responsabilité s'il parvient à prouver que la faute de la victime a contribué au dommage.

b. À destination du personnel

L'article L. 230-2 du Code du travail impose au chef d'établissement de prendre toutes les mesures nécessaires pour assurer la sécurité et protéger la santé des travailleurs. Depuis le 7 novembre 2002, l'employeur doit établir un « document unique » (DU) d'évaluation des risques professionnels. Le fait de ne pas transcrire ou de ne pas mettre à jour les résultats de cette évaluation des risques est puni d'une amende de 1 500 € (doublée en cas de récidive).

Mots-clés

RISQUE, INCIDENT, MAINTENANCE, OBLIGATION GÉNÉRALE DE SÉCURITÉ

19 Les performances commerciales

1. L'évaluation de la performance
1.1. La notion de performance et l'intérêt de sa mesure
1.2. Les indicateurs de la performance
2. Les indicateurs commerciaux
2.1. Les indicateurs quantitatifs
2.2. Les indicateurs qualitatifs

La performance de l'UC est mesurée par des indicateurs commerciaux qui valident l'atteinte d'objectifs au travers de tableaux de bord. Ceux-ci constituent des outils de pilotage indispensables.

1. L'évaluation de la performance

1.1. La notion de performance et l'intérêt de sa mesure

La performance d'une unité commerciale se mesure au travers de :
– son efficacité : atteinte des objectifs ;
– son efficience : productivité, résultat par rapport aux moyens mis en œuvre.

Les indicateurs sont des outils permettant de mesurer la performance : ils servent à comparer des réalisations à des objectifs donnés et/ou à des normes.

Divers acteurs sont intéressés par la mesure des performances commerciales :

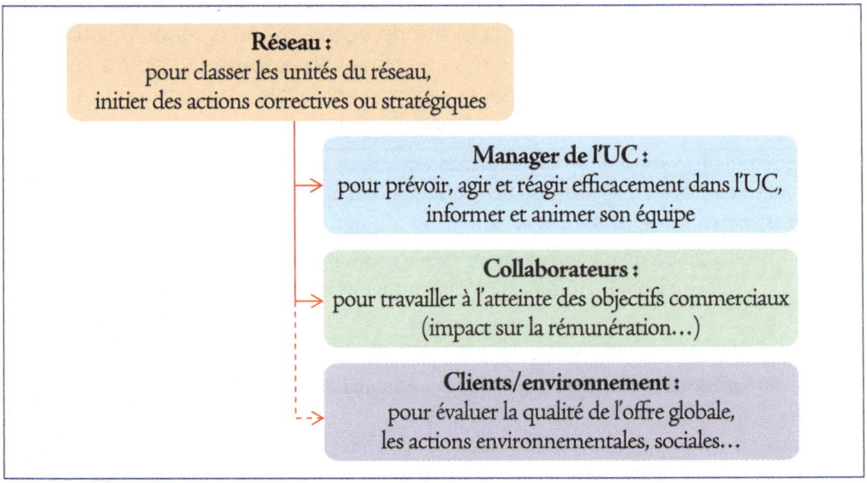

Ces performances sont généralement présentées dans des tableaux de bord. Ces tableaux doivent être synthétiques et thématiques. Ils permettent de comparer les réalisations aux objectifs fixés. L'analyse des écarts doit permettre au manager d'identifier les bonnes pratiques, mais aussi les causes de non-performance (*reporting*) en vue de proposer des actions correctives.

EXEMPLE L'enseigne Okaïdi fixe des objectifs journaliers de chiffre d'affaires à chacun de ses points de vente.

1.2. Les indicateurs de la performance

Un indicateur mesure la performance. Il peut être quantitatif ou qualitatif. On différencie :
– les indicateurs de résultats, qui mesurent l'atteinte d'un objectif ;
– les indicateurs de suivi, qui mesurent la progression.

Pour être exploitables, ils doivent être :
- précis, mesurables, datés ;
- pertinents, clairs, simples à comprendre ;
- cohérents, générateurs d'actions ;
- acceptés par l'équipe commerciale.

2. Les indicateurs commerciaux

Réunis dans des tableaux de bord, les indicateurs sont des outils de pilotage stratégiques et opérationnels de l'unité commerciale.

2.1. Les indicateurs quantitatifs

Indicateurs de position sur le marché	– Parts de marché absolues/relatives (en volume, en valeur) – Taux d'emprise (% des dépenses de la zone réalisées dans l'UC) – Taux d'attraction (% de ménages captifs, c'est-à-dire qui achètent dans la zone) – Taux d'accroissement de la clientèle (global, par typologie…)
Indicateurs de chiffre d'affaires	– Taux d'évolution du CA (par UC, rayon, famille d'articles, vendeur…) – Évolution du panier moyen (CA/nombre d'acheteurs) – Rendement au mètre carré, au mètre linéaire développé…
Indicateurs de volume d'activité	– Évolution du nombre de clients, de la fréquence des visites (trafic) – Évolution de la fréquentation, du nombre de passages en caisse – Évolution des ventes, des commandes, des retours de marchandises…

Pour le e-commerce, des outils informatiques spécifiques permettent de mesurer les performances commerciales. Il peut s'agir de logiciels spécialisés tels que Google Analytics ou de panels comme Mediamétrie e-stat. Les principaux indicateurs du e-commerce sont : la fréquentation du site (nombre de connexions), le nombre de consultations du catalogue, les demandes d'information, l'évolution des achats (par des internautes ayant déjà acheté ou non), les retours de marchandises…

2.2. Les indicateurs qualitatifs

La performance d'une unité commerciale repose en grande partie sur la satisfaction de sa clientèle (satisfaction = fidélisation). Plus un client est fidèle, plus il contribue à la rentabilité, donc à la performance de l'UC. Les études et les indicateurs qualitatifs permettent d'évaluer le degré de satisfaction des clients. Divers critères sont évalués : qualité du service rendu, accueil, conseil, confort d'achat, niveau de prix, temps d'attente aux caisses, traitement des réclamations, délais de livraison.
Le *benchmarking* (étalonnage, comparaison des pratiques gagnantes) est souvent utilisé dans les réseaux : les UC peuvent ainsi comparer leurs résultats et leurs pratiques dans une logique de progrès.

Mots-clés

PERFORMANCE, TABLEAU DE BORD, *REPORTING*, INDICATEUR DE RÉSULTAT ET DE SUIVI, INDICATEUR QUANTITATIF, INDICATEUR QUALITATIF

20 Les performances financières

1. Les principaux indicateurs financiers
1.1. Les indicateurs de suivi de la rentabilité
1.2. Les indicateurs de structure financière et de trésorerie
2. Les indicateurs spécifiques
2.1. Les indicateurs liés à l'investissement
2.2. L'évaluation du risque client

L'analyse des performances financières s'inscrit dans une logique de pérennisation. Une gestion rigoureuse des ressources financières est impérative dans tout centre de profit.

1. Les principaux indicateurs financiers

Rappel

Un indicateur est un instrument de mesure de la performance; il est évocateur si :
– il est évalué périodiquement;
– il permet de suivre une évolution dans un secteur d'activité donné;
– il permet des comparaisons.

1.1. Les indicateurs de suivi de la rentabilité

Ils permettent au manager d'évaluer la rentabilité de son centre de profit :

Indicateurs de marge	Indicateurs de coûts	Indicateurs de résultat
Marge brute, taux de marge, taux de marque, rendement du linéaire, rendement au mètre carré…	Coûts d'achat, coûts de revient, charges de personnel, évolution des charges fixes…	Résultat net par rayon, par famille de produits, par UC; capacité d'autofinancement…

Cette analyse doit être menée régulièrement ; le choix des ratios dépendra du secteur d'activité. La rentabilité de l'UC repose en grande partie sur sa capacité à bien négocier avec ses fournisseurs (et donc à minimiser les coûts d'achat). La surveillance des stocks permet également d'améliorer les performances, au même titre que le marchandisage et la théâtralisation de l'offre.

1.2. Les indicateurs de structure financière et de trésorerie

Le manager doit constamment rechercher l'équilibre financier et gérer son centre de profit « en bon père de famille ». L'indépendance financière de l'UC garantit sa longévité et son dynamisme. L'analyse du bilan et du compte de résultat est nécessaire et se traduit par le calcul d'un certain nombre de ratios :

Exemple de ratio	Signification
Fonds de roulement net global (FRNG)	Équilibre financier
Besoin en fonds de roulement (BFR)	Besoins de financement
Trésorerie nette	Niveau de trésorerie
$\frac{\text{Capitaux propres}}{\text{Dettes totales}}$	Autonomie financière
$\frac{\text{Dettes à long terme}}{\text{Ressources stables}}$	Niveau d'endettement

2. Les indicateurs spécifiques

Le manager doit parfois opérer des choix stratégiques qui peuvent engager durablement l'unité commerciale et/ou compromettre sa rentabilité. Il s'agit notamment de la gestion des investissements et du risque client.

2.1. Les indicateurs liés à l'investissement

Avant toute décision d'investissement, le manager évaluera le délai de récupération du capital investi (DRCI). Ce délai représente le temps nécessaire pour que les recettes prévisionnelles actualisées couvrent l'investissement envisagé.

EXEMPLE Une unité commerciale prévoit un investissement de 50 000 € sur 5 ans. Les recettes nettes sont estimées à 15 000 € par an. Le taux d'actualisation est de 10 %.

Années	Recettes nettes	Recettes nettes actualisées	Recettes nettes actualisées cumulées
1	15 000	$15000 \times (1{,}10)^{-1} = 13636{,}5$	13 636,5
2	15 000	$15000 \times (1{,}10)^{-2} = 12396{,}0$	26 032,5
3	15 000	$15000 \times (1{,}10)^{-3} = 11269{,}5$	37 702,0
4	15 000	$15000 \times (1{,}10)^{-4} = 10245{,}0$	47 547,0
5	15 000	$15000 \times (1{,}10)^{-5} = 9313{,}5$	56 860,5

Ici, la valeur actuelle nette (VAN) est de 6 860,50 € (56 860,50 – 50 000) ; le délai de récupération du capital intervient au cours de la 5e année, ce qui peut sembler tardif.

2.2. L'évaluation du risque client

Une veille financière sur la gestion des comptes clients et des en-cours est impérative, car elle permet une maîtrise des risques d'impayés.

Le paiement à crédit est une pratique courante en B to B. Il s'agit d'une vente consentie avec un délai de règlement de 30, 60 voire 90 jours fin de mois. Le vendeur doit réunir suffisamment de garanties sur la solvabilité de son client, car un règlement à crédit grève la trésorerie de l'UC et peut affecter ses performances financières.

Certains ratios prenant appui sur le bilan mesurent le risque client et la solvabilité :

Exemple de ratios	Calcul
Solvabilité générale	$\frac{\text{Actifs circulants}}{\text{Dettes à court terme}}$ ou $\frac{\text{Capitaux permanentents}}{\text{Actif immobilisé}}$
Solvabilité partielle	$\frac{\text{Actif circulant} - \text{Stocks}}{\text{Actif immobilisé}}$
Solvabilité immédiate	$\frac{\text{Disponibilités} + \text{Titres de placement}}{\text{Dettes à court terme}}$

Mots-clés

INDICATEUR DE MARGE, INDICATEUR DE COÛT, INDICATEUR DE RÉSULTAT, ÉQUILIBRE FINANCIER, BESOIN EN FONDS DE ROULEMENT (BFR), AUTONOMIE FINANCIÈRE, DELAI DE RÉCUPÉRATION DU CAPITAL INVESTI (DRCI), VALEUR ACTUELLE NETTE (VAN), SOLVABILITÉ

21 L'épreuve E5 d'ACRC

1. Les trois temps de l'épreuve
1.1. La présentation de l'unité commerciale
1.2. L'entretien sur les missions réalisées dans l'unité commerciale
1.3. La résolution de la partie Exercices
2. Se préparer à l'épreuve
2.1. La présentation de l'unité commerciale
2.2. L'entretien sur les missions réalisées dans l'unité commerciale
2.3. La partie Exercices

L'épreuve d'ACRC (Analyse et conduite de la relation commerciale) est une épreuve orale affectée d'un coefficient 4.

1. Les trois temps de l'épreuve

L'oral se divise en trois séquences.

Séquences	Forme	Durée
1. Présentation de l'unité commerciale et de son système d'information commerciale	Monologue Dossier de 3 + 2 pages Supports annexes	10 min
2. Entretien sur les missions réalisées au sein de l'unité commerciale	Discussion Dossier fiches missions Supports annexes	30 min
3. Résolution de la partie Exercices : – introduction du thème général ; – question 1 : question de cours ; – question 2 : exercice chiffré ; – question 3 : lien théorie / réalité de l'UC.	Monologue + tableau de calculs + brouillon de préparation	45 min de préparation + 15 min de présentation

1.1. La présentation de l'unité commerciale

Durant les 10 premières minutes, le candidat présente l'unité commerciale dans laquelle il a réalisé son stage ainsi que son système d'information commerciale (SIC). Il n'est pas interrompu durant cette présentation.

Il s'appuie sur un dossier de 5 pages (3 pages sur l'UC + 2 pages sur le SIC) rédigé au préalable, ainsi que sur des annexes.

Les 3 pages consacrées la présentation de l'unité commerciale doivent présenter trois contextes.

Type de contexte	Objectif
Géographique	Situer l'unité commerciale de façon spatiale, définir sa localisation, sa zone de chalandise.
Commercial	Décrire l'unité commerciale à travers son offre, mais aussi sa demande et ses concurrents.
Organisationnel	Présenter la structure de l'unité commerciale mais aussi le type de management pratiqué.

Conseil

Il n'y a pas d'ordre obligatoire pour présenter les trois contextes. Vous pouvez organiser votre présentation comme vous l'entendez, mais il faut nécessairement aborder les trois points.

Les 2 pages suivantes sont consacrées à la présentation du système d'information commerciale (SIC), qui synthétise les informations suivantes (*cf.* également fiche 2 dans la partie Informatique commerciale) :

Type d'information	Vecteur de transmission	Acteur
Entrante (réclamation)	Téléphone	Client
Stockée (statistiques CA)	Système de caisse	Vendeur
Transformée (tableau de bord)	Base de données clients	Fournisseur (EDI)
Sortante (statistiques)	Base de gestion des stocks	Manager

Il est recommandé de présenter un schéma résumant le SIC et de le commenter pour favoriser la compréhension par le jury.

À NE PAS CONFONDRE

Il ne faut pas confondre système d'information commerciale et système informatique. Le SIC est beaucoup plus vaste que le système informatique et comprend des flux d'informations qui ne sont pas forcément informatisés.

1.2. L'entretien sur les missions réalisées dans l'unité commerciale

Pendant une vingtaine de minutes, les deux membres de la commission d'interrogation s'entretiennent avec le candidat sur les missions qu'il a réalisées en gestion de la relation commerciale et en management de l'équipe de vente. L'entretien peut s'articuler autour d'une mission particulière ou pourra concerner plusieurs missions. Le candidat répond verbalement mais il peut aussi fournir des supports annexes qu'il aura préparés (visuels, documents commerciaux, etc.).
Dans cet entretien, aucune question théorique ne sera posée. Les questions de cours sont abordées uniquement dans la troisième partie. Seules des questions sur les missions seront posées.

1.3. La résolution de la partie Exercices

Le candidat dispose de 15 minutes pour présenter ce qu'il a préparé durant 45 minutes en salle, juste avant son passage à l'oral. L'énoncé de cet exercice est toujours construit de la même façon : trois questions sont posées sur un thème de gestion de la relation commerciale ou de management :

- la première question est une question de cours qui reprend l'un des thèmes du référentiel de la matière;

EXEMPLE Quels sont les enjeux et domaines de la mercatique après-vente?

- la deuxième question consiste à résoudre un petit exercice obligatoirement chiffré reposant sur des connaissances élémentaires;

EXEMPLE Calculer le prix de vente d'un produit.

- la troisième question fait le lien entre l'expérience acquise par le candidat au sein de son unité commerciale et ses connaissances théoriques sur le thème.

EXEMPLE En vous appuyant sur vos connaissances et sur votre expérience dans l'unité commerciale, vous expliquerez en quoi la satisfaction contribue à la fidélisation de la clientèle.

2. Se préparer à l'épreuve

2.1. La présentation de l'unité commerciale

Dans le dossier support, il est important de travailler sur :
- la clarté dans les pages du dossier ;
- le visuel et l'esthétique pour les annexes ;
- la synthèse pour le schéma du SIC, véritable aide à la présentation.

Lors de l'oral, soyez vigilant sur :
- la communication : ne lisez pas votre dossier mais rédigez des fiches synthétiques en support de votre intervention orale ;

ENTRAÎNEZ-VOUS

Entraînez-vous aux 10 minutes de présentation de l'unité commerciale devant des personnes qui ne connaissent rien à la GRC. Cela vous aidera à tester votre capacité à communiquer, ainsi qu'à clarifier vos propos.

- le strict respect du temps de parole imparti en vous chronométrant ;
- la diction, en ne parlant pas trop vite et en sélectionnant l'essentiel ;

CONSEIL

Apprenez votre exposé par cœur mais gardez toujours un document papier en repère (une fiche bristol), au cas où vous perdriez le fil. Si vous sentez que vous n'aurez pas le temps de dire tout ce que vous aviez prévu, sélectionnez l'essentiel, que vous aurez écrit en rouge sur votre document, mais n'accélérez pas le rythme en altérant votre diction. Le jury doit comprendre ce que vous dites.

- l'organisation dans la gestion des documents, qui seront présentés de façon ordonnée aux examinateurs. Il s'agit non seulement de prévoir une pochette avec des chemises pour chacune des missions afin de faciliter le classement de vos annexes, mais aussi de gérer la juxtaposition des documents présentés sur la table, lors de l'entretien.

CONSEIL

Évitez d'envahir l'espace des examinateurs (la table) en entassant les annexes ! Pensez à les reprendre au fur et à mesure ou de temps en temps.

2.2. L'entretien sur les missions réalisées dans l'unité commerciale

À l'écrit :
- soignez le contenu de vos fiches missions, tant sur la forme (orthographe) que sur le fond. Distinguez bien le contexte de l'objectif ;
- réunissez les annexes judicieuses qui viendront étayer vos propos et qui montreront votre professionnalisme dans leur conception et leur présentation.

À l'oral :
- écoutez bien les questions qui seront posées afin d'y répondre correctement ;
- répondez en utilisant la terminologie mercatique appropriée.

2.3. La partie Exercices

a. Question 1 (question de cours)

– Avant tout, apprenez votre cours de GRC et ce tout au long de la formation.

– Consultez le référentiel de GRC et rédigez pour chaque chapitre une phrase introductive : le thème du sujet que vous devez introduire reprend exactement son intitulé.

– Lisez bien les questions et repérez les termes importants pour répondre exactement à la question posée sans risquer de hors-sujet.

EXEMPLE Extrait du référentiel BTS MUC :

Type de savoir	Type de compétence : « Être capable de... »
Les performances commerciales	... repérer les principaux indicateurs et commenter leurs évolutions
	... déterminer les caractéristiques structurelles de la clientèle
	... repérer le rôle de l'image et du positionnement et l'importance de la qualité des services
	... déterminer les moyens et outils d'évaluation des performances

Le thème à introduire est : « Les performances commerciales » ; la question théorique est : « Déterminer les moyens et outils d'évaluation des performances ».

b. Question 2 (exercice chiffré)

– Apprenez les formules de calcul liées à chaque chapitre et maîtrisez les points essentiels (comme les pourcentages, le HT et le TTC).

– Gérez bien vos 45 minutes de préparation ; ne vous attardez pas sur un point auquel vous n'arrivez pas à répondre.

– Présentez de façon propre et claire les différentes étapes de votre calcul, aussi bien sur votre feuille qu'à l'oral.

c. Question 3 (lien entre la théorie et la réalité de l'UC)

– Faites bien le lien entre ce qui a été appris en cours et ce que l'unité commerciale a concrètement réalisé.

– Pensez à parler essentiellement de votre unité commerciale et de ses pratiques.

ENTRAÎNEZ-VOUS

Réalisez le maximum d'exercices : les possibilités de questions pour chaque chapitre sont limitées.

Lexique

Gestion de la relation commerciale

Achat d'impulsion (ou achat impulsif) : achat non prémédité décidé rapidement et déclenché par la vue de l'article ou par ses conditions de vente (prix bas, promotion…).

Achat de substitution : achat d'un produit (ou d'une marque) en lieu et place d'un autre, pour des raisons économiques ou d'indisponibilité matérielle, sans que la satisfaction du besoin soit altérée.

Achat différencié : achat ostentatoire permettant à l'individu de se démarquer (ex. : produit de luxe).

Achat impliquant : achat ayant une certaine importance pour le client en raison de son prix ou de ce qu'il représente d'un point de vue affectif ; dans ce cas, le processus d'achat est long.

Approvisionnement : ensemble des opérations qui permettent à l'entreprise de disposer des biens et services nécessaires à son activité et qu'elle doit se procurer à l'extérieur.

Argumentaire : document de travail d'aide à la vente destiné aux vendeurs, recensant les différentes caractéristiques du produit à vendre ainsi que ses avantages, afin de pouvoir mieux convaincre les prospects.

Assortiment : ensemble des produits, services ou références proposés par l'unité commerciale. L'assortiment est dit « large » lorsqu'on trouve de nombreuses familles de produits différentes ; il est dit « profond » lorsque de nombreuses références sont présentes pour chaque famille de produits.

Assortiment fermé : assortiment décidé par la tête de réseau et imposé tel quel à ses unités commerciales.

Assortiment généraliste : assortiment combinant plusieurs familles de produits (ex. : alimentaire, non alimentaire), ample et large.

Assortiment ouvert : assortiment susceptible de modifications selon la demande locale.

Assortiment spécialiste : assortiment étroit (nombre de familles de produits réduit) mais profond (nombreuses références dans chaque famille).

Assortiment thématique : assortiment limité à des domaines ou à des concepts proches (ex. : la nature, la mer…).

Attraction commerciale : capacité d'une enseigne à attirer les acheteurs sur sa zone de chalandise.

Audience : ensemble des personnes touchées par un média ou un support.

Autonomie financière : capacité de l'entreprise à se financer par ses propres moyens ; le ratio d'autonomie financière (capitaux propres/total du bilan) mesure le degré d'endettement.

***Back office* :** surface de l'unité commerciale destinée au stockage et aux bureaux administratifs.

Balisage (du linéaire) : éléments permettant l'information et l'orientation des clients (stop rayon, fronton, séparateur de linéaires…).

Base de données : fichier informatisé regroupant des données commerciales relatives aux clients ou aux fournisseurs.

***Benchmarking* :** démarche d'observation, d'analyse des performances atteintes et des pratiques utilisées par des entreprises concurrentes ou référentes dans d'autres secteurs d'activité.

Besoins individuels : besoins primaires et de sécurité du consommateur (se nourrir, épargner…).

Besoins sociaux : besoins d'appartenance et de statut du consommateur.

Brick and mortar (en français : « la brique et le mortier ») : terme utilisé pour désigner les UC exclusivement physiques.

Capital client : terme lié au CRM (*Customer Relationship Management*) qui exprime le fait qu'un client est, pour l'entreprise, une richesse qu'il convient de gérer et de faire fructifier.

CDEC (Commission départementale de l'équipement commercial) : commission sollicitée pour toute autorisation d'implantation d'UC de plus de 1 000 m^2. Elle est composée d'un président (le préfet, qui ne participe pas au vote), de divers élus locaux, des présidents de la chambre de commerce et d'industrie et de la chambre des métiers, et d'un représentant des associations de consommateurs. Ses décisions peuvent être contestées auprès de la Commission nationale de l'équipement commercial.

Cellule d'achat : ensemble des personnes intervenant dans le processus d'achat (utilisateur, décideur, prescripteur…).

Centrale d'achat : service centralisé d'une enseigne de grande distribution ou organisme à statut variable (ex. : coopérative) chargé de la recherche, du référencement, de la négociation et de la réalisation des achats avec les fournisseurs pour le compte de ses distributeurs.

Centrale de référencement : société ou organisme qui sélectionne des fournisseurs et négocie des conditions commerciales pour le compte de ses adhérents (mais n'effectue pas les achats pour eux).

Centre commercial : espace fermé situé en centre-ville ou en périphérie et regroupant différentes enseignes de tailles variables. Une enseigne « locomotive » y est souvent implantée : elle attire de nombreux chalands, assurant ainsi une forte attractivité.

Chambre de commerce et d'industrie (CCI) : organisme local représentatif des industriels et des commerçants, remplissant également une fonction d'aide et de conseil aux entreprises situées dans son périmètre géographique, mais aussi à celles souhaitant s'implanter dans la zone.

Chiffre d'affaires potentiel : chiffre d'affaires qu'une UC est susceptible de réaliser compte tenu de sa localisation, de la typologie de la clientèle de la zone, et de l'intensité concurrentielle.

Clé d'entrée : sur un site de e-commerce, moyen dont dispose l'internaute pour trouver un produit : recherche par numéro de référence, marque, famille, tranche de prix…

Click and mortar (en français : « le clic et le mortier ») : terme désignant les UC disposant à la fois d'une unité commerciale physique et d'un site marchand virtuel.

Commerce électronique : commerce réalisé par le biais d'Internet sans contact physique direct, ni avec le client, ni avec le produit ; présente la particularité d'être accessible 24h/24.

Communication hors média : communication utilisant des moyens de diffusion autres que les médias de masse, par exemple le publipostage ou les ISA (imprimés sans adresse).

Communication média : communication passant par les grands médias de masse comme la télévision, le cinéma, la radio, la presse ou l'affichage.

Concept : idée selon laquelle l'offre d'une unité commerciale est élaborée, aussi bien dans ses composantes que dans son mode de présentation.

Concurrence directe : entreprise proposant des produits/services similaires et facilement substituables à ceux que propose une entreprise.

Concurrence indirecte : entreprise proposant des produits substituables (mais non similaires car relevant d'une autre famille de produits) à ceux proposés par une entreprise.

Contact commercial : contact à but commercial pouvant s'effectuer de différentes manières en utilisant divers moyens (téléphone, fax, e-mail, SMS…).

Coût perçu : effort consenti par le client pour accéder à une offre de produit/service (nécessité de financement, délai de livraison…).

Cross-merchandising : pratique de la grande distribution consistant à proposer un produit à la vente hors de son rayon habituel, généralement à côté d'un produit complémentaire.

Cross-selling : pratique de site marchand consistant à proposer la vente d'un produit complémentaire avec la commande du produit principal.

Découverte des besoins : première étape du processus de vente consistant à rechercher les besoins du prospect par le biais de questions de formes différentes ; le but est d'identifier le profil SONCAS du prospect.

Dépenses commercialisables sur site (DCS) : voir *Marché potentiel réel*.

DGCCRF (Direction générale de la concurrence, de la consommation et de la répression des fraudes) : organisme qui protège les consommateurs contre les abus en matière de pratiques commerciales ; il a le pouvoir de punir les contrevenants.

Différenciation : en marketing, proposition d'une offre perçue comme étant différente de celle de la concurrence.

Dimensions de l'assortiment : caractéristiques de l'assortiment : hauteur (niveaux de gammes), largeur (nombre de familles d'articles), profondeur (nombre de références par famille d'articles).

***Efficient Customer Response* (ECR) :** apparue aux États-Unis en 1987 sous l'impulsion de Walmart et de Procter & Gamble, l'ECR vise à inciter les fabricants et les distributeurs à travailler conjointement pour répondre le mieux possible aux besoins des consommateurs (produits, prix, disponibilité des articles...). L'ECR concerne le marketing, le marchandisage, la logistique et le réapprovisionnement, ainsi que les technologies de support (codes-barres, EDI...).

Élasticité : indicateur prédictif ou avéré de la réaction de la demande face à une variation de prix (élasticité = variation relative de la demande / variation relative du prix).

Ergonomie (d'un site Internet) : adaptation de l'outil visant à améliorer l'interaction entre l'internaute et le site (structuration dans les fenêtres et les pages, aspect graphique, fonctionnalités offertes aux utilisateurs...).

E-sourcing : automatisation de la recherche et de la sélection des fournisseurs grâce aux TIC (Internet).

Évasion commerciale : dépenses engagées par les ménages en dehors de la zone de chalandise.

***Every Day Low Prices* (EDLP) :** politique de prix bas toute l'année, qui dispense le consommateur de faire des comparaisons et d'attendre des promotions pour acheter (logique des discounters).

***Facing* :** terme de marchandisage désignant le nombre de produits faisant directement face au consommateur sur un ou plusieurs niveaux d'un linéaire dans un point de vente.

Fidélisation : politique visant à faire revenir le client dans l'UC et à le faire consommer toujours davantage. Les moyens de la fidélisation sont nombreux et variés (carte, soldes privés, cadeaux, réductions...).

FISAC (Fonds d'intervention pour les services l'artisanat et le commerce) : organisme destiné à soutenir le commerce de centre-ville et à sauvegarder les intérêts des commerçants indépendants de petite taille.

Flux d'or : plan de circulation dans l'unité commerciale qui doit amener les clients à fréquenter le plus de rayons possible et optimiser les ventes.

Fournisseur : prestataire de biens et/ou de services.

***Front office* :** surface de vente de l'UC permettant de recevoir la clientèle et de présenter les produits (boutique, comptoir de réception des clients...).

Géomarketing : évaluation des opportunités commerciales grâce à la localisation des clients potentiels et à la mise en évidence de leurs habitudes d'achat et de consommation (croisement d'informations marketing et de données géographiques permettant l'adaptation et la segmentation de l'offre).

***High and Low prices* (HILO) :** politique de prix réguliers associés à de nombreuses et fortes réductions temporaires (logique de la grande distribution).

Hypermarché : surface commerciale de très grande taille (supérieure à 2 500 m^2) proposant un assortiment à dominante alimentaire.

Implantation : logique de placement de produits et/ou de marques dans un rayon.

Incident : événement ne faisant pas partie de l'opération normale d'un service qui perturbe, voire interrompt, un processus. Il peut provoquer des accidents.

Indicateur de coût : outil d'évaluation et de comparaison de la valeur d'achat ou de fabrication d'un produit ou d'une prestation de service.

Indicateur de marge : outil permettant d'évaluer l'écart et l'évolution du prix de vente (ou de revient) d'un produit/service par rapport à son prix d'achat (ou coût d'achat).

Indicateur de résultat : ratio mesurant la réalisation (ou la non-réalisation) d'un objectif.

Indicateur de suivi : ratio permettant de mesurer une progression ou une évolution.

Indicateur qualitatif : ration permettant de mesurer et d'évaluer la qualité d'un résultat atteint ou escompté.

Indicateur quantitatif : instrument de mesure portant sur des éléments chiffrés, quantifiables.

Indice de disparité de la consommation (IDC) : indice qui mesure les disparités de consommation des ménages d'un point de vue régional. Un IDC supérieur à 1 dans une zone, pour un produit donné, signifie que la région est plus consommatrice du produit que la moyenne nationale.

Indice de richesse vive (IRV) : indice permettant de corriger une moyenne de revenu nationale fournie par l'INSEE pour tenir compte d'une disparité régionale (un IRV supérieur à 1 pour une région signifie que les habitants disposent d'un revenu moyen supérieur à la moyenne nationale).

Indice de saturation : ratio permettant de mesurer l'intensité de la concurrence locale dans une zone (dépenses commercialisables de la zone / surface totales des UC de la zone en m^2).

Interactivité : coopération du prospect ou client avec l'interface (site Internet).

Logistique : ensemble des opérations et des supports nécessaires à la gestion des flux physiques, financiers et d'informations sur l'ensemble de la chaîne de distribution.

Maintenance : entretien d'un matériel afin de le maintenir en état de fonctionnement ; la maintenance peut être curative, palliative ou préventive.

Marchandisage : ensemble des techniques de mise en valeur de l'offre dans l'UC. On distingue généralement le marchandisage de séduction (vendre plus), le marchandisage de gestion (optimisation de la rentabilité) et le marchandisage d'organisation (implantation logique facilitant les opérations de manutention).

Marché potentiel réel : marché potentiel théorique auquel on ajoute l'attraction commerciale (apport de clientèle extérieure) et auquel on soustrait l'évasion commerciale (clientèle de la zone achetant hors zone).

Marché potentiel théorique : total des dépenses moyennes engagées par tous les ménages d'une zone.

Marketing d'entrée : ensemble des méthodes et outils marketing utilisés pour attirer les consommateurs dans une UC (vitrine, page d'accueil sur un site marchand).

Marketing de site : adaptation des éléments du mix (politiques de produit, de prix, de placement et de publicité) au contexte local de l'UC.

Marketing de transformation : démarche marketing mise en œuvre dans l'UC pour inciter les visiteurs à acheter (offre commerciale, animations, marchandisage...).

Marketing expérientiel : ensemble des techniques marketing utilisées par les UC visant à créer chez les clients une expérience de consommation positive, un engagement durable avec l'enseigne ou la marque.

Marketing sensoriel : utilisation de facteurs sensoriels (senteurs, musique, sensations tactiles ou gustatives) dans le produit et/ou le lieu de vente pour susciter des réactions favorables chez les consommateurs.

Mercatique *one to one* : concept marketing reposant sur la relation et la communication personnalisée avec le consommateur, considéré comme unique.

Mercatique relationnelle : approche marketing s'intéressant à la satisfaction des consommateurs et à ses conséquences sur la fidélisation.

Mise en avant : valorisation de l'offre à l'aide d'une action ponctuelle : tête de gondole, îlot... Pour le e-commerce, il s'agit des pratiques de mise en avant visuelle des produits sur la page d'accueil du site.

Modulation : politique de prix basée sur une variation des tarifs dans le temps pour inciter les clients à acheter davantage ou plus régulièrement.

Objection : remarque de la part d'un client qui contredit le discours du vendeur et rend plus difficile la conclusion de la vente ; elle peut être fondée ou infondée (alibi pour ne pas acheter).

Organigramme : représentation schématique des liens fonctionnels, organisationnels et hiérarchiques dans une organisation.

Partenaire institutionnel : entité morale ayant une structure déterminée et une finalité précise et qui est en relation avec l'unité commerciale de façon régulière ou occasionnelle.

Performance : résultat quantitatif ou qualitatif attendu et/ou réalisé.

Prix psychologique : prix d'acceptabilité ou prix théorique pour lequel les ventes d'un produit pourraient être maximales (en fonction de deux seuils psychologiques : seuil inférieur = risque de produit de mauvaise qualité, seuil supérieur = produit jugé trop cher).

Processus achat : correspond à l'ensemble des étapes successives et corrélées qui interviennent dans l'achat (de la naissance du besoin au sentiment post-achat).

Prospect : personne ciblée par l'unité commerciale mais qui n'a pas encore acheté dans l'UC.

Publicité sur le lieu de vente (PLV) : publicité mise en place à l'intérieur de l'unité commerciale, et qui peut prendre diverses formes : affiches, jeux-concours, prospectus à proximité du lieu de présentation du produit, etc.

***Pure player* :** unité commerciale virtuelle.

Réapprovisionnement : planification des approvisionnements.

Réclamation : remarque émise par un client qui s'estime lésé dans sa relation avec l'unité commerciale et qui demande une réparation de son préjudice.

***Reporting* :** présentation périodique de comptes rendus ou de résultats d'activité, permettant aux décideurs la prise de décisions.

Réseau : ensemble organisé d'éléments de même nature reliés de façon réfléchie et formalisée.

RFM (Récence-Fréquence-Montant) : méthode permettant de calculer un score pour chacun des clients en fonction de sa dernière visite (récence), de son rythme de visite (fréquence) et du montant cumulé de ses achats (montant). L'unité commerciale construit ensuite des groupes pour lesquels elle pratique une politique de fidélisation différenciée.

Satisfaction : état dans lequel se trouve le client lorsqu'il est content de son achat. C'est un préalable à la fidélisation mais pas une condition suffisante.

Score : total de points qu'obtient un acteur selon un barème préétabli. S'utilise souvent pour le choix des clients à fidéliser mais aussi pour départager des fournisseurs.

Sélectivité : indicateur retenu pour le choix d'un média. Un média fréquenté habituellement par les personnes ciblées est dit « sélectif ».

Service après-vente (SAV) : service de l'UC qui s'occupe de la gestion des produits défectueux ou qui nécessitent une réparation chez le client ou dans un atelier.

Service associé : service dont l'existence est liée à la vente d'un produit ou d'un service et qui ne peut pas être vendu de façon indépendante.

Service différenciateur : terme propre au marketing des services, désignant un service qui apporte une valeur ajoutée au service de base.

Service facilitateur : terme propre au marketing des services, désignant un service qui améliore l'utilisation d'un service de base.

Serviscène : composantes de l'environnement dans le marketing des services (facteurs ambiants, de *design*, d'aménagement ou d'équipement, qui vont influencer la perception du client).

Solvabilité : capacité de l'entreprise à payer ses dettes à court, moyen et long termes.

SONCAS : acronyme signifiant Sécurité, Orgueil, Nouveauté, Confort, Argent, Sympathie.

Stratégie multicanal : stratégie utilisant plusieurs canaux. Se dit pour une stratégie de distribution ou, moins fréquemment, pour une stratégie de communication.

Structure organisationnelle : regroupe les différents organes de l'entreprise et leurs relations hiérarchiques et fonctionnelles (répartition des tâches, des responsabilités, des pouvoirs…)

Supermarché : surface commerciale comprise entre 400 et 2 500 m^2 réalisant plus des deux tiers de son chiffre d'affaires dans l'alimentaire.

Syndicat : entité regroupant des personnes physiques ou morales ayant les mêmes intérêts.

Tableau de bord : outil de mesure et de pilotage de l'entreprise. Il comprend des indicateurs de suivi et de performance facilitant la prise de décision.

Taux d'emprise : part des dépenses commercialisables d'une zone de chalandise captée par une enseigne, par une forme de distribution, ou par un secteur d'activité.

Taux de transformation : indicateur symbolisant la probabilité qu'a un prospect de devenir client. On le calcule selon la formule : (nombre de passages en caisse / nombre de visiteurs) × 100.

Téléachat : méthode de vente utilisant la télévision comme vecteur de communication. Par le biais de démonstrations d'utilisation, l'émission de téléachat vante un produit que les téléspectateurs peuvent commander par téléphone.

Unité commerciale : espace réel de présentation et de vente de produits manufacturés (ou légèrement transformés). C'est un lieu d'échange et de transaction entre une personne appelée « prospect » et une autre appelée « personnel de contact ».

Univers de consommation : organisation des rayons fondée sur une logique de regroupement de produits substituables et complémentaires, destinée à faciliter la recherche des produits par le client et à dynamiser les ventes.

Up-selling **:** technique consistant à proposer au client un produit légèrement supérieur et plus cher que celui auquel il s'intéresse.

Vente à distance (VAD) : terme regroupant les méthodes de vente qui se concluent sans l'interface physique vendeur / acheteur (VPC, vente par Internet, téléachat).

Vente en *B to B* : vente réalisée d'entreprise à entreprise.

Vente en *B to C* : vente réalisée d'entreprise à consommateur.

Vente en *C to C* : vente réalisée de consommateur à consommateur.

Vente par correspondance (VPC) : vente provoquée, conclue et gérée par courrier.

Zone chaude : zone du point de vente dans laquelle les clients se rendent spontanément et facilement (en entrée de magasin, sur la droite). On y place généralement des rayons secondaires ou les produits les moins recherchés par les clients.

Zone de bascule (ou zone de recouvrement) : détermination, à partir de la localisation de la concurrence, des zones de chalandise pour lesquelles il y a chevauchement (les clients passent alors très facilement d'un point de vente à un autre).

Zone de chalandise (ou zone d'attractivité commerciale) : aire géographique d'où provient la majorité de la clientèle d'un point de vente.

Zone froide : zone située au fond du point de vente, dans laquelle sont le plus souvent implantés les rayons et produits les plus recherchés par les consommateurs, pour les inciter à traverser toute la surface de vente.

Développement de l’unité commerciale

1 La démarche mercatique

1. Une prise en compte globale du marché
1.1. La mercatique et le marché
1.2. Les composantes de la démarche mercatique
2. Des produits et services centrés sur les besoins
2.1. L'émergence permanente de nouveaux besoins
2.2. La détection précoce des besoins
3. La décision et l'action
3.1. Décider : un processus en trois étapes
3.2. Mercatique stratégique et mercatique opérationnelle

Face à la concurrence, toute organisation cherche à satisfaire les attentes de ses clients.

1. Une prise en compte globale du marché

1.1. La mercatique et le marché

a. La mercatique

La mercatique se définit comme « l'ensemble des techniques et actions grâce auxquelles une entreprise développe méthodiquement la vente de ses produits et services, en adaptant le cas échéant sa production aux besoins du consommateur. Équivalent étranger : marketing » (*Journal Officiel* 2 mars 2010).

b. Le marché

C'est le lieu de rencontre des offreurs et des demandeurs de produits ou/et services. Il peut se décomposer en groupes d'individus plus particulièrement concernés par un type de produit ou une catégorie de services.

La demande des consommateurs peut être segmentée selon leurs besoins, leurs habitudes, leurs motivations et comportements. L'offre de produits et services est organisée par les producteurs et les distributeurs. Elle se décompose en groupes définis selon les caractéristiques des produits et services.

Environnement économique, technologique, sociologique, démographique

Marché d'un produit ou service	
OFFRE ⟷	DEMANDE
Elle regroupe les producteurs et les distributeurs. Elle est segmentée en fonction des caractéristiques des produits ou services.	Elle regroupe les consommateurs et les prescriteurs (ils conseillent ou prescrivent le produit ou service). Elle est segmentée en fonction des besoins des consommateurs.

Environnement local, national et international

La démarche mercatique permet à une entreprise de mieux connaître tous les acteurs du marché (concurrents et consommateurs) et toutes les influences de l'environnement avant de prendre des décisions commerciales.

1.2. Les composantes de la démarche mercatique

Un état d'esprit	L'état d'esprit mercatique est centré sur la satisfaction du client et de ses besoins, qui sont en perpétuelle évolution dans un marché concurrentiel. Il se traduit par une volonté d'innovation pour offrir aux consommateurs de nouveaux produits ou services dans les meilleures conditions de distribution et de rentabilité.
Une organisation adaptée	Tous les niveaux et tous les employés de l'entreprise sont concernés par la satisfaction et la fidélisation de la clientèle. La démarche mercatique dépasse le cadre strict de la fonction commerciale et englobe également les activités de production.
Une analyse méthodique constante	L'analyse vise à : – détecter les évolutions des besoins des consommateurs ; – connaître ses propres forces et faiblesses par rapport à la concurrence (avantages concurrentiels) ; – analyser les opportunités et contraintes de l'environnement.
Des actions coordonnées et contrôlées	Les actions mercatiques permettent à l'entreprise de renforcer sa position sur le marché. Elles sont regroupées au sein du plan de marchéage, qui synthétise les actions sur le produit, le prix, la distribution et la promotion des ventes. Pour chacune de ces actions, il est nécessaire de prévoir, agir, contrôler et réagir.

2. Des produits et services centrés sur les besoins

2.1. L'émergence permanente de nouveaux besoins

Le besoin se définit comme une tension psychologique ou physiologique qui génère un sentiment de manque.

Dans un contexte concurrentiel, le consommateur perçoit en permanence de nouvelles informations sur les produits, sur les avancées sociales et technologiques. Sa personnalité va le conduire à préférer tel produit ou service, tel réseau, telle marque et à faire dériver son besoin générique vers des attentes plus spécifiques.

Besoins génériques	→	Besoins dérivés
Liés à la condition humaine, ils sont en nombre limité et se renouvellent tout au long de l'existence.	→	Un besoin dérivé traduit la préférence du consommateur pour un type de produit ou de service particulier. Ils sont liés au développement (social, économique, technologique).

EXEMPLE Besoins génériques : se nourrir, se protéger, s'instruire, se distraire, s'épanouir, communiquer, appartenir à un groupe social… Le besoin dérivé culturel est lié au besoin générique « se distraire ». Le besoin dérivé « épargner » est lié au besoin générique « se protéger ». Le besoin dérivé « fast-food » est lié au besoin « se nourrir ».

2.2. La détection précoce des besoins

Il appartient a toute entreprise de prévoir l'évolution des marchés afin d'améliorer sa compétitivité en proposant des produits ou services toujours plus innovants. Pour gagner la bataille de la compétitivité, une démarche mercatique intégrée à tous les niveaux hiérarchiques de l'entreprise permet d'acquérir des avantages concurrentiels.

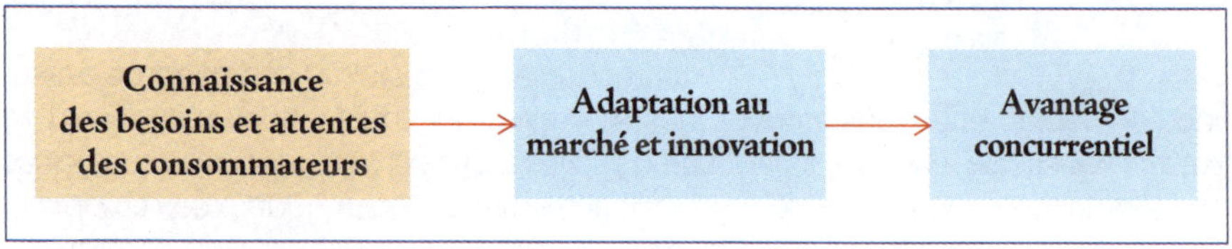

3. La décision et l'action

Pour chaque produit ou service, les responsables commerciaux de l'entreprise doivent décider quels sont les clients à conquérir ou à fidéliser, quelles sont les ventes à réaliser, avec quel type de produit ou service ; ils doivent aussi déterminer la manière de faire face à la concurrence.

La démarche mercatique permet de répondre à ces questions de développement de l'entreprise et de construire des plans d'action commerciale.

3.1. Décider : un processus en trois étapes

La décision mercatique s'appuie sur une méthodologie comportant 3 étapes.

Étape	Description	Quelques techniques
1. Connaître	– Détecter les besoins et tendances – Connaître les concurrents et leur part de marché – Connaître ses forces et faiblesses par rapport à la concurrence et par rapport à l'environnement (ex. : un bon rapport qualité/prix mais une couverture géographique insuffisante)	– Études documentaires – Sondages et études de marché – Études de motivations pour mieux cerner les critères de choix des consommateurs – Utilisation de l'informatique et des bases de données clients
2. Analyser	– Comparer les informations – Établir un diagnostic – Évaluer des tendances – Classer les priorités – Détecter les facteurs de risque	– Analyse statistique – Mathématiques appliquées – Simulations
3. Choisir	– Fixer des critères de choix – Fixer des objectifs et les budgets – Anticiper les conséquences – Quantifier les risques – Évaluer les scénarios et les projets	– Modèle mathématique – Test de concept de nouveau produit – Marché test sur une région – Utilisation de l'informatique et des logiciels de gestion de projet

Chaque étape est conduite par des équipes composées de salariés ou d'intervenants extérieurs (consultants, stagiaires en phase de projet…).
Afin d'alimenter ce processus de décision, les informations seront recueillies, traitées et archivées pour enrichir en permanence les bases de données. Les nouvelles technologies facilitent l'exploitation de ces bases et leur utilisation partagée par les différents services de l'entreprise. Cette mission est confiée aux responsables du système d'information de l'entreprise.

3.2. Mercatique stratégique et mercatique opérationnelle

L'action sur les marchés est méthodiquement structurée et planifiée par les responsables mercatiques. Des objectifs sont fixés pour chaque action, et un budget est alloué en tenant compte des ressources de l'entreprise.
Toute stratégie mercatique comporte deux phases complémentaires :

Mercatique stratégique

- Elle est tournée vers l'étude et la réflexion.
- Elle concerne les choix fondamentaux d'activités, les études, le positionnement et la conception de nouveaux produits.
- Elle sélectionne des orientations de développement de l'entreprise par une vision à plus long terme, qui seront ensuite déclinées dans d'autres stratégies (développement du réseau, prix, communication, distribution).

↓

Mercatique opérationnelle

- Elle est tournée vers l'action à court terme.
- Elle permet à l'entreprise d'améliorer ses parts de marché.
- Elle concerne le pilotage du plan de marchéage et définit des actions sur le produit, sur le prix, sur la distribution et la communication.
- Les préoccupations constantes des responsables commerciaux sont d'agir sur le marché, contrôler les résultats et analyser les écarts pour réagir à temps.

La mercatique stratégique précède la mercatique opérationnelle et fixe les limites des actions : moyens financiers (budget), moyens humains (organisation), moyens matériels. Les actions du plan de marchéage sont interdépendantes et doivent être harmonisées pour assurer une cohérence d'ensemble. Le contrôle des résultats tout au long des actions relance en permanence le processus d'adaptation de l'entreprise au marché.

EXEMPLE Il est inutile de lancer une campagne de publicité si les stocks ne répondent pas à la demande.

Les domaines d'application de la mercatique sont nombreux et ne concernent pas seulement les entreprises : les organisations humanitaires, les associations, les artistes et, plus récemment, les administrations se sont tournés vers cette démarche pour mettre en place des projets de développement.

Mots-clés

MERCATIQUE, MARCHÉ, BESOIN GÉNÉRIQUE, BESOIN DÉRIVÉ, PLAN DE MARCHÉAGE, DÉMARCHE MERCATIQUE, MERCATIQUE STRATÉGIQUE/OPÉRATIONNELLE

2

Le système d'information mercatique (SIM)

1. Le SIM et l'information
1.1. Le SIM : rôle et enjeux
1.2. L'information
2. L'organisation du SIM
2.1. Le recueil et le stockage des données
2.2. L'analyse et la diffusion des informations

La prise de décisions stratégiques et opérationnelles repose sur une information de qualité. L'UC doit donc disposer d'un système pertinent de collecte, d'analyse et de diffusion des données.

1. Le SIM et l'information

1.1. Le SIM : rôle et enjeux

a. Définition

Le système d'information mercatique (SIM) gère, contrôle et utilise les flux d'informations à la disposition de l'UC pour s'adapter, détecter les opportunités et planifier les actions. Il facilite et optimise la prise de décision, et simplifie le travail par le partage d'information et l'automatisation de certaines procédures. Le SIM repose sur des moyens matériels (ordinateurs, logiciels), sur des bases de données (informations collectées) et sur des moyens humains.

b. Les enjeux

Le SIM appartient au système d'information de l'entreprise. Il relève de la mise en œuvre de la stratégie mercatique et est vecteur d'avantages concurrentiels :
- avantages coûts : automatisation de certaines fonctions, modification du processus de production… ;
- avantages différenciation : personnalisation de la relation client, création de nouveaux produits ou services.

1.2. L'information

a. La nature des informations

L'entreprise exploite une multitude de données : commerciales, juridiques, comptables, techniques, sociales… Ces informations sont internes ou externes (en externe, l'accès peut être gratuit ou payant), et leur collecte peut être permanente ou ponctuelle (ex. : étude de marché). La qualité d'une bonne information repose sur sa pertinence, sa récence, sa précision, sa fiabilité et sa disponibilité.

Les données exploitées par le SIM sont dites primaires si elles sont spécifiques à un besoin mercatique (ex. : analyse des ventes d'une famille de produits pour prévoir une opération promotionnelle ou pour relancer les ventes d'une référence). Elles sont secondaires lorsqu'elles n'informent pas directement sur un besoin mercatique (ex. : données comptables, statistiques de l'INSEE…).

b. Le rôle de l'information

Pour les décisionnaires, l'information est fondamentale en amont et en aval de la prise de décision : elle facilite le choix des décisions stratégiques, tactiques et opérationnelles, et permet *a posteriori* de vérifier leur bien-fondé et de prévoir les ajustements nécessaires.

2. L'organisation du SIM

2.1. Le recueil et le stockage des données

a. La collecte des informations

Le SIM doit être organisé de façon à pouvoir collecter des informations en continu. Les réseaux, Internet, les bases de données et les applications logicielles facilitent cette tâche. Les logiciels de CRM (*Customer Relationship Management*) permettent aux fabricants et aux distributeurs de recueillir, mutualiser et échanger des données sur les clients. (Attention : la détention de fichiers de données personnelles est réglementée par la CNIL.)

b. Le stockage des données

La masse d'informations internes et externes collectées dans des bases de données est regroupée dans des entrepôts de données, appelés *datawarehouse*.

2.2. L'analyse et la diffusion des informations

a. Le traitement de l'information

Pour exploiter les informations concernant les clients (stockées dans les entrepôts de données), les entreprises disposent de différentes solutions informatiques :

- le *datamining* (extraction ou forage de données) regroupe l'ensemble des outils d'analyse statistique des données clients, en vue de mieux cerner leurs comportements et mettre en place des décisions commerciales et marketing adaptées ;
- les PGI (progiciels de gestion intégrée) sont des applications informatiques modulaires (paie, comptabilité, gestion commerciale…) indépendantes, mais qui partagent une base de données unique et commune. Le partage du même système d'information présente plusieurs avantages : cohérence et homogénéité des informations, amélioration de la communication interne, suivi de l'activité et aide à la décision… ;
- les logiciels dédiés à la GRC (gestion de la relation client) permettent d'optimiser la relation entre l'UC et ses clients (gestion de la base de données clients, programmation d'actions commerciales…). En back office, ces outils facilitent la consultation des comptes clients, le suivi des ventes, le suivi des objectifs…

b. La diffusion des informations

Les informations essentielles doivent être diffusées et consultables (de façon sécurisée) par les interlocuteurs concernés. Les UC s'appuient sur :

Un intranet	Un extranet
Ensemble de services Internet internes au réseau local (forums de discussion, listes de diffusion, agenda partagé, gestion de projet…)	Extension du système d'information de l'UC à des partenaires (collaborateurs, clients, fournisseurs) situés au-delà du réseau. L'interface Web permet l'accès à certaines ressources.

Mots-clés

SYSTÈME D'INFORMATION MERCATIQUE (SIM), INFORMATIONS PRIMAIRES, INFORMATIONS SECONDAIRES, *CUSTOMER RELATIONSHIP MANAGEMENT* (CRM), *DATAWHAREHOUSE*, *DATAMINING*, PROGICIEL DE GESTION INTEGRE (PGI), LOGICIEL DE GRC, INTRANET, EXTRANET

3

L'évolution de la mercatique

Si l'activité commerciale a toujours existé, la mercatique est apparue plus récemment et s'appuie sur les évolutions de l'économie.

1. Une construction progressive
1.1. Historique de la mercatique
1.2. La généralisation de la démarche à l'ensemble des organisations
2. Vers une mercatique relationnelle
2.1. Le client au cœur de la problématique
2.2. La relation personnalisée, source de profit

1. Une construction progressive

Les quatre composantes de la mercatique opérationnelle (ou 4P : Produit, Prix, Promotion, Placement) sont apparues progressivement depuis le début du XXe siècle.

1.1. Historique de la mercatique

Période	Descriptif	Points de mercatique opérationnelle
1900-1945	– La demande est supérieure à l'offre : il suffit de produire pour vendre.	– **Promotion** : réclames dans les journaux. – Domination du producteur.
1945-1968	– La reconstruction d'après-guerre a permis une fabrication massive des produits et a dopé la consommation. – Le bonheur passe par la consommation.	– **Promotion** avec la publicité à la télévision et à la radio. – **Placement** : création de réseaux de distribution ; développement de la force de vente. – La logique du distributeur prend le pas sur celle du producteur.
1968-1980	– Remise en cause des pratiques, refus d'un bonheur strictement matériel. – La crise économique a restreint les budgets des consommateurs. – Renversement de tendance : l'offre devient supérieure à la demande. – La concurrence exacerbée entre entreprises les conduit à développer une nouvelle stratégie pour perdurer sur le marché.	– Compréhension des besoins du consommateur pour concevoir le produit : **le produit** est le résultat d'une étude. – Approche en terme de **prix** d'acceptabilité (ou prix psychologique) : somme que le consommateur est prêt à dépenser pour l'achat d'un bien donné. – Apparition de la mercatique stratégique.
1980-2000	– Révision de l'idée que tous les consommateurs ont le même profil. – Groupes de clients ayant des besoins homogènes mais différents d'un groupe à l'autre. – La différenciation des produits est source de valeur et donc de CA. – En poussant cette logique, on aboutit aux solutions sur mesure.	– Idée d'une approche mercatique différenciée (segments). – Les 4P sont différents pour chaque segment identifié. – **Placement** : développement du marchandisage pour la grande distribution et des promotions. – Développement de la mercatique *one to one*.

1.2. La généralisation de la démarche à l'ensemble des organisations

Dans les années 1980, d'autres types d'organisations se sont inspirées de l'approche par le marché pratiquée au sein des entreprises pour les transposer dans un cadre autre que commercial.

Organisation	Objectifs liés à l'application de la mercatique	Type de pratique
Parti politique	Séduire pour gagner des électeurs	Orchestrer une campagne électorale avec un publicitaire
Association	Susciter des adhésions, trouver de nouveaux membres	Proposer une offre élargie d'activités
ONG	Attirer, informer et intéresser les donateurs pour récolter le plus de dons possible	Connaître le profil des donateurs ; proposer des dons à des prix étudiés ; communiquer fréquemment avec les donateurs actuels ou potentiels

2. Vers une mercatique relationnelle

2.1. Le client au cœur de la problématique

Dès les années de crise, les unités commerciales et les entreprises en général se sont intéressées à l'étude des comportements d'achat, mais elles se limitaient à une approche plaçant au centre de l'étude le consommateur occasionnel.
À la fin des années 1990, elles intègrent la notion de capital client, selon laquelle une relation avec le client est rentable sur le long terme. Ainsi apparaît la notion de fidélisation de la clientèle qui n'a pas cessé de se développer, aussi bien au niveau des méthodes que des outils.

EXEMPLE La constitution de bases de données clients informatisées a permis de développer le champ géographique des programmes de fidélisation.

2.2. La relation personnalisée, source de profit

Selon cette logique, et grâce à l'utilisation des nouvelles technologies de l'information et de la communication (NTIC), les unités commerciales ont affiné leurs pratiques pour arriver à une plus grande profitabilité. Par le biais des historiques d'achat, elles ont construit des offres adaptées à chaque client, tout en pratiquant des promotions différenciées susceptibles de séduire les clients. Progressivement est apparue la mercatique interactive, fondée sur un dialogue permanent avec le client par le biais de SMS, MMS, etc.

EXEMPLE Grâce à l'historique des consultations de sites, amazon.fr propose dès sa page d'accueil les nouveaux produits susceptibles d'intéresser les Web-surfeurs (roman policier, DVD...).

Mots-clés

SEGMENTATION, *ONE TO ONE*, MERCATIQUE DIFFÉRENCIÉE, CAPITAL CLIENT

4 L'approche mercatique des produits et services

1. Notions de produit, de service et d'offre globale
1.1. Définitions
1.2. La classification des produits
1.3. Le cycle de vie du produit/service
2. Intérêt de la différenciation

Pour l'UC, l'offre est au cœur des préoccupations : le client, exigeant et volatil, n'achète pas seulement un produit pour ce qu'il est, mais surtout pour le service que ce produit peut lui rendre.

1. Notions de produit, de service et d'offre globale

1.1. Définitions

a. Le produit

Un produit au sens large est un bien tangible, qui résulte d'un processus de production. Il combine des caractéristiques matérielles (matière, couleurs, poids…) et immatérielles (marque, imaginaire…). Il peut être durable (ex. : un meuble), semi-durable (ex. : un vêtement) ou périssable (ex. : denrée alimentaire).

b. Le service

Un service est immatériel, non stockable et indivisible : il découle d'une prestation intellectuelle (ex. : une consultation médicale) ou d'un savoir-faire manuel (ex. : un travail de couture) et n'est donc pas palpable. Par nature et au contraire d'un produit, il ne peut être ni stocké ni divisé. Le service varie qualitativement selon les attentes et selon la perception du client. Il découle d'un système de « servuction ».
L'environnement du service comprend un personnel technique (*back office*) et un personnel de contact (*front office*).
Le service peut être lié à la consommation d'un bien matériel (ex. : achat d'un PC + installation à domicile) ; dans ce cas, on parle de service associé. S'il n'est pas lié à un bien matériel (ex. : séjour dans un hôtel + coiffeur), on parle de service indépendant.

c. L'offre globale

Elle comprend l'offre principale de produit ou service (fonction de base) et les services associés (fonctions additionnelles). Les services associés permettent souvent la différenciation de l'offre, car l'offre de base est généralement substituable.

1.2. La classification des produits

On peut classer les produits selon différents critères.

Critère	Exemple
Place dans le processus de production	Matières premières, biens d'équipement, fournitures
Degré de nouveauté	Produits nouveaux, en développement, à maturité, en déclin
Durée de vie	Biens durables, biens périssables

Critère	Exemple
Comportement d'achat	Achats impulsifs, achats réfléchis
Fréquence d'achat	Produits banaux (achats fréquents), produits anomaux (achats réfléchis)
Réglementation	Certains produits/services sont réglementés (ex : assurances)
Valeur sociale (psychologique, sociologique)	Produits de luxe (valorisants), produits de base (indispensables)

1.3. Le cycle de vie du produit/service

Les produits et services ont une durée de vie généralement limitée dans le temps :

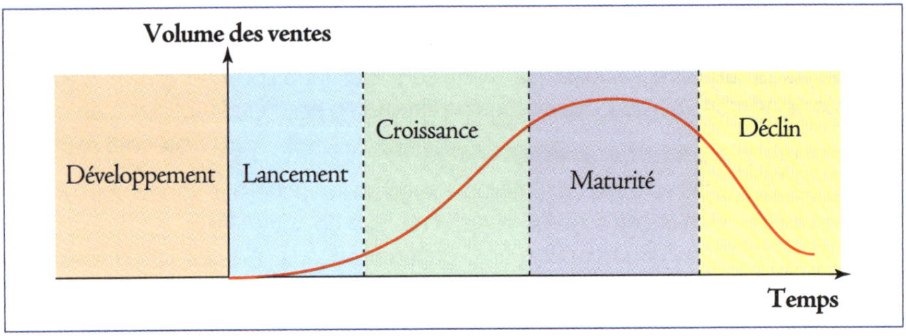

Lors du lancement du produit, la rentabilité est moindre car l'introduction d'un nouveau produit sur le marché est coûteuse (innovation, publicité…). En phase de croissance, les ventes et les profits augmentent, mais la concurrence apparaît. En phase de maturité, les ventes sont optimales, mais il faut contrer les concurrents et les nouveaux produits, parfois plus innovants. La phase de déclin correspond à la régression des ventes et à une baisse de la rentabilité.

Certains produits ont des cycles de vie atypiques : les gadgets ou produits de mode ont un cycle de vie très court (ex. : jeu vidéo) ; d'autres bénéficient d'une relance en phase de maturité ou de déclin (ex. : nouvelle Mini Cooper) ou ont un cycle de vie très long (ex. : Carambar, Banania).

2. Intérêt de la différenciation

La différence entre les offres de produits ou de services sur le marché est parfois infime. L'UC doit chercher à se démarquer en proposant une offre la plus proche possible des attentes des consommateurs. Le bénéfice client créé doit se transformer en avantage concurrentiel dans le temps. La démarche mercatique peut s'appuyer sur les caractéristiques du produit ou du service, sur les services associés, sur le positionnement de l'enseigne ou sur les compétences du personnel de contact.

Mots-clés

PRODUIT, SERVICE, SERVUCTION, SERVICE ASSOCIÉ, FONCTION ADDITIONNELLE, OFFRE GLOBALE, DIFFÉRENCIATION

Profil de poste : ensemble des critères retenus comme pertinents pour décrire le candidat idéal à un poste (âge, formation, expérience, compétences, disponibilité, qualités comportementales, etc.).

Programme des ventes : prévisions des ventes en quantité pour une période déterminée.

Protection : 1. préservation physique des biens et des personnes par un moyen matériel (casque, barrière...). 2. garanties, c'est-à-dire compensation des risques, prévues par une police d'assurance ; se dit aussi « couverture ».

Provision : somme destinée à couvrir la dépréciation réversible d'un actif (ex. : provision sur créance) ou d'un risque (ex. : provision pour perte probable d'un procès).

Rabais : réduction commerciale sur facture tenant compte de la défectuosité d'un produit.

Ratio : rapport entre deux grandeurs : l'intérêt est de les comparer à des normes ou à d'autres entreprises, ou d'observer leur évolution dans le temps.

Remise : réduction commerciale sur facture tenant compte de l'importance des quantités vendues ou de la qualité d'un client.

Remise à l'escompte : concerne les effets de commerce qui sont négociés à la banque avant leur date d'échéance, la banque accordant l'avance de fonds au bénéficiaire de cet effet.

Rémunération : paiement effectué en contrepartie du travail réalisé par le salarié ; elle comprend le salaire, les éléments différés (intéressement...) et les avantages en nature.

***Reporting* :** document synthétique restituant l'activité de l'UC pour une période donnée, établi par le manager à l'intention de son supérieur hiérarchique à des fins d'information, d'analyse et de décision.

Résultat courant : solde incluant le résultat d'exploitation et le résultat financier.

Résultat d'exploitation : différence entre les produits d'exploitation et les charges d'exploitation.

Résultat net : solde obtenu par différence entre le total des produits et le total de toutes les charges d'une entreprise. S'il est positif, on parle de bénéfice ; s'il est négatif, on parle de perte.

Risque : événement ayant une probabilité de survenir et susceptible de causer un dommage aux biens ou aux personnes.

Ristourne : réduction commerciale sur facture basée sur le volume de chiffre d'affaires réalisé sur l'année écoulée.

Salaire brut : intégralité des sommes perçues par le salarié en contrepartie de son travail, avant déduction des cotisations sociales salariales.

Salaire net : somme reçue effectivement par le salarié en contrepartie de son travail, égale au salaire brut diminué des cotisations sociales salariales.

Sanction disciplinaire : toute mesure autre qu'une simple observation verbale prise par l'employeur à la suite d'un agissement du salarié considéré par lui comme fautif (définition du Code du travail).

Sécurité : absence de danger obtenue par la mise en place de dispositifs adaptés.

Seuil de rentabilité : niveau de chiffre d'affaires pour lequel l'entreprise commence à dégager des bénéfices.

Solde intermédiaire de gestion (SIG) : calculs prévus par le plan comptable permettant d'éclairer sur la formation du résultat et les performances de l'entreprise.

Spécialisation : action de se concentrer sur un type de tâches ou sur une famille de produits, pour en avoir une connaissance approfondie.

Stimulation : action entreprise pour susciter des efforts particuliers de la part des membres de l'équipe commerciale. Généralement, il s'agit d'un challenge avec des récompenses intéressantes pour les gagnants.

Stock d'alerte : stock correspondant au cumul du stock de sécurité et du stock minimum. Lorsqu'il est atteint, l'entreprise doit passer commande.

Stock de sécurité : stock supplémentaire permettant à l'UC de satisfaire la demande en cas d'aléas divers (retard de livraison, grève, retour de marchandises...).

Stock minimum : stock permettant à l'UC de couvrir le délai de réapprovisionnement.

Structure : manière dont sont réparties et reliées les différentes fonctions, tâches et responsabilités dans l'entreprise. Les principaux types de structure sont : la structure hiérarchique, la structure fonctionnelle, la structure divisionnelle, la structure matricielle, et la structure par projet.

Style de management : manière d'exercer les missions de manager, c'est-à-dire manière de décider, d'exercer son autorité, de communiquer, de former, de déléguer.

Tableau de bord : document émanant du SIC et rassemblant des indicateurs commerciaux de l'UC pour une période donnée, permettant au manager de piloter l'UC en rapprochant le tableau de bord des budgets prévisionnels.

Tâche : suite d'opérations à mener conformément à une procédure de l'entreprise et à laquelle sont associés un objectif, une durée d'exécution et des ressources à utiliser.

Taux de marge : marge commerciale HT ramenée au coût d'achat des marchandises HT.

Taux de marque : marge commerciale HT ramenée au prix de vente HT.

Taux de rentabilité interne : taux de rapport d'un investissement.

Taxe sur la valeur ajoutée (TVA) : impôt indirect prélevé par les entreprises sur le montant de leurs ventes et reversé à l'État.

Terminal de point de vente (TPV) : appareil permettant d'accepter le paiement par carte bancaire. On parle aussi de terminal de paiement électronique (TPE).

Trésorerie nette : dans l'optique de l'analyse fonctionnelle, elle représente la trésorerie dont une entreprise est en mesure de disposer, à savoir le total des disponibilités (comptes banque et caisse), déduction faite des concours bancaires courants (découvert bancaire).

Unité commerciale : lieu physique ou virtuel permettant à un client potentiel d'accéder à une offre de produits ou de services (exemples : magasin, supermarché, hypermarché, agence commerciale, site marchand...).

Unité d'œuvre : unité fictive (ou réelle) issue du tableau de répartition des charges indirectes permettant d'imputer les charges indirectes au coût des produits.

Valeur actuelle nette (VAN) : critère de choix d'investissement qui compare les dépenses et les recettes actualisées. Si les recettes excèdent les dépenses, l'investissement est jugé rentable.

Valeur ajoutée : richesse créée par une entreprise, qui représente la différence entre ce qu'elle vend (marchandises, services) et les consommations en provenance de tiers (achats de marchandises, charges externes).

Valeur comptable nette (VCN) : valeur d'un actif retenu en comptabilité correspondant à la valeur d'origine de cet actif déduction faite des dépréciations (total des amortissements ou des provisions).

Gestion de la relation commerciale

1 La relation commerciale

1. Les notions de contact commercial et de relation commerciale
1.1. Le contact commercial
1.2. La relation commerciale
2. Les enjeux de la relation commerciale
2.1. Permettre la fidélisation de la clientèle
2.2. Mieux connaître les clients pour mieux agir
2.3. Se différencier de ses concurrents

Jusque dans les années 1980, les unités commerciales et les entreprises en général plaçaient l'acte d'achat au centre de leurs préoccupations. Aujourd'hui, elles abordent davantage les aspects commerciaux dans une perspective de moyen et long termes, instaurant ainsi une logique plus relationnelle avec leurs clients.

1. Les notions de contact commercial et de relation commerciale

1.1. Le contact commercial

a. Définition

Un contact commercial est un contact à objet commercial enregistré auprès d'un prospect ou d'un client, de façon directe (par le biais d'un vendeur) ou indirecte (par des supports variés : devis, fax, brochure...). Il constitue l'amorce d'une transaction commerciale immédiate ou différée.

Remarque

Un contact commercial n'émane pas forcément de l'unité commerciale. Par exemple, le contact peut se faire à l'initiative d'un client potentiel qui souhaite se renseigner sur les prestations ou sur les tarifs.

b. La variété des canaux de transmission

Les contacts commerciaux passent par divers canaux :
– traditionnels comme le téléphone, le fax, le courrier ;
– plus modernes comme les courriels, les SMS, les sites Internet.

La visite des unités commerciales, avec leur offre et la présence de vendeurs sur le lieu de vente, constitue un moyen privilégié de contact avec les prospects et clients.

c. La pluralité des contacts commerciaux

Aujourd'hui, à une époque d'abondance – voire de saturation – de la communication commerciale, les unités commerciales utilisent simultanément plusieurs canaux de transmission et cherchent même à les multiplier pour mieux toucher leurs cibles.

d. L'importance d'un bon contact commercial

Les unités commerciales soignent de plus en plus leur contact commercial. La qualité du contact participe en effet pour beaucoup dans la perception de l'image que le client ou prospect va se faire de l'unité commerciale.

EXEMPLE Une non-réponse (ou une réponse tardive) à une demande d'information incitera le prospect à s'adresser à une UC concurrente.

1.2. La relation commerciale

a. Définition

La relation commerciale est constituée de l'ensemble des contacts commerciaux entre une unité commerciale et son client. Elle peut être plus ou moins longue selon la nature des biens proposés et selon les fréquences d'achat qui s'y rapportent. L'insatisfaction plus ou moins répétée d'un client peut mettre fin à la relation.

b. Les étapes de la relation commerciale

Entre le premier contact, initiateur de la relation, et sa fin, marquée par l'abandon de la fréquentation de l'unité commerciale, de nombreuses étapes jalonnent son développement.

Parallèlement à cette évolution, les unités commerciales adoptent des stratégies différentes.

N	Étape	Type de client	Objectif commercial
1	Première visite	Prospect	Faire acheter une première fois
2	Premier achat	Nouveau client	Inciter à revenir
3	Quelques visites aléatoires	Client occasionnel	Avantager
4	Achats plus fréquents	Client régulier	Fidéliser
5	Achats plus fréquents et d'un montant plus élevé	Client fidèle	Récompenser
6	Baisse de la fréquentation et des achats	Ancien client	Faire fréquenter à nouveau
7	Désertion du client	Client perdu	Aucun

c. Les moyens de la relation commerciale

À chaque étape de la relation commerciale, le manager dispose de différents moyens pour remplir l'objectif qui lui est associé. L'éventail des possibilités est assez vaste et offre donc une grande marge de manœuvre.

Étape de la relation / Moyen	1	2	3	4	5	6	7
Cadeau	×				×		
Bon de réduction prochaine visite		×			×		
Invitation à des soldes privées				×	×		
Publipostage sur la modification de l'offre de l'UC		×	×			×	×
Bon de remise immédiate au premier achat	×						
Carte de fidélité			×	×			
Publipostage		×	×	×	×	×	×
Parrainage				×	×		

2. Les enjeux de la relation commerciale

2.1. Permettre la fidélisation de la clientèle

a. Une relation commerciale de qualité

Plus que l'abondance de l'offre, qui ne suffit plus à faire revenir le client ni à se distinguer, c'est davantage la qualité du contact qui conditionne la durée de la relation commerciale. Une relation longue témoignera bien souvent de la satisfaction du client ; cette fidélité aura un impact sur les performances commerciales de l'UC.

b. Un client fidèle : une garantie pour l'unité commerciale

Plusieurs études montrent qu'un client fidèle présente pour l'unité commerciale de multiples avantages :

- la fréquentation régulière garantit un certain chiffre d'affaires : le chiffre d'affaires prévisionnel minimal est calculé à partir du montant des achats de cette catégorie de clients ;
- le panier moyen du client fidèle est plus élevé que celui du client occasionnel : confiant vis-à-vis de l'unité commerciale et connaissant son positionnement, le client fidèle est moins sensible aux prix pratiqués que le client occasionnel. La fréquentation régulière de l'UC signifie l'acceptation tacite de son offre et de ses composantes ;
- un client fidèle coûte moins cher à convaincre qu'un nouveau client : parce que le client fidèle est déjà conquis par l'enseigne, il n'est pas nécessaire d'engager de grosses dépenses de communication, sauf pour le volet fidélisation. L'UC peut ainsi augmenter son capital client, une richesse que l'unité commerciale doit gérer et faire fructifier pour augmenter ses profits ;
- un client fidèle est un défenseur actif et persuasif auprès de son entourage, ce qui permet de recruter de nouveaux clients par le biais d'actions de parrainage bien moins coûteuses et beaucoup plus efficaces que des actions publicitaires mobilisant les médias de masse.

2.2. Mieux connaître les clients pour mieux agir

a. De nouvelles possibilités offertes grâce aux TIC

L'utilisation des technologies de l'information et de la communication (TIC) permet aux unités commerciales de mettre en place des bases de données clients informatisées. Les UC augmentent ainsi considérablement le potentiel d'analyse des comportements de leur clientèle, notamment en élaborant en temps réel des indicateurs relatifs à la clientèle, ce qui permet de dépasser les indicateurs d'analyse classiques comme la seule évolution du chiffre d'affaires. Il suffit d'identifier le client lors du premier contact ou du premier achat (généralement au moment du passage en caisse) en entrant ses caractéristiques dans la base de données, pour pouvoir réaliser ensuite divers traitements. La capacité de stockage plus ou moins importante et le niveau de performance des logiciels installés permettront des analyses plus ou moins fines.

EXEMPLE Le simple passage en caisse d'une carte de fidélité permet de connaître le montant du panier moyen, la fréquence d'achat, la structure des achats, la sensibilité aux offres promotionnelles, l'intérêt ou le désintérêt pour les marques de distributeur, etc.

b. Une stratégie commerciale affinée

Grâce à la base de données clients, l'unité commerciale peut réaliser des opérations de notation (*scoring*) pour évaluer sa clientèle et classer les clients selon leur intérêt commercial, ou encore constituer des groupes de clients ayant un comportement identique.

EXEMPLE La méthode RFM (Récence Fréquence Montant) permet de « noter » les clients d'une unité commerciale, de repérer ceux à récompenser pour leur fidélité, mais aussi de recenser ceux qu'il convient de garder en appliquant par exemple la méthode des 20/80.

Ainsi, l'unité commerciale est davantage en mesure de fournir une réponse adaptée aux attentes des clients, et augmente ainsi ses chances de prolonger la relation commerciale.

2.3. Se différencier de ses concurrents

a. Une relation commerciale de qualité

Aujourd'hui, les consommateurs sont de plus en plus attentifs à la qualité relationnelle avec le personnel des unités commerciales à leur égard, qu'il soit commercial ou de contact, même s'ils restent toujours très sensibles au prix.
Ce phénomène vaut aussi pour les unités commerciales qui ne sont pas censées privilégier cet aspect, par exemple du fait de leur grande taille (comme les grandes surfaces alimentaires).
De plus, les unités commerciales virtuelles connaissent ces dernières années une progression fulgurante, tant du point de vue du volume des transactions que du chiffre d'affaires. Il est donc important de préserver l'intérêt du client pour les UC physiques, en soignant la qualité de l'accueil, en présentant une offre théâtralisée incitant aux achats d'impulsion, ou encore en formant des vendeurs qualifiés.

b. Un moyen original de communiquer

Divers magazines ou instituts publient régulièrement les résultats d'études sur la qualité de la relation commerciale ou ses composantes (les réclamations par exemple).

EXEMPLE L'institut TNS-SOFRES et l'Institut Bearing organisent depuis 7 ans le Podium de la Relation Client. Ce podium est issu d'une étude réalisée auprès de 4 067 internautes représentatifs de la population française répondant à un questionnaire ayant pour thème la relation avec la clientèle et portant sur 175 entreprises dans plus de 11 secteurs. Les résultats de cette enquête permettent de décerner des prix aux entreprises qui se sont distinguées de façon positive dans leur approche et le traitement de leur clientèle.

Les entreprises primées communiquent ainsi en mentionnant leur distinction. Elles améliorent leur notoriété et leur image auprès du public et auprès de leur clientèle potentielle. De plus, elles augmentent leur crédibilité auprès des clients actuels, rassurés par un tel indicateur.

EXEMPLE Bouygues Telecom intègre dans son slogan qu'elle est l'entreprise offrant « le meilleur de la relation client ».

Mots-clés

CONTACT COMMERCIAL, CAPITAL CLIENT, BASE DE DONNÉES, FIDÉLISATION, PROSPECT

2 Les unités commerciales physiques

1. Portrait des UC physiques
1.1. Une définition simple pour une réalité multiple
1.2. Les différents types d'UC physiques
1.3. L'encadrement légal
2. Le regroupement d'UC
2.1. Le centre commercial
2.2. Le réseau

Lorsqu'on parle d'unités commerciales, on a tendance à gommer la variété des réalités qui les recouvre. Si, jusque dans les Trente Glorieuses, le commerce était en France le fait unique de petites unités à caractère local et familial, la croissance économique d'après-guerre a profondément modifié le paysage et a fait naître de nouvelles entités.

1. Portrait des UC physiques

1.1. Une définition simple pour une réalité multiple

a. Définition de l'unité commerciale physique

L'UC physique est un espace réel de présentation et de vente de produits manufacturés (ou légèrement transformés). C'est un lieu d'échange et de transaction entre deux personnes : le prospect et le personnel de contact de l'unité commerciale. La logique qui guide les propriétaires des unités commerciales est le profit.

Remarque

La finalité de l'action (but lucratif ou non) distingue les unités commerciales des associations et des administrations.

b. De nombreux critères

Si l'on veut décrire une unité commerciale de façon plus précise, on dispose de nombreux critères tant qualitatifs que quantitatifs.

Indicateurs qualitatifs	Indicateurs quantitatifs
– Assortiment – Positionnement – Méthode de vente – Localisation – Statut de la clientèle	– Chiffre d'affaires – Surface de vente – Nombre de salariés – Niveau de prix – Nombre de références

Très souvent aussi, par souci de simplicité, on caractérise l'UC très simplement en mentionnant le nom de la surface de vente qui reçoit la clientèle (*front office*) où le lieu où se trouvent les bureaux du personnel ou la réserve (*back office*).

c. Une idée originale : la notion de concept

Un concept est un résumé à la fois du type de produit proposé et de la manière originale de le vendre.

EXEMPLE Nature et Découvertes, qui commercialise des produits en rapport avec la nature, met en scène un espace qui fait oublier le caractère commercial et qui évoque la nature (bruits, parfums et luminosité étudiée).

1.2. Les différents types d'UC physiques

Dénomination	Descriptif	Localisation	Superficie
Hypermarché (ex. : Carrefour)	Plus d'un tiers du CA dans l'alimentaire	Hors des villes	+ 2500 m^2
Magasin populaire (ex. : Monoprix)	Entre un tiers et deux tiers du CA dans l'alimentaire	En centre-ville	Entre 400 et 2500 m^2
Grand magasin (ex. : Galeries Lafayette)	Moins d'un tiers du CA dans l'alimentaire	Centre commercial ou centre-ville	+ 2500 m^2
Supermarché (ex. : Intermarché)	Plus de deux tiers du CA dans l'alimentaire	Centre-ville ou périphérie	Entre 400 et 2500 m^2
Maxidiscompte (ex. : Lidl)	CA réalisé majoritairement dans l'alimentaire	Variable	Surface variable
Supérette (ex. : Shopi)	Magasin alimentaire	Centre-ville	120 et 400 m^2
Magasin traditionnel (ex : Boulangerie)	Tout type de produit possible (alimentaire ou non)	Centre-ville ou centre commercial	Surface variable
Grande surface spécialisée (ex. : Decathlon, Besson chaussures, Kiabi.)	Pas de produits alimentaires ; se concentre sur des produits répondant à une même catégorie de besoins.	Périphérie ou zone d'activité commerciale (ZAC)	Surface variable

REMARQUE

L'énumération des différents types d'UC ne doit pas faire oublier les disparités en matière de chiffre d'affaires. La France est le pays européen qui compte la plus forte concentration de grandes surfaces au mètre carré. La grande distribution possède 70 % du marché alimentaire. (Source : Insee)

Dans le tableau ci-dessous, les variables descriptives retenues sont le poids de l'alimentaire dans le CA et la superficie. Pour être relativement complet, il est nécessaire d'ajouter la méthode de vente.

Méthode de vente	Caractéristiques	Exemple
Libre service	Le client se sert seul.	Lidl
Libre service assisté	Le client se sert seul mais peut solliciter l'aide de vendeurs ou de personnel de contact.	Leroy Merlin
Vente conseil	Le client ne peut pas être servi sans l'intervention d'un vendeur.	Une bijouterie

1.3. L'encadrement légal

a. La loi Royer

Cette loi du 27 décembre 1973 protège le commerce de proximité en imposant des procédures d'autorisation pour l'ouverture des grandes surfaces. Toute création ou extension d'un magasin de vente au détail doit faire l'objet d'une demande d'autorisation lorsque la surface de vente dépasse 1 000 m^2 pour une agglomération de moins de 40 000 habitants et 1 500 m^2 pour une commune de plus de 40 000 habitants.

b. La loi Raffarin

Cette loi de 1996 a durci la loi Royer en abaissant le seuil de surface de vente à 300 m^2 pour lutter contre le développement des *hard-discounters* qui échappaient aux obligations de la loi Royer avec des surfaces de vente réduites.

c. La loi de modernisation de l'économie (LME)

Cette loi du 4 août 2008 a annulé le dispositif précédent, accusé de freiner la concurrence et d'être source d'inflation. Elle a supprimé l'autorisation pour les surfaces de moins de 800 m^2 afin de favoriser la lutte concurrentielle entre les unités commerciales de grande taille et contribuer ainsi à baisser le niveau général des prix.

2. Le regroupement d'UC

2.1. Le centre commercial

a. Définition

Un centre commercial est un ensemble d'au moins 20 magasins et services totalisant une surface commerciale utile (dite surface GLA) minimale de 5 000 m^2. Il est conçu, réalisé et géré comme une entité.

Les magasins constituent des entités commerciales distinctes n'ayant pas le même propriétaire.

b. Les différents types de centres commerciaux

Dénomination	Surface GLA	Nombre de magasins et services	Étendue de la ZDC
Centres commerciaux super régionaux (ex. : Créteil Soleil)	> 80 000 m^2	Au moins 150	+++
Centres commerciaux régionaux (ex. : Cap 3000)	> 40 000 m^2	80	++
Grands centres commerciaux	> 20 000 m^2	Au moins 40	++
Petits centres commerciaux	> 5 000 m^2	Au moins 20	+
Centres à thème (ex. : Marques Avenue)	Taille variable	Nombre variable Déstockage de réseaux	+++

Actuellement, la fréquentation des centres commerciaux tend à stagner du fait de l'augmentation du prix du carburant et de la situation géographique parfois éloignée de ces zones commerciales.

2.2. Le réseau

a. Définition

Selon l'INSEE, un réseau est un ensemble de points de vente lié à une tête de réseau et qui entretiennent des relations durables en établissant une communauté d'intérêts. Ces relations peuvent être de différentes natures :

Nature de la relation	Forme de réseau	Caractéristique
Relation juridique et financière	Réseau intégré (succursale)	Subordination des points de vente à la tête de réseau.
Relation contractuelle	Réseau associé (franchise, groupement)	Échange de savoir-faire, produits et formation entre les membres au contrat. Franchiseur et franchisé sont juridiquement distincts et indépendants.

b. Intérêts

- La présence spatiale plus grande permet une meilleure couverture du territoire, optimisant ainsi les possibilités de réaliser un CA croissant.
- Des économies sur les coûts sont possibles du fait du volume des commandes, ce qui exerce une pression sur les fournisseurs pour obtenir des prix bas.
- La plus grande notoriété attire les consommateurs.
- Les opportunités sont plus nombreuses grâce à l'existence d'infrastructures spécialisées au niveau de la tête de réseau, qui pratiquent une politique de veille commerciale active et sont donc particulièrement performantes dans la conception de nouveaux produits ou l'exploitation de concepts porteurs.
- Une aide à la formation du personnel et aux méthodes de management est souvent proposée par la tête de réseau, ce qui permet aux unités commerciales locales d'être plus rentables.

REMARQUE

Les réseaux connaissent un fort développement aussi bien dans la vente de produits (ex. : Célio) que dans les services (ex. : salons de coiffure Jean-Louis David), au détriment des commerces indépendants traditionnels, dont le nombre ne cesse de décroître.

Mots-clés

UNITÉ COMMERCIALE, CONCEPT, RÉSEAU, CENTRE COMMERCIAL, HYPERMARCHÉ, SUPERMARCHÉ

3 La vente à distance et les UC virtuelles

1. La vente à distance (VAD)
1.1. Définition, caractéristiques et composantes
1.2. La montée en puissance du commerce électronique
2. Acteurs et stratégies liées au commerce électronique
2.1. Les acteurs
2.2. La stratégie de la complémentarité

La vente par correspondance (VPC) est apparue en France à la fin du XIXe siècle. Elle a connu une croissance régulière tant qu'elle s'appuyait essentiellement sur le support catalogue. L'apparition d'Internet et son développement au sein des foyers français ont ouvert aux entreprises de VPC de nouvelles perspectives commerciales.

1. La vente à distance (VAD)

1.1. Définition, caractéristiques et composantes

a. Définition de la VAD

Selon l'article L. 121-16 du Code de la consommation, constitue une vente à distance toute vente d'un bien ou toute fourniture d'une prestation de service conclue sans la présence physique des parties, entre un consommateur et un professionnel qui, pour la conclusion de ce contrat, utilisent exclusivement une ou plusieurs techniques de communication à distance.

NE PAS CONFONDRE

La notion de vente à distance (VAD) est plus large que le e-commerce. Celui-ci n'est que l'un des aspects de la VAD, même s'il connaît de loin la croissance la plus spectaculaire et qu'il augmente également en proportion.

b. Caractéristiques et composantes de la VAD

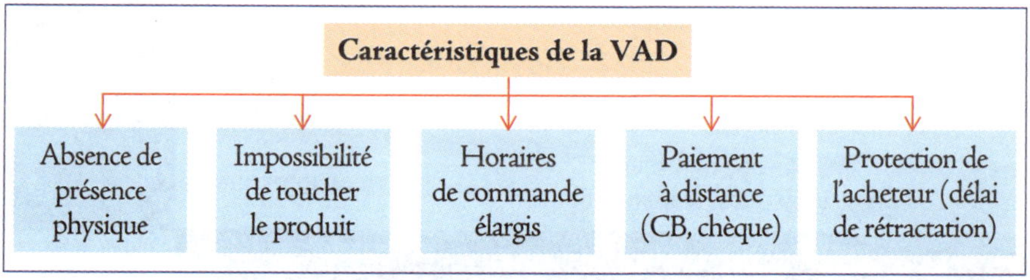

Technique de communication	Type de commerce
Catalogue	VPC
Internet	e-commerce
Courrier	VPC
Téléphone	Vente par téléphone/ VPC
Télévision	Téléachat

Les destinataires de la vente à distance peuvent être aussi bien des professionnels que des particuliers.

EXEMPLE Depuis plusieurs années, JM Bruneau vend du mobilier et des fournitures de bureau aux professionnels, exclusivement par catalogue.

Cependant, les deux cibles ne sont pas représentées de façon égale. Actuellement, les particuliers sont largement majoritaires et l'écart se creuse avec Internet.

1.2. La montée en puissance du commerce électronique

a. Les chiffres du e-commerce

	Critères	Informations
Concernant l'offre	Chiffre d'affaires	25 Mds € (total de la VAD en France : 30 Mds €)
	Progression du CA	+ 25 % en 2009
	Montant moyen d'une transaction en ligne	90 €
	Progression du nombre de sites marchands actifs	+ 35 % de 2008 à 2009. Le nombre d'entreprises a triplé entre 2006 et 2009.
Concernant la demande	Principaux produits ou services achetés en ligne	Voyage, tourisme, produits techniques, produits culturels, habillement, maison
	Profil des acheteurs en ligne	Il n'y a plus de variable discriminante, que ce soit le sexe, l'âge, la CSP, ou le lieu d'habitation.
	Nombre d'acheteurs en ligne	25 millions de Français pour 35 millions d'internautes 20 % des entreprises françaises

(Sources : Fevad, Eurostaf, Médiamétrie, GFK)

b. Les contraintes légales

Le droit français est très protecteur vis-à-vis des clients de la vente à distance, avec un droit de rétractation dans les 7 jours qui suivent la commande. La loi Chatel, entrée en vigueur le 1er juin 2008, a renforcé le droit des consommateurs avec :

- l'obligation d'annoncer une date limite de livraison ;
- le droit du consommateur de contacter le commerçant par téléphone sans coût complémentaire. Ainsi, lorsque le consommateur souhaite suivre l'exécution de sa commande, exercer son droit de rétractation ou faire jouer la garantie, il supporte uniquement le coût de communication. En revanche, cette interdiction de facturation de coût complémentaire spécifique ne s'applique pas aux appels portant sur de simples renseignements ;
- depuis 1er juin 2008, les entreprises sont obligées de fournir une information complète à leurs clients sur le cadre juridique applicable au droit de rétractation.

2. Acteurs et stratégies liées au commerce électronique

2.1. Les acteurs

a. Du point de vue de l'offre

On distingue trois types d'offreurs sur Internet, selon le caractère exclusif ou non de leur activité sur Internet :

– les *pure player*, qui vendent uniquement sur Internet ;

EXEMPLE amazon.fr, telemarket.fr, sarenza.com.

– les *click and mortar* (clic et mortier), qui vendent à la fois dans des lieux physiques et sur des sites Internet ;

EXEMPLE www.celio.fr, www.fnac.com, www.natureetdecouvertes.com.

– les *brick and mortar* (brique et mortier), qui vendent uniquement sur des lieux physiques.

EXEMPLE Le créateur de mode Armand Ventilo.

Aujourd'hui la tendance est plutôt au développement des stratégies d'acteurs « clic and mortar » aussi bien pour les grands réseaux que les unités commerciales de taille modeste.

REMARQUE

Seuls les sites marchands sont concernés. Les sites vitrines, qui ne font que diffuser des informations et messages à caractère commercial, sont considérés comme une composante de la politique de communication de l'entreprise et non comme un « clic » (www.lancel.com par exemple).

b. Du point de vue de la demande

Au début du commerce électronique, le profil de l'acheteur était plutôt spécifique (homme d'une trentaine d'années de catégorie socioprofessionnelle plutôt aisée) ; aujourd'hui, avec l'augmentation de l'équipement en informatique et l'explosion des abonnements Internet, toute la population est susceptible d'acheter par le biais du commerce électronique des produits ou services de plus en plus nombreux. Le commerce par Internet touche tous les milieux et concerne tous les produits.
Il concerne également les entreprises et la vente en B to B dans des proportions certes encore modestes, mais à la progression intéressante et prometteuse.

2.2. La stratégie de la complémentarité

a. L'intérêt du multicanal pour les entreprises et ses conséquences

Les entreprises *click and mortar*, qui possèdent donc des unités commerciales physiques et virtuelles, sont motivées par la volonté d'étendre leur zone de chalandise et le nombre de clients potentiels, tout en limitant les investissements.
Il s'agit aussi d'une volonté de marquer sa présence face à la concurrence et d'assurer une plus grande visibilité, un plus grand rayonnement de l'enseigne.

Du point de vue de la gestion commerciale, la coexistence de canaux différents soulève un certain nombre de problèmes que l'entreprise doit résoudre au plus vite pour éviter les risques de cannibalisation. Elle doit notamment veiller à concevoir sa base de données clients de façon globale, et pas seulement associée au moyen par lequel le prospect est devenu client. L'existence de plusieurs canaux doit multiplier les opportunités de commander et non les restreindre.

EXEMPLE Vertbaudet gère différemment sa relation commerciale dans ses magasins et sur son site marchand (www.vertbaudet.com) : les offres commerciales restent strictement liées au canal utilisé. Un client qui a acheté dans un magasin Vertbaudet ne recevra pas les mêmes promotions que celui qui a acheté par le biais d'Internet. Les promotions ne seront valables que pour un type de canal.

b. Les nouvelles stratégies des clients

Le commerce électronique sert de nouvelles stratégies chez les consommateurs, qui utilisent ce canal pour se renseigner et comparer les offres avec celles des UC physiques. Cela leur permet d'argumenter et de discuter davantage les prix dans les UC physiques en s'appuyant sur les informations du site Internet. Le développement des smartphones facilite également la comparaison des offres commerciales et rend possible la négociation, preuve à l'appui.

REMARQUE

Les comparateurs de prix (ex. : Kelkoo.fr) répondent à cette préoccupation : ils permettent l'optimisation des recherches sur Internet et fournissent une bonne base sur les prix généralement pratiqués.

À l'inverse, les clients repèrent les produits sur Internet, vont les essayer dans l'UC physique, puis achètent sur Internet si le prix du produit y est plus avantageux.
Avec la banalisation de l'usage d'Internet, les clients pensent l'offre de façon globale et le type de canal devient un élément secondaire de la stratégie d'achat. Ils ne sont plus freinés par l'utilisation d'une technologie particulière et profitent des meilleures offres. De même, ils capitalisent les offres spéciales et les cadeaux de fidélité et les utilisent à leur gré.

Mots-clés

VENTE À DISTANCE (VAD), VENTE PAR CORRESPONDANCE (VPC), COMMERCE ÉLECTRONIQUE, TÉLÉACHAT, *PURE PLAYER*, *CLICK AND MORTAR*, *BRICK AND MORTAR*, STRATÉGIE MULTICANAL, LOI CHATEL

4 La clientèle de l'unité commerciale

1. L'analyse géographique de la clientèle de l'UC
1.1. La localisation de l'UC et l'étude de la zone de chalandise
1.2. L'ampleur de la zone de chalandise
2. L'évaluation du potentiel économique de la clientèle
2.1. Le calcul du marché potentiel de l'unité commerciale
2.2. Les indicateurs de performance et l'analyse de la clientèle

Le développement et la pérennité de l'unité commerciale dépendent de sa localisation, de son attractivité et de la connaissance économique et structurelle de sa clientèle potentielle.

1. L'analyse géographique de la clientèle de l'UC

1.1. La localisation de l'UC et l'étude de la zone de chalandise

a. L'accessibilité et l'attractivité : deux facteurs essentiels de réussite

L'accessibilité et l'attractivité influencent la fréquentation d'une unité commerciale :
- l'accessibilité facilite la venue des clients ; elle dépend de la qualité du réseau routier, de la présence de transports en commun, des facilités de parking… ;
- l'attractivité est l'intérêt pour le client de venir dans le point de vente ; elle dépend du type d'offre, des services associés, de la qualité du contact commercial…

Remarque

Pour le e-commerce, l'accessibilité correspond à la facilité d'accès et de navigation sur le site marchand (référencement, ergonomie du site…) ; l'attractivité correspond à la qualité de l'offre proposée (assortiment, prix, délai de livraison…).

b. La notion de zone de chalandise

La zone de chalandise (ou « zone d'attraction commerciale » ou « aire de marché ») correspond au territoire géographique sur lequel résident les consommateurs potentiels et réels. Elle se divise généralement en trois sous-zones :
- la zone primaire : c'est la zone la plus proche, et le cœur de cible de l'unité commerciale ; elle concentre la majorité des clients et le taux d'emprise y est élevé (60 à 70 % des clients potentiels) ;
- la zone secondaire : le périmètre est plus éloigné ; le taux d'emprise est intermédiaire (15 à 25 %), la concurrence est forte, la clientèle est plus volatile ;
- la zone tertiaire : c'est la zone la plus éloignée de l'UC ; le taux d'emprise est faible, la clientèle est marginale.

Remarque

Lorsqu'elles ne sont pas en contact géographique direct avec l'UC, les zones de chalandise peuvent être « éclatées ». C'est le cas de certaines GSS ou centres commerciaux régionaux qui génèrent une forte attractivité (ex. : Grand Littoral Marseille) ou encore de la VAD ou du e-commerce, où le client peut être très éloigné géographiquement (on parle de proximité relationnelle).

Avant tout projet d'implantation, d'extension ou de création d'un nouveau rayon dans le point de vente, l'étude de la zone de chalandise permet de vérifier la rentabilité et d'évaluer le potentiel théorique du projet.

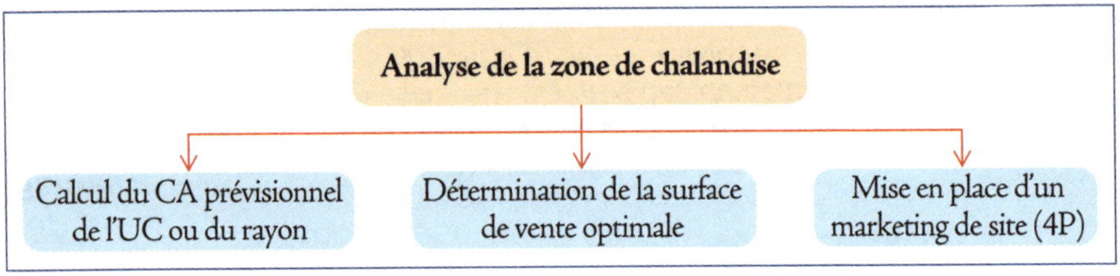

Au cours de son exploitation, l'UC peut réévaluer sa zone de chalandise régulièrement, pour mesurer l'efficacité de ses stratégies commerciales, comparer ses résultats à ceux de ses concurrents et mettre en place des actions correctives.

c. La mesure et les méthodes d'évaluation de la zone de chalandise

La zone de chalandise peut être mesurée par tracé sur une carte géographique. Il s'agit de courbes isochrones (tenant compte du temps de parcours jusqu'au point de vente) ou isométriques (évaluant la distance parcourue par le client) en fonction du taux d'emprise estimé (part de marché de l'UC). On détermine fréquemment plusieurs courbes délimitant les zones primaire, secondaire et tertiaire.
Pour définir ces aires de marché, diverses méthodes peuvent être utilisées :

Méthode	Source des informations utilisées
Enquêtes sur les temps de déplacement	Observations sur le terrain ou logiciels de géomarketing (ex. : Astérop, Géoconcept)
Enquêtes sur les habitudes de fréquentation	Enquêtes par questionnaire auprès de la clientèle de l'UC
Logiciels de géomarketing et bases de données commerciales	Données externes sur les marchés locaux (logiciels de géomarketing, INSEE...), bases de données internes (cartes de fidélité...)

EXEMPLE En 2009, l'enseigne Picard a ouvert entre 45 et 50 nouveaux points de vente en France. Elle a utilisé un logiciel de géomarketing (Astérop) pour définir (à 500 mètres près) ses nouvelles implantations : pour être rentable en centre-ville, la zone de chalandise doit ainsi comprendre entre 8 000 et 10 000 ménages.

1.2. L'ampleur de la zone de chalandise

La taille de la zone de chalandise dépend de nombreux paramètres. Quatre facteurs principaux d'influence sont retenus.

a. L'intensité concurrentielle

Le nombre, la taille, le dynamisme commercial, l'offre et le positionnement des concurrents ont une forte incidence sur l'ampleur de la clientèle potentielle. La présence de points de vente de même nature dans une même zone commerciale peut attirer davantage de chalands, qui pourront comparer facilement les offres proches. À l'inverse, des zones de cannibalisation peuvent apparaître, lorsque de mêmes enseignes sont présentes dans une zone de chalandise (elles sont alors concurrentes).

b. Les caractéristiques de la clientèle

Des informations quantitatives et qualitatives sur la clientèle potentielle permettent d'estimer le potentiel d'une zone : nombre de ménages, composition, PCS (profession et catégorie sociale), revenus, fréquentation, habitudes d'achat…

c. L'attrait de l'unité commerciale

Pour les clients, l'attractivité d'une UC repose sur trois facteurs liés :
- l'enseigne : elle attire lorsqu'elle est connue :
- le format de l'UC, son degré de spécialisation, son intégration à un réseau : ils impactent le trafic;
- la largeur, la profondeur, hauteur de l'assortiment et les services associés : ils permettent une différenciation.

d. L'environnement

L'ampleur de la zone de chalandise dépend de l'attractivité de la région et des points éventuels d'intérêt. Certaines zones ont une densité de population élevée, d'autres bénéficient d'un apport ponctuel de clientèle (tourisme, loisirs…). À l'inverse, des obstacles matériels (ville à traverser, route en mauvais état…) ou psychologiques (proximité d'un hôpital, d'un cimetière, quartier sensible…) peuvent minimiser l'intérêt.

2. L'évaluation du potentiel économique de la clientèle

2.1. Le calcul du marché potentiel de l'unité commerciale

a. Méthodologie

Phase 1	→	Phase 2	→	Phase 3	→	Phase 4
Détermination de la zone de chalandise	→	Calcul du marché potentiel théorique	→	Calcul du marché potentiel réel	→	Calcul du CA potentiel maximal

b. Calcul du marché potentiel théorique (MPT)

Le MPT correspond aux dépenses totales des clients de la zone de chalandise : MPT = dépenses locales moyennes par ménage × nombre de ménages.

Deux indicateurs permettent d'affiner la dépense moyenne locale par ménage :
- l'indice de richesse vive (IRV) permet de connaître le pouvoir d'achat des ménages d'une région par rapport à la moyenne nationale; un IRV supérieur à 1 signifie que les ménages de la zone disposent d'un budget plus important que la moyenne nationale pour un poste de dépense (et inversement);
- l'indice de disparité de la consommation (IDC) permet de connaître les disparités de consommation locales; un IDC supérieur à 100 signifie que les ménages de la zone consomment davantage une famille de produits/services que la moyenne nationale (et inversement).

c. Calcul du marché potentiel réel (MPR)

Il s'agit de calculer les dépenses commercialisables sur site, c'est-à-dire les dépenses réellement engagées par les ménages dans la zone de chalandise.

Marché potentiel théorique	+	Attraction commerciale : achats des clients qui ne résident pas dans la zone de chalandise	+	Évasion commerciale : dépenses des ménages en dehors de la zone de chalandise	=	Marché potentiel réel

d. Calcul du CA potentiel maximal et détermination de la surface optimale de vente

Marché potentiel réel – CA des concurrents = CA potentiel maximal
ou Marché potentiel réel × taux d'attraction (% que l'UC peut espérer détenir) = CA potentiel maximal

Généralement, le CA potentiel (ou prévisionnel) est réalisé au terme de 3 années d'activité. L'INSEE et certaines revues professionnelles publient des normes de CA au mètre carré en fonction de l'activité :

surface de vente optimale = CA potentiel / normes de CA au m^2.

2.2. Les indicateurs de performance et l'analyse de la clientèle

a. Les indicateurs de performance

L'objectif est d'exploiter au mieux le potentiel de l'UC et d'enregistrer les meilleures performances possibles. On peut calculer des ratios qui permettront de mesurer l'attractivité sur la zone de chalandise et d'instaurer des actions correctives.

Taux de pénétration	$\frac{\text{Nombre de clients de l'UC}}{\text{Nombre de ménages de la zone de chalandise}}$
Taux d'emprise	$\frac{\text{CA réalisé}}{\text{Dépenses commercialisables sur site}}$
Indice de performance	$\frac{\text{CA réalisé}}{\text{CA potentiel}}$
Taux de nourriture	$\frac{\text{Pourcentage des achats effectués}}{\text{Clients les plus fidèles}}$
Panier moyen	$\frac{\text{CA}}{\text{Nombre de passages en caisse}}$

b. L'analyse structurelle de la clientèle

L'analyse structurelle de la clientèle détermine de nombreuses actions commerciales, notamment dans le cadre de la mercatique relationnelle. Il est intéressant de diviser la clientèle en groupes, selon des critères socio-démographiques, géographiques ou comportementaux (fréquence d'achat, quantités achetées) pour mettre en place un marketing de site adapté et des actions commerciales ciblées.

Mots-clés

ZONE DE CHALANDISE, GÉOMARKETING, MARCHÉ POTENTIEL THÉORIQUE (MPT), MARCHÉ POTENTIEL RÉEL (MPR), DÉPENSES COMMERCIALISABLES SUR SITE (DCS), INDICE DE RICHESSE VIVE (IRV), INDICE DE DISPARITÉ DE LA CONSOMMATION (IDC), ÉVASION COMMERCIALE, ATTRACTION COMMERCIALE, CA POTENTIEL, TAUX D'EMPRISE

5 Le comportement des clients de l'UC

1. Le processus de choix
1.1. Le choix de l'unité commerciale
1.2. Le choix de l'offre
2. Connaître le client et le fidéliser
2.1. Connaître le comportement du client
2.2. La fidélisation

Comprendre ce qui motive le client à fréquenter une enseigne et à acheter permettent à l'UC d'optimiser son attractivité commerciale dans une logique de rentabilité et de fidélisation.

1. Le processus de choix

1.1. Le choix de l'unité commerciale

L'achat d'un produit ou d'un service suppose la fréquentation d'une unité commerciale, physique ou virtuelle. Pour le client, le choix de l'UC est le premier arbitrage qu'il doit réaliser. Deux variables influencent ce choix.

a. La nature de l'achat

Selon la nature des produits ou services recherchés, la démarche du client et les critères de choix de l'unité commerciale varient.

Nature du produit/ service	Critères de choix de l'UC et démarche du client	Exemple
Achat routinier (alimentation, entretien, hygiène…)	– Logique d'achat « malin » : promotion, lot, comportement opportuniste. – L'achat est régulier, listé, mais parfois impulsif. – Recherche de la proximité, de la facilité (ex : temps de déplacement limité, peu d'attente aux caisses…). – Le client ne recherche pas l'information, les comparaisons de prix ne sont pas faciles.	– Hard-discount (ex. : ED) – GSA (grande surface alimentaire) Ex. : Carrefour Market, Auchan, www.ooshop.com
Achat impliquant ou réfléchi (bien d'équipement, service bancaire…)	– Besoin d'un grand choix de produits, de marques, de prix, d'offres packagées, de services associés. – Besoin de conseil et d'une relation personnalisée. – Recherche d'informations et comparaison des offres (caractéristiques techniques, prix, garanties, SAV…).	– Hypermarché – Grande surface spécialisée (ex. : Boulanger) – site marchand (ex. : FNAC.com) – Banque
Achat différencié ou de conviction (vêtement de marque, produit de luxe…)	– L'UC choisie est celle qui distribue l'offre recherchée. – Le client axe sa démarche sur la recherche de distributeurs de la marque et des produits (distribution sélective ou exclusive).	– Boutique spécialisée – Grand magasin (ex. : Le Printemps) – Site marchand (ex. : Burberrys.com)

La visite dans l'UC répond à deux types de besoins pour le client :
- besoins individuels : tenir son rôle social dans sa famille (faire les courses, placer son argent...), s'informer, être informé des nouveautés, se faire plaisir, se distraire… ;
- besoins sociaux et commerciaux : faire une bonne affaire, faire partie d'une « tribu », acquérir un statut en fréquentant certains points de vente…

REMARQUE

- Les concept-stores (commerces proposant un assortiment thématique) sont en plein développement, car ils répondent parfaitement au plaisir de se rendre en magasin et de profiter d'une ambiance qui suscite des émotions.
- De nouvelles stratégies de consommation voient le jour : le site www.achetons-groupes.com propose aux consommateurs intéressés par un même produit de se regrouper pour négocier le prix à l'achat.

b. Le marketing d'entrée

C'est l'ensemble des actions visant à inciter les clients à entrer dans le point de vente.

Pour le client, le choix de l'UC repose sur la combinaison de 3 facteurs :

- **L'emplacement de l'UC :** le client privilégie une UC située dans une zone attractive, facile d'accès, avec des commodités (parking, restaurant…).
- **Les prix pratiqué :** le prix fait partie intégrante de la stratégie d'achat.
- **La notoriété, la confiance** (conseil, respect des engagements) : un client qui achète prend un risque, l'UC doit lui inspirer confiance.

Le marketing d'entrée invite le client à pousser la porte par curiosité, pour comparer, apprécier l'avantage économique qu'il peut en retirer. Pour les UC, cela passe par des extérieurs attractifs : enseigne, architecture, mise en scène des produits en vitrine… Pour le e-commerce, le référencement d'un site dans les premières pages d'un moteur de recherche est un gage de visibilité. De même, la page d'accueil doit inviter l'internaute à feuilleter le catalogue en ligne.

1.2. Le choix de l'offre

a. Les étapes du processus achat

La concrétisation d'un achat résulte toujours du même processus, qui peut être plus ou moins long selon la nature du bien acheté :

N°	Description de l'étape
1	**Naissance du besoin :** sentiment de manque ou d'insatisfaction. Le besoin est lié à des stimuli individuels, commerciaux, sociaux, généralement combinés.
2	**Recherche d'informations** sur les produits, les marques, les enseignes, les services associés… Le client fait appel à son expérience d'achat (consommations antérieures) et se documente aussi à l'extérieur (presse, vendeurs, amis, Internet, brochures…).

N°	Description de l'étape
3	**Évaluation des solutions potentielles :** définition et hiérarchisation des critères de choix selon les attentes, les motivations et les freins ; comparaison des solutions envisageables. Le prix peut être un critère de choix essentiel, mais il est généralement associé à « l'image-prix », c'est-à-dire au positionnement perçu par le client.
4	**Décision d'achat :** le client procède par éliminations successives : marques, produits, enseignes et/ou unités commerciales. Selon la nature des produits, le client sera plus ou moins enclin à faire des efforts.
5	**Réalisation de l'achat :** l'acte d'achat contribue à l'expérience d'achat du consommateur : le contexte d'achat (l'UC et son environnement), ainsi que le personnel de contact jouent un rôle primordial.
6	**Effets post-achat :** l'achat agit sur le plan comportemental et psychologique. Un client déçu modifiera ses habitudes d'achat et de consommation, il ne sera pas fidèle…

Certaines étapes du processus peuvent être inexistantes ; par exemple, un achat impulsif, fondé sur l'émotion, sera rapide, sans recherche d'information.

b. La longueur des processus de choix et la diversité des intervenants

L'achat du produit ou du service peut être prévu, programmé, pour :
- les achats réfléchis (processus long) ;
- les achats routiniers (processus court ou instantané).

Au contraire, l'achat peut être imprévu, comme :
- les achats d'impulsion (processus court) ;
- les achats de substitution (processus court ou long ; ex. : produit en rupture).

Lors de l'achat, le client est influencé par son environnement. La cellule d'achat englobe tous les intervenants de la prise de décision : utilisateur, acheteur, décideur, prescripteur (celui qui recommande le produit), leader d'opinion… Cette cellule d'achat peut interférer dans la prise de décision et donc dans la réalisation de l'achat : l'acheteur peut chercher à minimiser le coût d'achat, et ce au détriment de l'utilisateur ; un enfant sera prescripteur pour les achats de confiseries…

c. Le marketing de transformation

Il concerne l'ensemble des actions qui transforment le visiteur en client. Pour ce faire, les UC utilisent des outils variés visant à améliorer la qualité et concernant :
- l'offre de produits et services : assortiment, prix, services associés… ;
- la relation de service et le confort d'achat : accueil, conseil, disponibilité des vendeurs, gestion des files d'attente… ;
- le marchandisage : attractivité des linéaires, ILV/PLV ;
- les animations commerciales : démonstrations, dégustations, événements ;
- l'agencement de l'UC : disposition des rayons, espaces de contact clientèle ;
- l'ambiance et l'atmosphère d'achat : musique, diffusion d'odeurs, éclairage…

Pour les UC virtuelles, divers éléments comme l'ergonomie, la rapidité de navigation sur le site, la reconnaissance du client, la personnalisation des offres, la qualité de présentation des produits… doivent permettre de pallier aux inconvénients majeurs du e-commerce (isolement, absence de conseil, impossibilité de toucher les produits, sécurité des paiements…).

2. Connaître le client et le fidéliser

2.1. Connaître le comportement du client

L'unité commerciale doit connaître le comportement et le degré de satisfaction des clients pour adapter son offre et fidéliser sa clientèle. Il est plus rentable d'entretenir la relation commerciale plutôt que de conquérir de nouvelles cibles. Un client fidèle a un panier moyen élevé, il faut donc chercher à prolonger le « cycle de vie ».
Pour connaître ses clients, l'UC dispose de différents moyens :

Moyens internes	Moyens externes
– Étude de la zone de chalandise – Tableaux de bord (évolution du panier moyen, statistiques de ventes...) – Enquêtes de satisfaction, de notoriété – Données des programmes de fidélisation – Analyse des réclamations	– Mégabases de données – Panels de distributeurs – Panels de consommateurs (Ces moyens sont du ressort des têtes de réseau.)

2.2. La fidélisation

Un client satisfait est plus captif (fidèle). Malgré tout, la satisfaction est une condition nécessaire mais non suffisante de la fidélité. L'UC doit construire avec sa clientèle une relation durable et de confiance. Cela doit l'amener à sélectionner les segments de clientèle les plus porteurs ou les plus prometteurs et faire des choix de mercatique de fidélisation adaptés (personnalisation de la relation ou mercatique *one to one* pour rendre personnaliser, individualiser et adapter l'offre).

EXEMPLE De nombreuses enseignes investissent les réseaux sociaux : pour la Saint-Valentin, La Redoute a proposé pendant 5 jours une collection spéciale uniquement accessible et payable sur Facebook.

L'UC doit être à l'écoute de ses clients, nouer des contacts avec eux, mettre en place une relation de proximité et proposer une offre sur mesure.
Différents outils de fidélisation peuvent être utilisés :
- carte de fidélité, carte Club : (ex : carte Club Botanic, payante) ;
- carte privative avec services associés (paiement par exemple) (ex : carte Surcouf) ;
- publipostage (mailing) ; e-mailing ;
- lettre d'information, newsletter ;
- suivi de la satisfaction avec des enquêtes post-achat (ex : Darty envoie systématiquement un questionnaire à ses clients après achat de biens d'équipement) ;
- service Consommateurs (ex. : numéro d'appel consommateurs de Carrefour) ;
- espace personnel sur le site marchand (profil, suivi de commandes...) ;
- adhésion à des listes de diffusion, des forums, des communautés, réseaux sociaux ;
- action de marketing viral (ex. : parrainage, vente privée).

Mots-clés

ACHAT IMPLIQUANT, ACHAT DIFFÉRENCIÉ, ACHAT IMPULSIF, ACHAT DE SUBSTITUTION, BESOINS INDIVIDUELS, BESOINS SOCIAUX, CELLULE D'ACHAT, MARKETING D'ENTRÉE, MARKETING DE TRANSFORMATION, MERCATIQUE *ONE TO ONE*, MERCATIQUE RELATIONNELLE

6 La concurrence

1. La concurrence locale
1.1. Le nombre et la localisation des concurrents
1.2. Les caractéristiques des concurrents
2. La veille concurrentielle et l'adaptation de la politique commerciale
2.1. Sources et objectifs de la veille concurrentielle
2.2. L'adaptation de la politique commerciale de l'UC

Pour maintenir ou développer ses parts de marché, l'UC doit connaître parfaitement son environnement concurrentiel.

1. La concurrence locale

1.1. Le nombre et la localisation des concurrents

L'importance de la concurrence locale dépend directement du nombre d'enseignes présentes dans la zone de chalandise et de leur localisation. Il est possible de calculer un indice de saturation :

$$\frac{\text{Dépenses commercialisables de la zone}}{\text{Surface totale des UC de la zone (en m}^2\text{)}}$$

Un indice faible suppose une concurrence forte : on parle de zone saturée. À l'inverse, si l'indice est élevé, la zone de chalandise offre alors de réelles opportunités.
Si les concurrents sont proches et nombreux, la clientèle potentielle peut être tentée de passer facilement d'un magasin à un autre (« zapping attitude ») : on parle de zone de bascule.
L'étude de la concurrence locale doit aussi prendre en compte les sites Internet marchands.

1.2. Les caractéristiques des concurrents

a. La typologie des concurrents

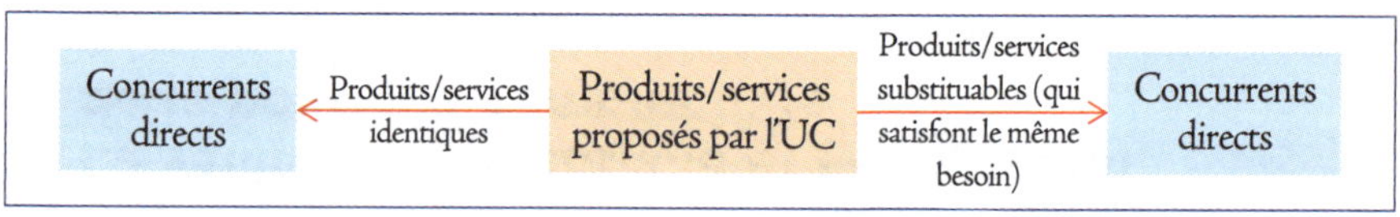

b. Le contexte d'exercice des concurrents

Informations sur les concurrents	Intérêt
Appartenance ou non à un réseau	L'appartenance à un réseau peut engendrer des contraintes commerciales (ex. : référencement imposé), mais peut aussi être une force pour l'UC (puissance d'achat, notoriété…).
Format, positionnement, degré de spécialisation	Le format conditionne la surface de vente, le concept et l'offre. L'UC peut choisir de s'aligner ou de se différencier : son offre sera spécialisée, généraliste ou thématique.
Facteurs d'attractivité	Les facteurs d'ambiance, l'accessibilité, les services associés… permettent la différenciation et attirent certaines cibles de clientèle.
Partenaires	Les concurrents peuvent nouer des contacts privilégiés avec certains fournisseurs, des acteurs locaux, institutionnels…

c. Le dynamisme des concurrents

La connaissance du marketing de site des concurrents, de leurs cibles et de leurs projets (agrandissement…) permet à l'UC de mettre en place des actions adaptées.

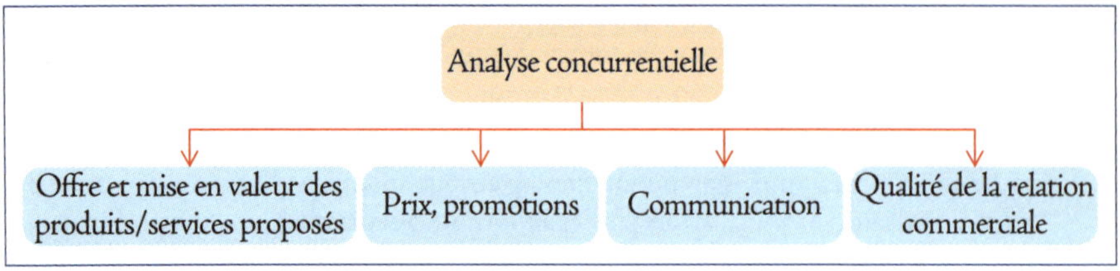

d. Les performances des concurrents

L'UC doit collecter des données permettant d'évaluer les performances commerciales et financières des principaux concurrents, afin de les comparer aux siennes (*benchmarking*). Les sources d'information sont variées : presse spécialisée, chambres de commerce et d'industrie, moteurs de recherche et annuaires d'entreprises (Verif, infogreffe, INPI…), services d'experts (entreprises spécialisées dans la veille concurrentielle).

2. La veille concurrentielle et l'adaptation de la politique commerciale

2.1. Sources et objectifs de la veille concurrentielle

L'unité commerciale peut utiliser diverses sources d'information :
- les sources internes : études ponctuelles auprès de la clientèle, études menées par la tête de réseau, remontées d'informations des clients… ;
- les sources externes : organismes spécialisés, CCI, prospectus des concurrents, etc.

La veille permet d'identifier le positionnement idéal de l'UC.

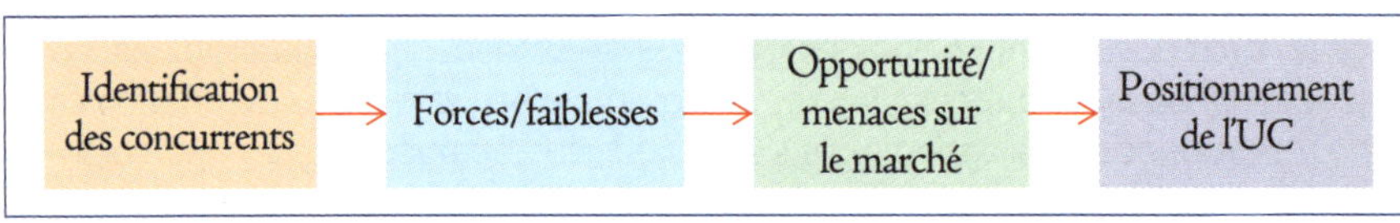

2.2. L'adaptation de la politique commerciale de l'UC

L'appartenance à un réseau conditionne l'adaptation de la politique commerciale :

UC indépendante	UC en réseau associé	UC en réseau intégré
Possibilité d'adaptation totale du plan de marchéage	Adaptation relative : la variable produits peut être adaptée (ex. : assortiment)	Adaptation relative : la variable prix est la plus flexible

Pour de nombreuses enseignes en réseau, l'adaptation s'opère grâce à la qualité de la relation commerciale (qualité de l'accueil, qualité du suivi clientèle…).

Mots-clés

INDICE DE SATURATION, ZONE DE BASCULE, CONCURRENCE DIRECTE, CONCURRENCE INDIRECTE, MARKETING DE SITE, *BENCHMARKING*, POSITIONNEMENT

7

Les partenaires institutionnels de l'UC

1. Les différents partenaires institutionnels
1.1. Définition
1.2. Les principaux acteurs et leurs rôles
2. Les enjeux de la relation avec les UC
2.1. Faciliter l'activité des unités commerciales
2.2. Favoriser un développement économique solide et durable
2.3. Faire respecter la réglementation

Les UC évoluent dans un cadre ouvert : elles sont en relation avec d'autres acteurs.

1. Les différents partenaires institutionnels

1.1. Définition

Le partenaire institutionnel se définit comme une entité morale ayant une structure déterminée et une finalité précise, et qui est en relation avec l'unité commerciale de façon régulière ou occasionnelle.

Remarque

Il faut bien distinguer acteurs de l'environnement et acteurs institutionnels : un client (particulier) est un acteur de l'environnement et non un partenaire institutionnel; une association de consommateurs est un partenaire institutionnel.

1.2. Les principaux acteurs et leurs rôles

Acteur	Rôle	Cadre d'intervention par rapport à l'entreprise		
		Amont	Interne	Aval
Banques et institutions financières	Financer l'activité de l'entreprise	●	●	●
Fournisseurs	Fournir les matières nécessaires à l'activité de l'entreprise	●	●	●
Collectivités territoriales	Assurer un développement économique harmonieux et équilibré de la région	●		
Associations de consommateurs	Préserver l'intérêt des consommateurs face aux UC			●
Syndicats	Préserver les intérêts des salariés face à l'employeur		●	●
Syndicats professionnels	Défendre les intérêts d'un domaine d'activité et d'une profession	●	●	●
Chambre de commerce et d'industrie (CCI)	Promouvoir une région	●	●	●

Remarque

En plus de ceux mentionnés dans le tableau, on trouve de nombreux autres partenaires au gré des situations rencontrées par l'UC.

2. Les enjeux de la relation avec les UC

2.1. Faciliter l'activité des unités commerciales

Au niveau microéconomique, les partenaires institutionnels accompagnent la création et le développement de l'unité commerciale en lui fournissant les moyens logistiques, matériels et financiers qui lui sont nécessaires.

EXEMPLE Les banques et les fournisseurs jouent ce rôle au quotidien. De même, les chambres de commerce et d'industrie aident à l'implantation d'unités commerciales en proposant des études sur la zone de chalandise et sur les profils de clientèle.

2.2. Favoriser un développement économique solide et durable

Au niveau méso-économique, les collectivités territoriales et locales ont des objectifs de développement économique dans lesquels les unités commerciales occupent une position importante en tant qu'agents économiques créateurs d'emplois. Elles cherchent à assurer une progression équilibrée de leur région avec de nombreuses zones d'attractivité économique, localisées aussi bien en centre-ville qu'en périphérie (ZAC : zone d'activité commerciale).

La Commission départementale de l'équipement commercial (CDEC) permet de concilier les intérêts des unités commerciales de grande taille avec les attentes des clients de la zone de chalandise, et celles des unités commerciales déjà implantées dans le périmètre.

EXEMPLE Des partenaires comme le FISAC (Fonds d'intervention pour le service, l'activité et le commerce) s'attachent à défendre le petit commerce de centre-ville.

2.3. Faire respecter la réglementation

Au niveau macroéconomique, si l'activité économique et commerciale des entreprises s'effectue dans le cadre d'une économie libérale capitaliste, toutes les pratiques commerciales sont a priori acceptées dès lors qu'elles n'entravent pas la libre concurrence et qu'elles respectent la loi.

EXEMPLE La DGCCRF (Direction générale du commerce, de la concurrence et de la répression des fraudes) opère des contrôles et poursuit les contrevenants en cas de fraude sur les prix.

Plusieurs branches du droit visent à protéger les divers interlocuteurs de l'unité commerciale, à commencer par les clients. Le droit de la consommation et le droit pénal des affaires, en particulier, veillent à ce que le client ne soit pas lésé dans sa relation commerciale avec le professionnel du fait du déséquilibre entre les parties.

Mots-clés

PARTENAIRE INSTITUTIONNEL, CCI, SYNDICAT, CDEC, DGCCRF, ZAC, FISAC

8

La vente, la négociation et la relation de service

1. Importance et contenu du contact commercial
1.1. Un passage obligé de la vente
1.2. Le déroulement du contact commercial
2. Les techniques associées à la vente
2.1. L'argumentaire
2.2. Le savoir-être

Les unités commerciales visent le profit, ce qui suppose de réaliser de nombreuses ventes. Aussi doivent-elles faire en sorte que chaque contact commercial débouche sur une transaction.

1. Importance et contenu du contact commercial

1.1. Un passage obligé de la vente

a. Pourquoi le contact commercial est-il si important ?

Aujourd'hui, le client (dans un premier temps prospect) recherche la rapidité et l'efficacité dans le processus d'achat. Il souhaite être compris et veut trouver facilement une solution rapide à ses attentes. Quel que soit le mode de communication (mail, téléphone, accueil physique), une prise en charge immédiate par un interlocuteur identifiable est le premier moyen de satisfaire cette exigence.

Le contact commercial procure également un avantage commercial aux unités qui savent le gérer. Quand un prospect s'adresse à une UC, il indique en effet une préférence implicite par rapport aux concurrents, donc une chance supplémentaire de le convaincre. Si l'UC propose une solution qui convient au client, tant au niveau du produit que des prestations associées, celui-ci n'ira pas chercher ailleurs et la vente sera effectuée sans qu'il soit tenté d'analyser les offres concurrentes.

Remarque

Ce processus vaut seulement pour certains types de produits peu impliquants et peu risqués consommés fréquemment, comme par exemple des produits alimentaires courants (chocolat en tablette, biscuits pour le goûter).
Le statut de l'acheteur (acheteur public par exemple) nécessite parfois de solliciter plusieurs offres avant de se décider.

b. La préparation du contact commercial, clé d'une vente réussie

La vente nécessite une préparation et une maîtrise de techniques précises. Préparer son contact commercial, c'est rassembler des informations à la fois sur les produits à vendre, mais aussi sur le prospect ou, plus généralement, la cible de clientèle visée.

EXEMPLE Un fabricant de stores électriques se renseignera sur les offres concurrentes, sur les spécificités des produits (matières, mécanismes, garantie constructeur…).
De même, pour préparer son argumentation, il recensera dans sa zone de chalandise le nombre de maisons non équipées et recherchera les caractéristiques socioprofessionnelles et sociodémographiques des ménages concernés dans les différents quartiers, afin de connaître leur pouvoir d'achat et les motivations de cet équipement.

1.2. Le déroulement du contact commercial

a. Les étapes

Cinq étapes sont nécessaires pour que le contact débouche sur une vente. Le nombre d'étapes peut être réduit selon la nature du produit vendu, selon le budget du client et selon le caractère impliquant ou non de l'achat.

	Étape	Objectif	Finalité	Technique
1	**Prise de contact**	Entrer en contact avec le client	Instaurer un relationnel favorable	Saluer la personne et sourire
2	**Découverte du besoin**	Connaître ses attentes	– Établir un profil client – Penser l'offre de produits à présenter	– Questionnement – Observation – Profil – SONCAS
3	**Proposition de solutions**	Présenter et justifier les produits susceptibles de convenir	Décider le client à acheter	– Argumentation – Démonstration
	Réfutation des objections	Faire disparaître les obstacles à l'achat.		
4	**Conclusion de la vente**	– Faire acheter des produits complémentaires ou associés – Se mettre d'accord sur les conditions de livraison et de crédit – Entrer les caractéristiques du client dans la base de données clients (BDDC)	– Augmenter le panier moyen – Proposer des éléments de fidélisation	– Argumentation – Démonstration – BDDC
5	**Prise de congé**	Remercier le client et le rassurer sur son achat.	– Contribuer au sentiment de satisfaction – Soigner le relationnel client	Saluer la personne

b. La variété des étapes selon le type de contact

Dans le tableau précédent qui recense toutes les étapes de la vente, toutes ne sont pas de même durée et ne revêtent pas la même importance selon le type de contact. De plus, si on tient compte du statut des acteurs, le schéma général est encore modifié.

On distingue plusieurs types de vente :

– la vente en B to C (*Business to Consumer*), du producteur au consommateur final ;

EXEMPLE Virgin Megastore vend des CD, des DVD ou des livres à des particuliers.

– la vente en B to B (*Business to Business*), c'est-à-dire d'entreprise à entreprise ;

EXEMPLE Nashua vend des photocopieurs à des entreprises.

– la vente en C to C (*Consumer to Consumer*), de consommateur à consommateur.

EXEMPLE Le site Price Minister rapproche des particuliers acheteurs et vendeurs.

En fonction du type de vente, chaque étape est de longueur et d'importance variables.

Étape	B to B	B to C	C to C
1. Contact	Très importante	Importante	Importante
2. Découverte	Importante	Très importante	Négligeable
3. Argumentation	Importante	Très importante	Négligeable
4. Conclusion et suivi	Très importante	Importante	Importante
5. Prise de congé	Négligeable	Assez Important	Négligeable

La vente en C to C n'entre pas dans le schéma classique. La vente se réduit à un échange fondé uniquement sur un accord de prix et de mise à disposition du produit.

c. Les particularités de la vente en B to B

La vente en B to B revêt un caractère technique très important. L'achat est motivé avant tout par des exigences et des attentes précises et objectives exprimées par l'acheteur, qui engage sa responsabilité dans ses choix face à l'entreprise acheteuse. Pour assurer sa pérennité dans l'entreprise, il recherche à minimiser les risques d'erreur liés à ses choix. Un contact de qualité le mettra en confiance ; il est d'autant plus important que l'entreprise est sollicitée quotidiennement par de nombreux fournisseurs.

La conclusion de la vente reste un point très délicat et résulte de la phase de négociation : elle porte sur des points clés, à savoir le service après-vente (SAV), les délais de paiement et les conditions de règlement. L'entreprise peut réaliser de bonnes opérations commerciales, et les conditions liées à l'achat deviennent presque aussi déterminantes que l'achat lui-même.

EXEMPLE Dans la grande distribution alimentaire, le délai de 120 jours pour le règlement des produits alimentaires à très forte rotation permet d'engranger des bénéfices avant de commencer à payer la première livraison.

2. Les techniques associées à la vente

2.1. L'argumentaire

a. L'écoute du client

Une vente réussie repose avant tout sur l'écoute du client.

La découverte des besoins repose sur l'écoute active, qui passe par des questions qui pourront être ouvertes ou fermées et qui appelleront des réponses plus ou moins précises.

L'interrogation « en entonnoir », allant du plus général au plus précis, permettra de circonscrire les besoins mais aussi de caractériser le client selon son profil SONCAS (Sécurité / Orgueil / Nouveauté / Confort / Argent / Sympathie).

b. La construction de l'argumentaire

Cette phase permet d'accroître les chances de transformer un contact en vente. L'argumentation optimale s'appuie à la fois sur un profil SONCAS et sur un document structuré : l'argumentaire de type CAP (Caractéristiques, Avantages, Preuves). Il regroupe tous les éléments susceptibles de convaincre le prospect selon son profil.

EXEMPLE Si le prospect intéressé par un robot ménager est identifié en profil « Argent », le vendeur argumentera sur les accessoires fournis avec le robot.

Des objections seront sans doute émises par le client. Il appartiendra au vendeur de détecter les objections fondées (c'est-à-dire reposant sur une raison réelle et valable) et les objections non fondées (qui constituent l'alibi du non-achat) ; il reformulera les propos du client pour résumer ses freins et essayer de les contourner.

REMARQUE

La principale objection formulée reste le prix, mais c'est aussi celle sur laquelle la force de vente est la mieux entraînée pour argumenter.

Pour le vendeur, la phase de conclusion de vente est souvent l'occasion d'accroître le montant du panier de son client, en proposant des produits complémentaires ou des services associés au produit. Un service associé ne peut pas exister sans la vente d'un produit principal, tandis qu'un produit complémentaire a une existence propre mais est utilisé avec d'autres produits.

EXEMPLE Pour l'achat d'un robot ménager, le vendeur pourra proposer un hachoir à viande comme produit complémentaire et une garantie prolongée (2 ans au lieu de 1 an par exemple) comme service associé.

2.2. Le savoir-être

a. La formation du personnel de contact

Actuellement, la vente traditionnelle, qui suppose l'intervention d'un vendeur, a largement tendance à décliner au profit de la vente en libre service assisté ; cependant, le rôle du personnel de contact reste essentiel pour la relation commerciale et demeure un élément constitutif de l'image de l'unité commerciale. L'aspect vestimentaire, le professionnalisme et la courtoisie permettent aux clients de positionner l'enseigne dans laquelle ils se trouvent au même titre que l'offre proposée.

L'unité commerciale doit s'efforcer de former ses personnels à l'accueil du prospect, avec une méthodologie très simple dite « SBAM » : Sourire, Bonjour, Au revoir, Merci.

b. La force de conviction des vendeurs

Un vendeur efficace augmente sa productivité et permet de réguler le trafic en magasin tout en augmentant le panier moyen et la satisfaction du client.

Les simulations de vente et les jeux de rôles apprennent aux personnels à proposer des solutions efficaces aux problèmes, et fournissent des supports d'aide à la vente pour les produits nouveaux ou complexes. Avec ce type d'entraînement, l'UC peut contribuer à améliorer grandement ses performances commerciales.

Mots-clés

CONTACT COMMERCIAL, ARGUMENTAIRE, MÉTHODE SONCAS, OBJECTION, DÉCOUVERTE DES BESOINS, VENTE EN B TO B, VENTE EN B TO C, VENTE EN C TO C

9

L'argumentaire

1. La construction de l'argumentaire
1.1. Les trois principales composantes de l'argumentaire
1.2. La construction de l'argumentaire
2. Le profil SONCASE
2.1. L'identification du profil du client
2.2. L'utilisation d'arguments commerciaux adaptés au profil

Lorsqu'un nouveau produit est référencé, les managers des unités commerciales préparent un argumentaire, véritable outil d'aide à la vente.

1. La construction de l'argumentaire

Un argumentaire est un document de travail réunissant tous les arguments possibles et utilisables par un vendeur pour convaincre d'acheter le produit. Conçu par le fournisseur du produit ou par les managers, il est destiné aux vendeurs qui doivent l'apprendre afin de le restituer ensuite aux clients.

EXEMPLE Lors du lancement d'un nouveau produit cosmétique anti-âge, un argumentaire est distribué aux vendeuses pour qu'elles connaissent tous les principes actifs (caractéristiques) du produit ainsi que les tests effectués pour démontrer la réalité des résultats.

1.1. Les trois principales composantes de l'argumentaire

L'argumentaire se présente sous la forme d'un tableau à trois colonnes appelé « argumentaire CAP » :

Rubrique	Caractéristiques du produit	Avantages	Preuves
Définition	Les éléments du produit.	Ce que le client peut retirer du produit.	Élément démontrant la véracité des propos.
Exemple	Matière, *design*, esthétique, puissance, marque.	Des profits, de la souplesse, de la fierté, de la joie, un bon rapport qualité/prix...	Démonstration, simulation, présentation de visuels...

1.2. La construction de l'argumentaire

L'argumentaire comprend plusieurs étapes pour chacun des trois éléments CAP.

a. Les caractéristiques

- Observer en détail le produit et s'imprégner de toutes ses caractéristiques connues et moins connues.
- Mettre en parallèle les caractéristiques du produit avec celles des produits déjà existants dans l'offre proposée par l'UC, pour identifier ce qui permettrait de le différencier.
- Lister les caractéristiques les plus fréquentes.

b. Les avantages

- Associer à chaque caractéristique identifiée un ou des avantages liés au produit : ils pourront s'inspirer de la documentation commerciale ou ressortir de tables rondes d'utilisateurs et non-utilisateurs des produits.

c. Les preuves

- Réfléchir aux supports à utiliser.
- Les rassembler ou les concevoir de façon simple et pédagogique.

REMARQUE

Pour plus d'efficacité, on ajoute souvent à l'argumentaire une colonne « profil SONCASE », qui permet de spécifier à qui s'adresse telle ou telle caractéristique.

2. Le profil SONCASE

2.1. L'identification du profil du client

Lorsque le vendeur, dans sa phase de découverte des besoins, questionne l'acheteur, il cherche à établir non seulement les besoins mais aussi le profil du client. Cet élément augmente les chances du vendeur de le convaincre, en utilisant les arguments qui le toucheront plus particulièrement.
Le vendeur va utiliser la classification SONCASE (Sécurité, Orgueil, Nouveauté, Confort, Argent, Sympathie, Écologie).
C'est par l'analyse du discours du client, des thèmes qui reviennent souvent dans la discussion, que le vendeur pourra définir son profil.

2.2. L'utilisation d'arguments commerciaux adaptés au profil

À l'aide de cette classification, on peut envisager la traduction commerciale :

Catégorie		Traduction commerciale en termes d'arguments
S	Sécurité	Un produit sûr sans danger.
O	Orgueil	Un produit original, luxueux, rare, sur mesure, avant-gardiste.
N	Nouveauté	Un produit innovant, à haut contenu technologique, nouvelles matières
C	Confort	Un produit facile à utiliser, ergonomique
A	Argent	Un produit économique, bon rapport qualité/ prix
S	Sympathie	Un produit convivial, varié, ludique
E	Écologie	Un produit recyclable, bio, économe en énergie

Lorsque le vendeur a identifié le profil du client, il ne lui reste plus qu'à utiliser les lignes de l'argumentaire qui correspondent au profil. Il est ainsi certain que ses arguments seront reçus avec attention et intérêt et augmenteront nettement ses chances de conclure la vente.

Mots-clés

ARGUMENTAIRE CAP, PROFIL SONCASE

10 La gestion de l'offre

1. L'offre de l'unité commerciale
1.1. L'offre de produits
1.2. L'offre de services
2. La construction et l'évolution de l'offre
2.1. La construction de l'assortiment
2.2. L'évolution de l'assortiment
3. Les outils d'analyse et de gestion et de l'assortiment
3.1. Les outils d'analyse
3.2. Les indicateurs

L'offre de produits et de services de l'UC est un élément fondamental de sa réussite. La construction et la cohérence de l'assortiment reposent sur l'analyse de nombreux critères.

1. L'offre de l'unité commerciale

1.1. L'offre de produits

a. Définition et caractéristiques

L'assortiment correspond à l'ensemble des références proposées par l'UC, c'est-à-dire au nombre total de produits distincts vendus. Il est souvent complété par des services associés, gratuits ou payants (livraison, retouches…).

L'assortiment d'une unité commerciale est caractérisé par ses dimensions :

	Dimensions			
	Ampleur	Largeur	Profondeur	Hauteur
Caractéristiques	Variété des familles de produits proposées	Nombre d'articles proposés permettant la satisfaction d'un même type de besoin (ex. : la soif)	Nombre de références proposées par catégorie de produits (ex. : sodas)	Niveau de gamme proposé (bas, moyen, haut)
Exemple	Un hypermarché vend des produits frais, des produits d'entretien, du textile, de l'électroménager.	Un rayon de boissons non alcoolisées propose des sodas, des jus de fruit, des eaux minérales, des eaux aromatisées.	Parmi les sodas, on trouve les allégés, les sans caféine, les aromatisés, etc., et divers contenants (33 cl, 50 cl, 1 litre, 1,5 litre, etc.), en bouteille ou en canette.	Un hypermarché proposera des marques connues (Coca-Cola, Pepsi), des produits MDD, des premiers prix et des marques régionales (Corsica Cola…).

L'assortiment d'une UC regroupe différents types de produits et services :

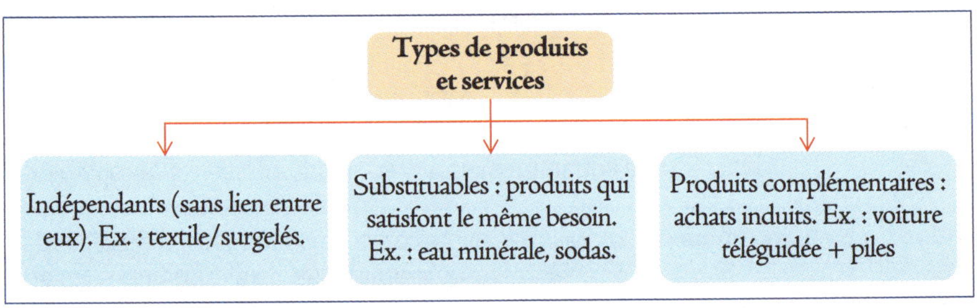

L'assortiment de l'unité commerciale peut être qualifié de :
- généraliste, s'il propose des produits courants pouvant satisfaire la majorité des besoins du client (ex. : assortiment d'une GSA);
- spécialiste, s'il est constitué de produits spécifiques, visant un segment de population (ex. : magasin de sport);
- thématique, s'il est composé de produits rattachés à un concept.

EXEMPLE L'enseigne Nature et Découvertes est un concept de point de vente tourné vers la nature, l'environnement, la connaissance. Son assortiment est thématique.

b. Les enjeux

Les enjeux de l'assortiment sont de trois ordres :
- satisfaction et fidélisation des clients : l'assortiment doit répondre aux besoins des clients et inciter à la fréquentation régulière du point de vente;
- profitabilité, rentabilité : il doit permettre de maximiser la marge globale par la présence de produits complémentaires, d'opérations promotionnelles régulières... ;
- image de marque et positionnement : l'offre conditionne la perception que les clients ont de l'enseigne.

EXEMPLE L'introduction de marques régionales renforce l'image de proximité.

1.2. L'offre de services

a. Les services associés

Les services associés constituent un élément supplémentaire de différenciation et de valeur ajoutée pour les unités commerciales. Ils sont proposés en complément d'une offre de produits assimilée à un service de base et sont soit gratuits, soit facturés.

EXEMPLE L'enseigne de jardinerie Botanic propose à ses clients un diagnostic phytosanitaire santé pour leurs plantes. Gratuit dans le point de vente, ce service est facturé 50 € pour le déplacement à domicile d'un conseiller.

Ces services sont souvent variés : il peut s'agir de services de confort (cabines d'essayage, horaires d'ouverture...), de services techniques (installation, réparations, retouches...), de services financiers (paiement en trois fois sans frais...), de services différenciateurs (carte de fidélité donnant droit aux soldes privés...).

b. Les services « purs »

Certaines UC sont des prestataires de services « purs ». Par nature, un service est intangible (non palpable, non stockable). La satisfaction des clients dépend de la réponse à leurs attentes, et la qualité du service rendu n'est pas toujours constante.
On distingue :
- les services à la personne (ex. : services bancaires);
- les services d'entretien/réparation;
- les services de location.

Des services périphériques peuvent compléter le service de base proposé.

EXEMPLE Le service de pressing dans l'hôtellerie.

2. La construction et l'évolution de l'offre

2.1. La construction de l'assortiment

Le choix de l'assortiment dépend de facteurs internes et externes à l'UC.

Facteurs externes	Facteurs internes
– Nature de la demande dans la zone de chalandise mise en évidence par l'étude de la demande et de l'évolution des comportements d'achat – Concurrence locale : intensité, assortiment et prix pratiqués par les concurrents – Relations et négociations avec les fournisseurs	– Stratégie et identité de l'enseigne/réseau : positionnement, perception par les clients – Politique commerciale : politique de marques, politique de prix… – Contraintes logistiques et politique d'achat – Format du point de vente : la surface de vente limite le nombre de références.

Chaque enseigne construit son plan d'assortiment. Pour les enseignes en réseau, l'assortiment est généralement fermé car décidé par la tête de réseau. Des plans de collections sont alors établis afin de lister les marques, produits et références que l'UC devra proposer. À l'inverse, on parle d'assortiment ouvert lorsque l'UC est libre de composer son propre assortiment.

Un assortiment classique comprend en principe trois types de produits :
- produits leaders : marques et références à succès (ventes importantes) ;
- produits d'enseigne : marques de distributeur ;
- produits complémentaires : produits qui complètent l'assortiment par leur spécificité (originalité, hauteur de gamme…)

EXEMPLE Auchan proposera les marques Coca Cola et Pepsi Cola pour leur notoriété et leurs parts de marché, mais également sa marque de distributeur Cola Pouce et/ou un premier prix et une marque régionale (produit complémentaire) s'il y a lieu (ex. : Breizh Cola en Bretagne).

Dans les UC prestataires de services, au-delà du service de base, des services facilitateurs et différenciateurs sont proposés aux clients pour construire une relation de long terme.

EXEMPLE La SNCF propose la réservation des billets de train sur Internet (service facilitateur) ; Boursorama.com (banque en ligne) propose une alerte personnalisée SMS/e-mail pour ses clients qui ont des placements boursiers (service différenciateur, mercatique relationnelle).

2.2. L'évolution de l'assortiment

L'offre proposée doit être adaptée au marché local et est susceptible d'évoluer en fonction d'une multitude de paramètres :
- évolution de la population dans la zone de chalandise ;
- présence de nouveaux fournisseurs sur le marché ;
- implantation de nouveaux concurrents directs/indirects ;
- introduction de nouveaux produits, remplacement de produits en fin de vie ;
- évolution du chiffre d'affaires par segment/famille de produits ;
- rentabilité dégagée par références (les moins rentables sont à éliminer) ;
- actions promotionnelles programmées avec les fournisseurs ;
- ruptures de stock constatées ;
- repositionnement éventuel de l'enseigne.

Différents outils d'aide à la décision peuvent être utilisés :

Logiciels de marchandisage	Ils permettent de sélectionner les marques/ produits, de déterminer le nombre d'unités à présenter en rayon, de réaliser des planogrammes, d'étudier et de mesurer les performances.
Fichiers clients	Ils fournissent des informations sur les habitudes d'achat et de consommation des clients, et sur le profil de la clientèle locale (à partir des cartes de fidélité).
Données géomarketing	Elles permettent de connaître les zones à fort potentiel, la répartition de la clientèle dans les zones…
Mégabases de données	Elles sont constituées à partir de l'analyse des sorties de caisse (scannérisation des tickets de caisse) et renseignent sur les habitudes d'achat et de consommation des ménages (marques, produits, conditionnements…)

3. Les outils d'analyse et de gestion de l'assortiment

L'assortiment doit faire l'objet d'un suivi régulier.

3.1. Les outils d'analyse

Analyse Pareto 20/80	Analyse ABC
Principe selon lequel 20 % des références contribuent au CA total à hauteur de 80 % ; les 80 % restants contribuent à hauteur de 20 %.	On distingue trois niveaux de vigilance : – niveau A : 10 % des références = 60 % du CA – niveau B : 40 % des références = 30 % du CA – niveau C : 50 % des références = 10 % du CA.

3.2. Les indicateurs

Part de marché des marques (en volume ou en valeur)	$\frac{\text{CA par marque proposée dans l'UC}}{\text{CA total des marques sur le marché (local, régional)}}$
Contribution au CA	$\frac{\text{CA du produit}}{\text{CA de la famille de produits de référence}}$
Contribution à la marge	$\frac{\text{Marge du produit}}{\text{Marge de la famille de référence}}$
Indice d'assortiment	$\frac{\text{Largeur de l'assortiment de l'UC}}{\text{Largeur moyenne de l'assortiment des UC comparables}}$
Taux de service absolu	$\frac{\text{Ampleur de l'assortiment de l'UC}}{\text{Nombre total de références sur le marché}}$
Attractivité par rapport aux concurrents	$\frac{\text{Largeur de l'assortiment de l'UC}}{\text{Largeur moyenne des assortiments des UC concurrentes}}$

Mots-clés

DIMENSIONS DE L'ASSORTIMENT, ASSORTIMENT GÉNÉRALISTE / SPÉCIALISTE / THÉMATIQUE, SERVICE ASSOCIÉ, SERVICE FACILITATEUR / DIFFÉRENCIATEUR, ASSORTIMENT OUVERT / FERMÉ

11 Le prix et les conditions commerciales

1. La fixation du prix
1.1. Selon les objectifs de l'enseigne
1.2. Selon les coûts
1.3. Selon la demande
2. La modulation et la différenciation
2.1. Principes et formes de la modulation
2.2. Les techniques de différenciation
3. Le cadre légal
3.1. Le régime de base
3.2. Les pratiques interdites ou réglementées

Le prix est un élément clé du plan de marchéage. Pour fixer les prix, l'UC doit arbitrer entre optimisation du chiffre d'affaires et rentabilité, tout en respectant la législation. Le client est au cœur de cette stratégie.

1. La fixation du prix

1.1. Selon les objectifs de l'enseigne

Les prix pratiqués par l'UC doivent permettre d'attirer la clientèle et de l'inciter à acheter. Le prix est un vecteur d'image et de positionnement. Le choix de la cible et l'image de marque amèneront l'UC à choisir parmi diverses stratégies :
- stratégie d'écrémage : prix élevés, image haut de gamme (objectif : la rentabilité) ;
- stratégie d'alignement : prix identiques à ceux de la concurrence ;
- stratégie de pénétration du marché : prix bas (objectif : chiffre d'affaires).

Deux techniques sont aujourd'hui privilégiées dans la grande distribution :
- *Every Day Low Prices* (EDLP ; prix bas tous les jours) : cette technique correspond à la logique des *hard-discounters* (assortiment limité à bas prix) ;
- *HIgh and Low Prices* (HILO) : promotions ponctuelles sur certains produits pour attirer les clients, qui achèteront aussi d'autres produits.

EXEMPLE Le groupe Carrefour observe une stratégie HILO dans ses magasins Carrefour ou Champion, et une stratégie EDLP dans ses points de vente Ed.

Dans tous les cas, la prise en compte de la concurrence est indispensable : si l'enseigne est leader sur son marché, elle sera en mesure d'imposer ses prix ; à l'inverse, elle s'alignera sur ses concurrents ou abaissera ses prix (guerre des prix).

En pratique, un distributeur peut pratiquer **3 catégories de prix.**

Prix d'appel	Prix courant	Prix compensatoires
→ augmentation du trafic	→ optimisation du chiffre d'affaires	→ optimisation de la marge

L'objectif des prix d'appel est d'attirer la clientèle (prix attractifs, image discount). Les prix courants sont ceux habituellement pratiqués sur le marché. Les prix compensatoires assurent une marge maximale, car ils portent sur des produits nouveaux réputés pour leur qualité, ou sur des marchés captifs (ex. : Iphone, Ipad).

1.2. Selon les coûts

Pour fixer ses prix, l'UC doit déterminer le coût de revient de ses produits ; ce calcul est opéré comme suit : coût de revient du produit = coût d'achat + coût de distribution. Le coût d'achat comprend le prix d'achat net (remises déduites), auquel on ajoute les frais de transport. Dans la grande distribution, les remises sont souvent négociées annuellement par la centrale d'achat. Dès lors, le prix de vente TTC est généralement obtenu par application d'un coefficient multiplicateur.

EXEMPLE Un produit acheté 10 € HT à un fournisseur est revendu 25 € TTC en magasin ; le coefficient multiplicateur est donc de 25/10 = 2,5.

Pour les services, le prix de vente doit couvrir les coûts variables (liés à la production de la prestation) et les coûts fixes. Il faut donc calculer le seuil de rentabilité.

1.3. Selon la demande

a. La sensibilité au prix

La demande est plus ou moins sensible au prix. On différencie 3 types d'achats :
- l'achat de conviction : produit de luxe pour lequel le prix n'est pas discriminant ;
- l'achat de comparaison : achat impliquant pour lequel le consommateur compare les offres (meuble, électroménager…) ;
- l'achat de commodité : achat routinier, le client connaît approximativement le prix.

Un prix très bas n'attire pas forcément les clients, qui connaissent généralement assez mal le prix des biens banaux (usuels) ou celui des offres packagées (parfois peu transparentes ou difficilement comparables). À l'inverse, pour les produits anomaux, les comparaisons sont plus aisées. Enfin, la sensibilité au prix est souvent faible pour les produits ou services différenciés ou non substituables.

EXEMPLE Les comparateurs de prix en ligne (Kelkoo) permettent au consommateur de connaître le prix de nombreux produits ou services impliquants (voyages, électroménager…).

b. Le prix psychologique ou prix d'acceptabilité

C'est le prix que les consommateurs sont prêts à payer pour un produit (à condition que le prix soit un déterminant d'achat). Le prix d'acceptabilité est celui qui maximise le nombre d'acheteurs.

Pour connaître le prix d'acceptabilité d'un produit, deux questions sont posées :
- « Au-dessus de quel prix n'achèteriez vous pas le produit ? » (car jugé trop cher) ;
- « En dessous de quel prix n'achèteriez-vous pas le produit ? » (car jugé de mauvaise qualité).

c. L'élasticité-prix

L'UC peut chercher à évaluer l'impact d'une modification tarifaire sur le niveau de la demande. On calcule alors un coefficient d'élasticité (E) : $E = (\Delta D / D) / (\Delta P / P)$

$$\text{avec } E = \frac{(\text{demande finale} - \text{demande initiale}) / \text{demande initiale}}{(\text{prix final} - \text{prix initial}) / \text{prix initial}}.$$

Si l'élasticité est égale à 1, la demande est dite inélastique : elle ne réagit pas ou peu aux changements de prix. À l'inverse, si E est supérieure à 1 ou inférieure à 1, alors la demande est sensible aux fluctuations de prix.

EXEMPLE L'essence ou les produits alimentaires de base (pain…) ont une demande inélastique. À l'inverse, la demande est élastique pour les loisirs, les jeux vidéo…

d. La perception du prix

Un prix bien choisi peut transformer un achat réfléchi en achat d'impulsion : plusieurs points de vente proposent des « prix magiques » ou des solutions de financement qui minimisent le coût perçu par le client (effort financier, délai de livraison, stress généré par l'achat…).

EXEMPLE L'opération « Permis de conduire à 1 € par jour » (prêt à 0 %) vise à inciter les 16-25 ans à passer le permis en minimisant le coût perçu. Les offres Internet illimité sont souvent proposées sous un seuil de prix rond (ex. : 19,90 €), car l'impact psychologique est plus fort.

2. La modulation et la différenciation

2.1. Principes et formes de la modulation

a. Les principes

Il s'agit de faire varier les prix dans le temps (à la hausse ou à la baisse) pour inciter les clients à acheter. La modulation peut avoir deux objectifs : faire acheter davantage (lots, remises…) ou faire acheter plus régulièrement (carte de fidélité).

EXEMPLE L'offre Happy First du Club Med donne droit à une réduction de 15 % sur le prix public pour les réservations de séjour effectuées au moins 90 jours avant la date de départ.

b. Les formes

La modulation suppose la mise en place de barèmes. Les réductions tout comme les majorations de prix peuvent prendre des formes très variées :

- rabais : réduction de prix sur un produit non conforme ou défectueux ;
- remise : réduction de prix liée aux quantités achetées ou à la catégorie de client ;
- ristourne : réduction en fonction du volume d'achat sur une période donnée ;
- escompte : réduction de prix pour paiement comptant ;
- prix promotionnel : offre spéciale, offre de remboursement, crédit gratuit… ;
- prix de groupe : tarif préférentiel pour les collectivités, les classes… ;
- offre groupée : *mixed bundling* (ex. : carte bancaire + assurance perte/vol...) ;
- tarification forfaitaire : abonnement (ex. : carte de bus) ;
- majoration de prix : livraison, installation, montage, assistance technique…

2.2. Les techniques de différenciation

a. Définition

La différenciation est l'adaptation des prix à la diversité des consommateurs. Cette technique rend la comparaison des prix plus complexe.

b. Les tarifs multidimensionnels et le *yield management*

Ces politiques de prix ont été développées en France à partir des années 1990 :

- les tarifs multidimensionnels, résultat d'une logique de maximisation du profit, sont une pratique de prix différenciés selon la saison, les jours, les heures ou encore selon l'âge du client. Les critères de différenciation sont liés à la situation d'achat et aux caractéristiques du client. Cette technique, qui permet de mieux répondre aux attentes des divers segments de clientèle, est utilisée pour la vente de biens ou services liés à la saisonnalité, difficilement stockables ou quantitativement limités ;

EXEMPLE L'option EDF « Heures pleines / Heures creuses » permet à l'usager de profiter des variations de prix du kWh aux moments les plus avantageux de la journée.

– le *yield management* (ou tarification en temps réel), lié à une logique d'optimisation du rendement, consiste à pratiquer des prix différenciés (particulièrement adaptés au marketing des services) pour écouler des biens ou services non stockables qu'il est préférable de vendre à moindre coût plutôt que de ne pas vendre du tout.

3. Le cadre légal

3.1. Le régime de base

Selon la loi, les prix des biens et services sont déterminés par le jeu de la libre concurrence. Toutefois, des exceptions existent :
– certains secteurs (santé, édition, transport ferroviaire) sont réglementés : la concurrence y étant imparfaite, il s'agit de protéger les usagers ;
– les prix peuvent être réglementés dans certaines situations anormales de marché : monopole, crise, situation exceptionnelle (cause conjoncturelle).

3.2. Les pratiques interdites ou réglementées

Selon la loi, certaines pratiques sont interdites.

Entente	Coalition entre plusieurs entreprises pour pratiquer des prix de même niveau dans le but de restreindre ou fausser la concurrence
Pratiques discriminatoires	Traitement différencié des partenaires commerciaux (délais de paiement, conditions commerciales…), sans justification ni contrepartie réelle
Abus de position dominante	Exploitation abusive d'une position dominante sur le marché d'une ou plusieurs entreprises à l'égard des fournisseurs et /ou des clients
Abus de dépendance économique	Exploitation abusive par une entreprise (ou par un groupe) de sa puissance, qui rend vulnérables ses partenaires économiques.
Prix imposés	Prix imposés par un producteur ou un fabricant au distributeur (les prix de vente conseillés, en revanche, sont autorisés)
Prix prédateurs	Prix bas visant à éliminer les concurrents dans un premier temps, et compensés ultérieurement par la pratique de tarifs élevés
Revente à perte	Prix de vente fixés en dessous du prix d'achat effectif (des exceptions sont possibles : produits périssables, soldes…)

EXEMPLE Les trois opérateurs français de téléphonie mobile (Orange, SFR, Bouygues) ont été condamnés en 2005 à une amende de 534 millions d'euros par la Cour de justice européenne pour entente illicite sur les prix.

D'autres pratiques sont réglementées : soldes, liquidations, ventes promotionnelles, prix d'appel, coopération commerciale (marges arrière ou ristournes de fin d'année obtenues par le distributeur sur un produit).

Les professionnels sont tenus d'afficher les prix de tous leurs produits ou services.

Mots-clés

STRATÉGIE DE PRIX, *EVERY DAY LOW PRICES* (EDLP), *HIGH AND LOW PRICES* (HILO), PRIX PSYCHOLOGIQUE, ÉLASTICITE, COÛT PERÇU, MODULATION, DIFFÉRENCIATION, TARIF MULTIDIMENSIONNEL, *YIELD MANAGEMENT*

12

La mise en valeur de l'offre

1. Le marchandisage
1.1. La notion de marchandisage
1.2. Les enjeux de la mise en valeur de l'offre
2. Les principes de la mise en valeur de l'offre
2.1. L'offre de produits
2.2. L'offre de services
2.3. La vente à distance et les UC virtuelles

La mise en valeur de l'offre est une préoccupation majeure, quels que soient la nature des produits et services vendus et le type d'unité commerciale. Le client doit être séduit et doit pouvoir accéder sans effort à l'offre proposée.

1. Le marchandisage

1.1. La notion de marchandisage

a. Rappel du modèle de Keppner

L'efficacité de la politique d'assortiment d'une unité commerciale repose sur cinq fondements : proposer le bon produit, au bon prix, au bon moment, au bon emplacement, en bonnes quantités.

b. Le marchandisage

Le marchandisage concilie esprit marketing et caractère commercial. Il tire son origine de la vente en libre service où le produit doit se vendre seul.

Le marchandisage comprend l'ensemble des techniques utilisées par l'unité commerciale pour présenter une offre à des clients potentiels dans les meilleures conditions matérielles et psychologiques.

On distingue :

- le marchandisage de séduction : il s'agit de créer une ambiance de vente propice à l'achat : théâtralisation de l'offre (logique de présentation avantageuse des produits en rayon, en tête de gondole), facteurs d'ambiance (musique, couleurs, odeurs…), qui incitent le client à rester et à acheter ;
- le marchandisage d'organisation : le but est de faciliter la recherche du produit par le client, ainsi que les opérations de réassort et de manutention pour le personnel ;
- le marchandisage de gestion : l'objectif est la rentabilité, c'est-à-dire la maximisation du chiffre d'affaires et de la marge commerciale grâce à une présentation étudiée et cohérente de l'offre.

1.2. Les enjeux de la mise en valeur de l'offre

Les enjeux sont multiples :

Objectifs	Concrétisation
Faire connaître	– Acquérir de nouveaux clients, augmenter le trafic dans l'UC. – Attirer, motiver des clients vers de nouveaux produits/services.
Faire aimer	– Valoriser l'image du point de vente, de l'enseigne, de la marque. – Faire de chaque visite et de chaque achat une expérience positive. – Fidéliser les clients, créer une relation durable avec eux.
Faire agir	– Répondre aux besoins des clients, provoquer des achats. – Augmenter le panier moyen et développer les achats d'impulsion.

La mise en valeur de l'offre répond à un double objectif :
- quantitatif : chaque UC cherche à vendre plus (CA);
- qualitatif : chaque UC cherche à vendre mieux, c'est-à-dire à optimiser sa marge.

2. Les principes de la mise en valeur de l'offre

2.1. L'offre de produits

a. L'accessibilité à l'offre

La difficulté d'accéder à l'offre est une gêne principalement inhérente aux GSA et GSS. L'espace commercial est généralement vaste : la clientèle a parfois du mal à trouver le point de vente, puis à se repérer à l'intérieur de celui-ci. L'offre peut être complexe et la comparaison des solutions d'achat difficile.
L'unité commerciale doit donc se mettre en valeur pour attirer les clients :

À l'extérieur du point de vente	À l'intérieur du point de vente
– Facilité d'accès et de stationnement – Services associés (station-service, station de lavage...) – Architecture et design – Visibilité de l'enseigne – Propreté des façades, vitrines, abords, espaces verts...	– Création d'un sens de circulation et mise en place d'une signalétique, d'un balisage des rayons et des promotions (allées centrales, îlots, têtes de gondole...). – Définition d'univers de consommation (*category management*) et division en familles et sous-familles de produits. – Mise en place d'espaces services et d'espaces de vie (billetterie, cafétéria, espaces Wi-Fi...). – Mise en place d'actions de marketing sensoriel, expérientiel (diffusion d'odeurs, essais de produits...). – Favorisation du choix : présence de personnel de contact en rayon, démonstrations, *facing* des linéaires... – Stratégie *push* (mises en avant), *cross-selling* (produits complémentaires), *up-selling* (montée en gamme), suivi des ventes, *call-back* (rappel gratuit pour l'internaute ayant besoin d'informations complémentaires).

EXEMPLE Dans les magasins carrefour, Blédina et Kimberley-Clark ont créé un univers qui regroupe l'ensemble de l'offre bébé (alimentaire, hygiène...). Grâce à cet espace plus chaleureux et convivial, on observe un gain de temps dans le processus d'achat, une augmentation du CA et une fidélisation de la clientèle.

b. L'optimisation des linéaires en GSA et GSS

La répartition de l'offre dans les rayons dépend de :
- la politique commerciale de l'enseigne (part des marques nationales, premiers prix, marques de distributeur) : l'implantation des produits (part de linéaire accordée à chaque produit ou à chaque marque) pourra être recommandée, voire imposée par le fournisseur ou par la tête de réseau en vue d'assurer une cohérence avec les autres points de vente;
- la rentabilité attendue (objectifs de ventes et de marges généralement fixés par familles de produits, par marques...);
- la logique d'approvisionnement du point de vente (flux tendus, présence d'une réserve, d'un stock de sécurité...).

Dans tous les cas, l'affectation de l'offre dans les rayons répond à trois principes :

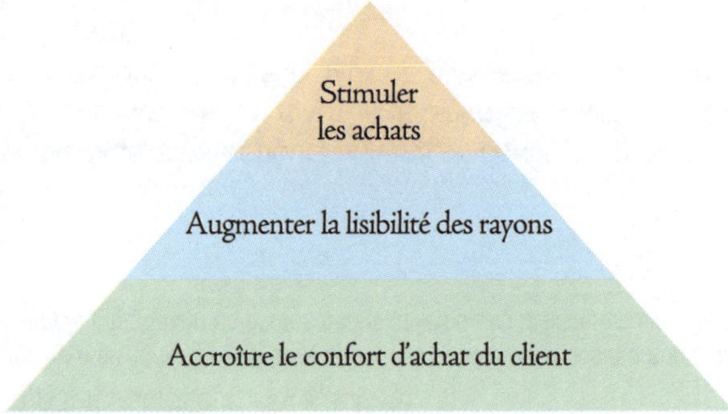

c. Les indicateurs

L'intérêt de la clientèle pour les rayons de l'UC peut être évalué avec certains ratios :

Indice de passage	$\frac{\text{Nombre de passages dans le rayon}}{\text{Total d'entrées dans l'UC}} \times 100$
Indice d'achat	$\frac{\text{Nombre d'achats dans le rayon}}{\text{Nombre de clients de l'UC}} \times 100$
Indice de manipulation	$\frac{\text{Nombre de prises en main}}{\text{Nombre d'arrêts dans le rayon}} \times 100$
Indice d'attractivité	$\frac{\text{Indice d'achat}}{\text{Indice de passage}} \times 100$

2.2. L'offre de services

a. Définition

Les UC qui proposent des services se caractérisent par l'existence :

– d'un *back office* (système opérationnel, invisible du client) ;

EXEMPLE Service contentieux, service des prêts d'une banque.

– d'un *front office*, chargé de la vente et de la délivrance de la prestation de service, avec lequel le client est en contact.

EXEMPLE Guichet d'une agence bancaire.

b. Spécificités de la mise en valeur de l'offre de services

L'offre de service est mise en valeur à l'intérieur et à l'extérieur de l'UC :

Éléments internes	Éléments externes
– Serviscène ou environnement physique de délivrance du service : intérieur des locaux, décor de livraison et équipements. – Personnel de contact : présentation, empathie, disponibilité, professionnalisme...	– Extérieur : signalétique, vitrines, enseigne... – Supports de communication : publicité, documents administratifs... – Réputation, bouche à oreille

REMARQUE

Le degré de contact entre le client et l'UC prestataire de services est parfois faible : le secteur bancaire et les « murs d'argent » (automates) en sont une illustration.

2.3. La vente à distance et les UC virtuelles

a. Définition

Dans la VAD, le produit ou service peut être proposé sur support papier (catalogue), à la télévision (téléachat) ou encore sur Internet (e-commerce) : l'offre est donc virtuelle. Ce type d'UC implique l'absence de contact humain, une grande variété dans le choix de l'offre et une intervention importante du client dans le processus d'achat.

b. Spécificités de la mise en valeur de l'offre des UC virtuelles

La mise en scène des produits impacte le taux de transformation (concrétisation des achats), mais les contraintes en matière de mise en valeur de l'offre sont moindres que pour les UC physiques : l'optimisation de la surface de vente n'intervient pas (on raisonne en nombre de pages pour le e-commerce), le mode d'accès des produits est simplifié grâce aux moteurs de recherche internes et aux multiples clés d'entrée (la recherche d'un produit peut se faire par thème ou par famille d'article, par marque, par référence…). Pour être efficace, le e-marchandisage doit tenir compte des principaux freins à l'achat des cyberacheteurs (selon abc-netmarketing.com) :
- difficulté pour trouver un produit (29 %) ;
- manque d'informations sur le produit (11 %) ;
- difficulté pour passer la commande, pour payer (10 %) ;
- problème technique (9 %) ;
- inscription obligatoire (8 %) ;
- taxes et frais de port (7 %) ;
- indisponibilité du produit (6 %) ;
- difficulté à ajouter un produit au panier (6 %).

Pour que l'offre soit attractive, les UC virtuelles doivent donc favoriser :
- le graphisme, la qualité et la diversité des visuels ;
- la cohérence du contenu et la récence des mises à jour ;
- l'ergonomie du site (interface intuitive, rapidité de chargement) ;
- la présence d'outils d'aide pour l'internaute (moteur de recherche interne).

L'acheteur doit être guidé dans son choix et doit se sentir rassuré : le côté virtuel doit être compensé par la rapidité et l'interactivité.

EXEMPLE Le site Krys.com (optique en ligne) permet aux internautes de visualiser des montures de lunettes sur leur propre visage par simple importation de photos personnelles ou en utilisant une webcam.

Mots-clés

MARCHANDISAGE, BALISAGE, SIGNALÉTIQUE, UNIVERS DE CONSOMMATION, *FACING*, *CROSS-SELLING*, *UP-SELLING*, MISE EN AVANT, MARKETING SENSORIEL, MARKETING EXPÉRIENTIEL, IMPLANTATION, SERVISCÈNE, TAUX DE TRANSFORMATION, CLÉ D'ENTRÉE, ERGONOMIE, INTERACTIVITÉ

13 La communication locale

1. Les enjeux et les dimensions de la communication locale
1.1. Les enjeux et les moyens de la communication locale
1.2. Les dimensions de la communication locale
2. Les médias et les supports
2.1. Les médias
2.2. Les supports de la communication
3. La pertinence des choix de communication locale
3.1. La pertinence en matière de communication
3.2. L'efficacité des actions de communication

Les unités commerciales évoluent dans une zone de chalandise au sein de laquelle elles entretiennent une communication régulière. Le but est de rester présent dans l'esprit des clients, mais aussi dans l'esprit des chalands.

1. Les enjeux et les dimensions de la communication locale

1.1. Les enjeux et les moyens de la communication locale

a. Les enjeux liés à la clientèle

Type d'enjeu		Descriptif	Moyen de communication
Guider le prospect	jusqu'à l'UC	Faire venir le prospect vers l'UC	Panneau indicateur à proximité de l'UC sur un axe routier (ex. : « Intermarché à 500 m à gauche »)
	au sein de l'UC	Signaler les offres du magasin	– Plan des rayons dans l'UC – Signalétique des rayons à l'intérieur du magasin
Faire venir le prospect		Générer du trafic en magasin pour l'exposer à l'offre de produit	– Imprimé sans adresse (ISA) avec des offres promotionnelles – Publipostage
		Augmenter la fréquence des visites	Invitation à des événements (anniversaire de l'UC)
Séduire le prospect		Mettre le prospect en contact avec l'offre	Catalogue de présentation des produits (ex. : La décoration intérieure)
Entretenir une relation suivie avec le prospect (fidélisation)		Placer l'image de l'UC dans l'esprit du client pour favoriser son choix potentiel pour un achat ultérieur	– Envoyer un magazine consommateur ou une newsletter aux clients de la base de données clients – Offrir des bons de réduction ou un cadeau lors du prochain achat
Informer la clientèle		Adresser un message lors de modifications importantes concernant l'offre ou les conditions d'accueil de l'UC	– Publipostage ou ISA mentionnant la modification des horaires d'ouverture – Affichage public informant de l'ouverture d'un nouveau rayon

b. Les enjeux stratégiques

Enjeu	Justification
Garder sa part de marché	En marquant sa présence dans l'esprit du client, l'UC empêche la présence d'autres UC moins communicantes.
Conserver son positionnement	Par le ton employé dans sa communication, l'UC marque sa différence (ou sa ressemblance) vis-à-vis de l'offre existante.
Préserver ses emplois	En garantissant un flux de clientèle régulier ou en hausse, les UC garantissent les emplois de leurs salariés et remplissent ainsi leur mission sociale.

1.2. Les dimensions de la communication locale

a. L'ampleur de la zone de chalandise

La communication locale, par sa nature, est liée à l'ampleur de la zone de chalandise et ne concerne que ce périmètre. Plus la zone sera ample, plus la communication devra être développée du fait de la concurrence plus importante et de la distance entre les clients et l'UC ; à l'inverse, une zone de chalandise plus ramassée (donc avec davantage de proximité géographique avec les clients) ne nécessite pas forcément une communication intense.

b. La taille et la forme de l'unité commerciale

Une UC de petite taille dispose de moyens financiers moins importants que des UC plus grandes. Son budget de communication sera donc plus restreint, ou bien il le sera au détriment du volume de produits offerts. Le coût de conception des documents comprennent une part fixe et une part variable dégressive selon le nombre de documents reproduits. Pour une UC de petite taille, le coût sera donc plus élevé.

En revanche, une succursale bénéficiera du soutien de la tête de réseau. Sa communication locale relayera celle diffusée sur le plan national par le biais des médias de masse et pratiquée de façon répétée sur des supports variés.

EXEMPLE Les Lapeyriades (organisées par les magasins Lapeyre) font l'objet d'une diffusion par radio et dans les journaux sur le plan national ; au plan local, des panneaux sont apposés à proximité des UC et des prospectus sont distribués dans la zone de chalandise.

c. L'activité de l'unité commerciale

Le niveau de communication locale des unités commerciales dépend de leur type d'activité. Le type de communication et sa fréquence en découlent.

EXEMPLE Pour les hypermarchés à dominante alimentaire, la communication locale s'effectue presque exclusivement par le biais d'ISA. Elle est rythmée par les différentes événements du calendrier (Noël, Pâques…).

2. Les médias et les supports

La communication peut être écrite, verbale ou visuelle. Si les deux premières formes sont assez simples à appréhender, la troisième est plus complexe, bien que fréquente : il s'agit du logo de l'enseigne, de l'agencement du magasin, mais aussi des photos des offres proposées. Ces formes de communication sont exploitées par le biais des médias et de divers supports.

2.1. Les médias

Un média est défini comme un moyen de diffusion et de communication d'une information. On distingue habituellement :
- les médias de masse (en anglais *mass media*), qui regroupent la télévision, la presse, le cinéma, la radio et l'affichage.

REMARQUE

On se pose aujourd'hui la question de savoir si Internet entre dans cette catégorie. On aurait tendance à répondre par l'affirmative vu le taux d'équipement grandissant des ménages français en matière d'informatique. Mais le débat reste ouvert.

- le hors média : catégorie résiduelle qui réunit tout ce qui n'entre pas dans les médias de masse. Elle comprend les actions de marketing direct, la promotion des ventes, le parrainage, les relations publiques, les prospectus distribués dans la rue ou dans les boîtes à lettres…

Cette distinction média / hors média est faite lors de la planification des investissements marketing en matière de communication pour bien ventiler les deux aspects.

2.2. Les supports de la communication

Un support est un vecteur de communication qui véhicule le message publicitaire à destination de la cible. À chaque média correspond un ou plusieurs supports, plus ou moins accessible selon la réglementation.

EXEMPLE La publicité sur les chaînes de télévision publique n'est plus autorisée après 20 h 30.

Média	Support	Exemple
Presse	Quotidien régional	*Nice Matin, Ouest France*
	Hebdomadaire	Supplément régional de *Elle*
	Gratuit	*Top annonces, Bonjour, le 69*
Affichage	Panneau	Panneau 4×3 mural ou sur pied
	Mobilier urbain	Colonne Morris, panneau Decaux, Abribus

3. La pertinence des choix de communication locale

Par définition, est pertinent ce qui est approprié à une situation et qui permet d'atteindre son but.

3.1. La pertinence en matière de communication

a. Une satisfaction conjointe de plusieurs éléments

La politique de communication locale vise à :
- faire connaître l'enseigne par le biais de la publicité, l'affichage ;
- faire venir le chaland en guidant son parcours ;
- faire découvrir les produits en proposant un marchandisage de séduction, des offres promotionnelles, des échantillons ;

- faire aimer les produits en incitant à l'achat d'impulsion par une mise en scène habile des produits (théâtralisation de l'offre) ;
- faire acheter les produits et faire revenir le nouveau client plus souvent grâce à une mercatique relationnelle active.

b. Le respect de critères de choix pour la sélection des médias

Pour composer sa communication locale, l'UC choisit un ou plusieurs médias selon trois critères :

Critères de choix à optimiser lors de la sélection des médias

- **Sélectivité** : Les personnes ciblées fréquentent habituellement ce média.
- **Taux de couverture** : Aptitude du média à couvrir géographiquement toute la zone de chalandise.
- **Audience** : Ensemble des personnes touchées par le média ou le support.

3.2. L'efficacité des actions de communication

a. Les indicateurs d'évaluation

À l'issue d'une politique de communication locale, divers indicateurs doivent connaître une progression significative :
- le nombre de visiteurs de l'unité commerciale ;
- le taux de transformation (c'est-à-dire le pourcentage de visiteurs passant en caisse) ;
- le taux de retour des coupons de réduction envoyés par courrier ou par mail (un taux supérieur à 5 % est un minimum) ;
- la fréquence de visite par client.

À ces indicateurs quantitatifs peuvent venir s'ajouter des éléments qualitatifs comme l'évolution de la notoriété assistée ou spontanée des enseignes.

b. Le recueil des données utilisées pour le contrôle

Il s'effectue principalement de façon informatisée grâce aux bases de données clients, aux données journalières des caisses et aux relevés des compteurs placés à l'entrée du magasin.

Ces informations sont parfois complétées par les enquêtes réalisées dans le point de vente, ou par les questions posées en caisse aux clients.

EXEMPLE Lors de chaque passage en caisse aux Galeries Lafayette de Cap 3000, la caissière demande au client son code postal afin d'évaluer le degré d'efficacité des actions de communication au sein de la zone de chalandise.

Mots-clés

COMMUNICATION MÉDIA, COMMUNICATION HORS MÉDIA, AUDIENCE, SÉLECTIVITÉ, TAUX DE COUVERTURE

14 La mercatique après-vente et la fidélisation

1. Les enjeux et les domaines de la mercatique après-vente
1.1. Les enjeux de la mercatique après-vente.
1.2. Les domaines de la mercatique après-vente
2. Les moyens mis en œuvre et leur efficacité
2.1. Un éventail de moyens important
2.2. Les indicateurs

Après avoir longtemps considéré que l'acte de vente était l'unique finalité de la relation avec le client, les UC ont compris que l'après-vente pouvait aussi pérenniser le contact.

1. Les enjeux et les domaines de la mercatique après-vente

La mercatique après-vente (MAV) est définie comme l'ensemble des moyens mis en œuvre par l'UC pour entretenir et prolonger la relation commerciale avec son client après le premier acte d'achat.

1.1. Les enjeux de la mercatique après-vente

a. Maintenir la satisfaction du client

Historiquement, cette motivation fut la première car elle était associée à la notion de service après-vente, lequel était destiné à réparer ou à reprendre un produit défectueux. Une telle prestation levait le frein lié à un éventuel dysfonctionnement de l'article.

b. Entretenir une relation commerciale avec le client

Par la suite, les UC ont dû apprendre à se démarquer par le biais de supports de communication soignés et personnalisés, souvent articulés autour du client (anniversaire, fête…). Cette communication permet aux UC de se manifester régulièrement.

c. Encourager la fidélisation

Les offres répétées proposant des réductions limitées dans le temps incitent le client à fréquenter l'UC. Lors de sa visite, il sera confiant et moins vigilant sur les prix et la quantité achetée. L'UC augmentera son chiffre d'affaires et son panier moyen.

1.2. Les domaines de la mercatique après-vente

La mercatique après-vente cherche avant tout à entretenir un bon relationnel avec le client afin qu'il revienne acheter le plus tôt possible dans l'UC.

Composante		Objectif
Composante liée à la transaction	Service après-vente	Gérer les retours de produits défectueux sans surcoût pour le client.
	Gestion des réclamations	Trouver une solution qui permette de satisfaire à la fois le client et l'UC.
Composante liée à la relation	Étude de la satisfaction	Connaître l'opinion des clients sur les pratiques commerciales de l'UC.
	Programme de fidélisation	Inciter le client à fréquenter l'UC plus souvent.

2. Les moyens mis en œuvre et leur efficacité

2.1. Un éventail de moyens important

a. Les moyens de connaissance

Source d'information	Moyen	Descriptif
L'information émane de l'UC	Sondage et entretien	L'UC administre des questionnaires et organise des entretiens pour connaître l'opinion des clients.
	Client mystère	La tête de réseau charge un employé de jouer le rôle du client moyen, qui analyse toute l'UC selon une grille préétablie. Les résultats sont ensuite communiqués à l'UC, à fins d'améliorations éventuelles.
	Remontée vendeurs/ Observations	Les vendeurs font part des remarques et comportements des clients (sur l'offre, les prix, le service…).
L'information émane du consommateur	Boîte à idées/ Cahier de suggestions	Situés au niveau des caisses, ils recueillent les suggestions des clients.
	Service consommateurs	Les consommateurs dialoguent avec l'UC par téléphone ou par courrier.
	Cahier de réclamations	Les clients mécontents utilisent le cahier pour expliquer leurs motifs d'insatisfaction. L'UC doit s'efforcer de répondre rapidement.

b. Les outils de la communication et de la fidélisation

Communiquer/entretenir	Objectif
– Newsletter ou magazine envoyé au client – Publipostage : courrier personnalisé – Club : rassemble les fidèles de la marque – SMS ou MMS pour informer de l'arrivée de nouveaux produits – Mail présentant l'actualité de l'UC	– Carte de fidélité à points – Cadeau (bienvenue, événement) – Bons de réduction – Ventes privées – Événements : défilé de mode, rencontre avec des personnalités…

2.2. Les indicateurs

a. Les indicateurs quantitatifs

Ils sont simples à calculer dès lors que l'UC dispose de bases de données : taux de réclamations, taux de remontée des coupons de réduction, calcul du panier moyen, fréquence des visites…

b. Les indicateurs qualitatifs

La méthode des scores de type RFM (Récence Fréquence Montant) permet d'établir une typologie de clientèle à fidéliser. Les études de satisfaction apportent aussi de nombreuses informations.

Mots-clés

SAV, RÉCLAMATION, FIDÉLISATION, RFM, SCORE, SATISFACTION

15 L'organisation managériale et les ressources humaines

1. Les structures organisationnelles
1.1. L'organisation managériale
1.2. Les différents types de structure
2. Le management de l'équipe commerciale
2.1. Le management par objectifs
2.2. Les enjeux du management
3. La diversité des emplois proposés

La performance organisationnelle et la valorisation des ressources humaines permettent à l'unité commerciale de répondre précisément aux besoins des clients. L'amélioration de la qualité du service et la fidélisation sont au cœur du processus de création de valeur.

1. Les structures organisationnelles

1.1. L'organisation managériale

a. Définition

Une organisation est un groupement structuré d'individus poursuivant la réalisation d'objectifs communs. L'atteinte des objectifs fixés repose sur la mobilisation de moyens humains, financiers, matériels et informationnels. L'organisation managériale fait référence à la structure de l'UC et est représentée sous forme d'organigramme. Cette schématisation indique les fonctions existantes, leurs interrelations ainsi que les différents niveaux de responsabilité au sein de l'UC.

Remarque

Dans les petits commerces traditionnels, le nombre de salariés est restreint, la structure est simple et comporte peu (voire pas) de niveaux hiérarchiques.

b. Le management des unités commerciales en réseau

L'organisation managériale doit permettre de :
- fixer les objectifs à atteindre ;
- structurer les activités et coordonner le travail des équipes ;
- animer et motiver les collaborateurs ;
- contrôler les résultats et apporter les actions correctives nécessaires.

On distingue deux niveaux de management :

Management stratégique (tête de réseau)	• Définition de la stratégie globale du réseau : – stratégie d'expansion – stratégie de pénétration – stratégie de développement international • Vision à long terme ou à moyen terme
Management opérationnel (unités commerciales)	• Mise en œuvre et adaptation locale de la stratégie du réseau (pilotage) : – s'adapter à l'environnement et à la clientèle – être en cohérence avec la stratégie du groupe.

REMARQUE

L'expression «Think global, act local», d'Akio Morita, président de Sony, illustre la nécessité de mettre en place au sein de l'entreprise des stratégies de réseau standardisées, adaptées localement pour plus d'efficacité.

1.2. Les différents types de structure

a. Les structures organisationnelles des grandes surfaces (GSA et GSS en réseau)

L'offre proposée dans les GSA et GSS est souvent large. L'organigramme des points de vente s'articule le plus souvent autour des secteurs ou segments de produits proposés à la clientèle : on parle de structure par univers de consommation.

Organigramme type d'une équipe de direction de grande surface

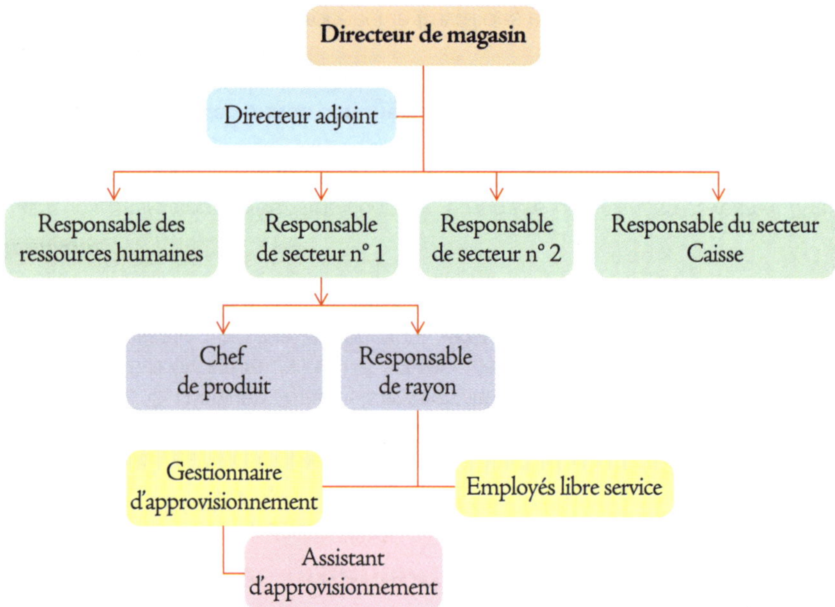

REMARQUE

Le rôle du personnel de contact en front office est primordial : il personnalise et humanise la relation commerciale, ce qui peut faire la différence dans le choix d'une enseigne ou d'une marque…

b. Les structures organisationnelles des prestataires de services

Pour les UC proposant des services, les structures organisationnelles sont plus ou moins complexes, selon le degré de spécialisation et le type de service proposé. Dans le secteur bancaire, l'organisation d'une agence est souvent liée au type de clientèle.

Lexique

Informatique commerciale

Base de données : ensemble d'informations stockées (textes, chiffres, images…) dans un dispositif informatique que les technologies existantes permettent d'organiser et de structurer, de manière à pouvoir facilement en manipuler le contenu et y stocker efficacement de très grandes quantités d'informations.

***Datamining* :** exploitation stratégique de gros volumes de données clients issues du *datawarehouse*, pour en tirer des corrélations et des tendances pertinentes indispensables à la prise de décision.

***Datawarehouse* :** entrepôt des données historisées de l'UC, utilisé pour la prise de décision.

Échange de données informatisées (EDI) : processus automatisé et normalisé d'échange d'informations mis en place entre une entreprise et ses partenaires afin de réduire les coûts de traitement des données tout en améliorant la fiabilité des opérations.

Échantillon : ensemble des individus interrogés dans le cadre de l'étude (sous-ensemble de la population de base).

Intranet : réseau informatique propre à une entreprise utilisant les technologies de l'information et de la communication (serveur, messagerie, base de données) en interne sans être relié à l'extérieur.

Logiciel de CRM : application informatique interactive destinée à centraliser la gestion des informations liées à la clientèle dans le but d'améliorer les relations d'une entreprise avec ses clients et prospects.

Logiciel de *reporting* et de décision : application informatique interactive destinée à faciliter l'analyse et la transmission de tableaux de bord ou d'informations nécessaires à la prise de décision.

Méthode d'échantillonnage non probabiliste : méthode raisonnée d'échantillonnage. La sélection des individus à interroger se fait selon des règles fixées à l'avance, en fonction de caractéristiques individuelles (quotas) et/ou des lieux d'enquête, du moment de l'enquête, etc.

Méthode des itinéraires : méthode d'échantillonnage non probabiliste pour laquelle l'enquêteur suit un itinéraire précis pour interroger les sondés : chemin, voie, heure et point d'enquête.

Méthode des quotas : méthode d'échantillonnage non probabiliste qui consiste à interroger des individus selon leur profil, leurs caractéristiques. Il s'agit de s'assurer de la représentativité de l'échantillon en lui affectant une structure similaire à celle de la population de base.

Méthode probabiliste : méthode d'échantillonnage dite « au hasard ». Toutes les unités de sondage sont tirées au sort de façon aléatoire dans la population de base (probabilité connue et non nulle d'être sélectionné). Cette technique est utilisée lorsque la cible faisant l'objet de l'enquête peut être identifiée à partir d'un fichier ou d'une base de données déjà existants.

Population : ensemble des individus concernés par un sondage ayant au moins une caractéristique commune (ex. : les habitants d'un pays, d'une ville…)

Population de base : sous-ensemble de la population sur laquelle porte l'étude et à partir duquel sera prélevé l'échantillon (ex. : les femmes actives)

Population mère : sous-ensemble de la population (ex. : les femmes) à partir duquel on détermine la population de base.

Progiciel de gestion intégré (PGI) : ensemble d'applicatifs intégrant les principales fonctions nécessaires à la gestion des flux et des procédures de l'entreprise (comptabilité et finance, logistique, paie, ressources humaines, etc.) et utilisant une base de données commune.

Site Internet : vitrine l'UC sur le Web, lui permettant de se faire connaître dans le monde entier. Le site peut être dynamique ou statique selon que l'internaute dialogue ou non avec celui-ci.

Système d'information commerciale (SIC) : ensemble organisé de ressources (hommes, moyens matériels, méthodes) qui permet de rechercher, stocker, traiter et diffuser des informations commerciales.

Tri à plat : dans le cadre d'un questionnaire d'enquête, restitution des différentes réponses obtenues à une question unique.

Tri croisé : dans le cadre d'un questionnaire d'enquête, croisement des résultats obtenus sur deux variables (deux questions). Les tris croisés permettent de mettre en évidence des différences de comportement sur des sous-groupes d'individus, ou l'existence de corrélations entre deux variables.

Unité de sondage : personne interrogée.

N° de projet : 10185122 - Dépôt légal : mars 2012
Imprimé en France par LOIRE OFFSET TITOULET à Saint-Etienne (42)